U1068729

城市基础设施投融资改革与实践

○ 课题组 著

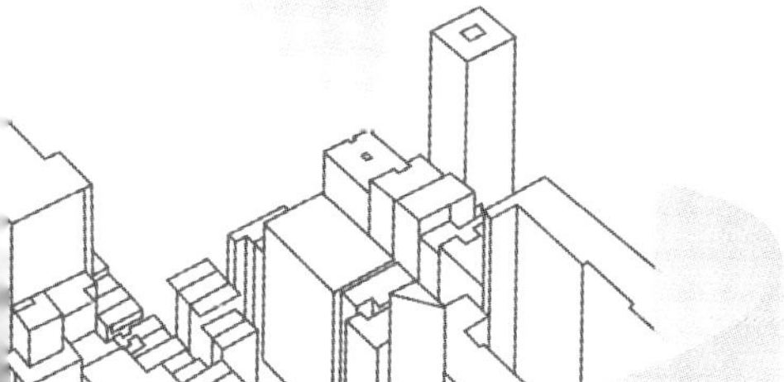

经济管理出版社
ECONOMY & MANAGEMENT PUBLISHING HOUSE

图书在版编目（CIP）数据

城市基础设施投融资改革与实践/范川编著．北京：经济管理出版社，2024．--ISBN 978-7-5096-9791-7

Ⅰ．F299.24

中国国家版本馆 CIP 数据核字第 20243EA479 号

组稿编辑：张　艳
责任编辑：张　艳
助理编辑：李浩宇
责任印制：许　艳

出版发行：经济管理出版社
（北京市海淀区北蜂窝 8 号中雅大厦 A 座 11 层　100038）
网　　址：www.E-mp.com.cn
电　　话：（010）51915602
印　　刷：唐山昊达印刷有限公司
经　　销：新华书店
开　　本：720mm×1000mm/16
印　　张：20
字　　数：311 千字
版　　次：2024 年 9 月第 1 版　2024 年 9 月第 1 次印刷
书　　号：ISBN 978-7-5096-9791-7
定　　价：98.00 元

·版权所有　翻印必究·

凡购本社图书，如有印装错误，由本社发行部负责调换。
联系地址：北京市海淀区北蜂窝 8 号中雅大厦 11 层
电话：（010）68022974　　邮编：100038

序

构建现代化基础设施体系，对推进以人为核心的城镇化，畅通国内大循环、促进国内国际双循环，扩大内需，推动城市高质量发展具有重大意义。改革开放以来，中国城市基础设施得到了超常规快速发展，设施服务能力和水平显著提升，城市综合承载能力逐步增强，人民生活品质不断提升。然而，随着中国城镇化步伐放慢和房地产市场景气结束，地方政府土地收益明显收缩，越来越难以支撑基础设施和公共服务投资需要。未来，城市基础设施投融资模式需要不断调整优化，并处理好政府和市场的关系，使市场在资源配置中起决定性作用和更好发挥政府作用，这是今后一段时期城市基础设施投融资发展的关键问题。

杭州市作为浙江省的省会城市和长三角中心城市之一，城市基础设施取得了快速发展，为杭州经济社会发展提供了重要保障。“十四五”时期，杭州市迎来了长三角一体化发展、“一带一路”建设等赋予的历史机遇，也是推进“亚运会、大都市、现代化”的关键时期，在推进建设共同富裕示范区、打造新时代全面展示中国特色社会主义制度优越性重要窗口的目标定位下，厘清基础设施投融资发展方向、解决基础设施发展不平衡不充分问题、补齐基础设施领域的短板刻不容缓。

本书首先对基础设施的定义和特征进行了简单阐述，从城镇化发展、金融市场、基础设施运营主体、投融资平台四个方面分析了城市基础设施投融资发展的背景，并从减轻政府财政负担、提高基础设施效率、增强基础设施有效供给、化解政府债务风险四个方面重点剖析城市基础设施投融资发展的主要动因。其次，本书梳理了我国城市基础设施投融资体制和模式的变迁过程，详尽分析了我国城市基础设施投融资的现状和成效。再次，本书从城市基础设施投融资的规模、体制、模式等方面总结了国际基础设施投融资的发展经验和教训，为我国构建社会主义市场经济体制下的基础设施投融资制度提供参考。最后，本书深入探讨城市基础设施投融资发展的需求，从基础设施的投融资主体、融资方式、财政管理和项目管理等方面确定投融资体制的改革方向，归纳各投融资模式的内容和特征，并梳理城市基础设施投融资的决策流程。

在实践篇章中，本书以杭州市为例，较全面地分析了杭州市基础设施投融资发展的背景和需求，总结杭州市基础设施投融资发展面临的挑战和发展方向，并对杭州市城市基础设施投融资发展经验进行了提炼和归纳，试图发现普适性规律，为中国基础设施投融资发展提供借鉴。

本书以城市基础设施投融资发展为研究对象，结构严谨合理，数据准确客观且时效性高。系统介绍了城市基础设施投融资发展的理论研究，并以杭州市为例，深入分析了城市基础设施投融资发展的实践情况，总结了基础设施投融资发展的普适性经验和规律。

“十四五”规划要求构建系统完备、高效实用、智能绿色、安全可靠的现代化基础设施体系，城市基础设施发展展现了巨大潜力和发展前景，城市基础设施投融资发展一直在路上。本书通过对城市基础设施投融资发展理论和实践的分析，将对杭州市乃至中国城市基础设施建设和投融资改革提供理论和现实依据，对推动城市基础设施高质量发展具有一定的理论价值和现实意义。

浙江省特级专家、浙江大学公共政策研究院执行院长

浙江大学求是特聘教授、浙江省政府咨询委员会委员

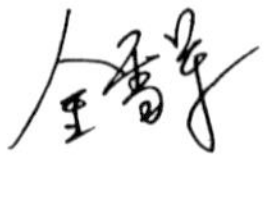

前　言

城市基础设施是城市运行和发展的物质基础，也是经济社会发展的重要支撑。随着我国城市基础设施投入力度持续加大，城市基础设施的服务能力和水平不断提升，城市面貌和人民生活品质得到显著改善。但是，我国城市基础设施仍然面临着运行效率低、经济社会效益不足、体系化水平有待提高等问题，城市基础设施发展不平衡、不充分现象仍然十分突出。城市基础设施投融资问题是制约城市基础设施发展的首要问题。如何在城市基础设施领域充分发挥政府的宏观调控作用和市场的资源配置作用，实现政府和市场的有效结合，如何实现城市基础设施投资回报和风险的有效匹配，调动民营资本参与城市基础设施建设的动力，成为城市基础设施投融资发展的重点内容。这不仅是我国现阶段城市基础设施发展面临的艰巨任务，也是城市基础设施投融资研究的焦点，对城市基础设施投融资的改革发展具有重要的理论意义和现实意义。

本书以城市基础设施投融资发展为研究对象，系统介绍了城市基础设施投融资发展的理论研究，并以杭州市为例，深入分析城市基础设施投融资发展的实践情况，总结城市基础设施投融资发展的普适性经验和规律。全书共六个章节，主要包括以下五部分内容：

（1）城市基础设施投融资发展的背景与动因。首先，本书对基础设施的定义和特征进行了简单阐述，并总结了城市化与城市基础设施之间的关系。其次，本书从城镇化发展、金融市场、城市基础设施运营主体、投融资平台四个方面分析了城市基础设施投融资发展的背景，并从减轻政府财政负担、提高城市基础设施效率、增强城市基础设施有效供给、化解政府债务风险四个方面重点剖析城市基础设施投融资发展的主要动因。

（2）城市基础设施投融资发展的历程。首先，本书梳理了我国城市基础设施投融资体制和模式的变迁过程。其次，本书从萌芽发展期、扩张发展期、整顿规范期和转型发展期共四个时期总结了我国城市基础设施投融资平台的发展历程。最后，本书详尽分析了我国城市基础设施的发展情况和城市基础设施投融资的现状与成效。

（3）城市基础设施投融资的国际比较。本书从城市基础设施投融资的规模、体制、模式等方面总结了国际基础设施投融资的发展经验和教训，梳理了市场主导模式、政府主导模式、特许经营模式和社会市场经济模式等城市基础设施投融资模式的特征，为我国构建社会主义市场经济体制下的城市基础设施投融资制度提供参考。

（4）城市基础设施投融资发展的路径。首先，本书从传统城市基础设施、新型城市基础设施和城市更新三个方面深入探讨了城市基础设施投融资发展的需求。其次，从城市基础设施的投融资主体、融资方式、财政管理和项目管理等方面确定投融资体制的改革方向。最后，本书归纳了各类城市基础设施投融资模式的内容和特征，并梳理了城市基础设施投融资的决策流程。

（5）杭州城市基础设施投融资发展与实践典型案例。杭州市作为浙江省的省会城市和长三角中心城市之一，城市基础设施取得了快速发展，为杭州市经济社会发展提供了重要保障。本书较全面地分析了杭州城市基础设施投融资发展的背景和需求，总结杭州城市基础设施投融资发展面临的挑战和发展方向，选取了具有代表性的杭州城市基础设施投融资案例进行分析，并对杭州城市基础设施投融资发展经验进行了提炼和归纳，试图发现普适性规律，为中国城市基础设施投融资发展提供借鉴。

本书通过对城市基础设施投融资发展理论和实践的分析，希望为杭州市乃至中国城市基础设施建设和投融资改革提供理论和现实依据，为推动城市基础设施高质量发展贡献绵薄之力。当然，城市基础设施的发展与投融资体制的改革还需要综合考虑地区的经济发展情况等因素，因地制宜方能推动城市基础设施高质量发展。

本书是杭州市城市建设发展集团课题《城市基础设施投融资发展与研究》的最终成果，主要撰稿人：范川、吴鉴、王晓东、杨捷、王姿怡、王卓萍。其中，范川负责本书总体策划和框架结构，吴鉴、王晓东、杨捷负责本书的第五、六章，王姿怡负责本书的第一、三、四章，王卓萍负责本书的第二章。本书参考借鉴了由范川同志牵头总撰，王晓东等同志参与撰写的研究报告《杭州城市化发展和城市基础设施建设投融资研究与实践》的主要内容。本书的撰写和出版得到了浙江省新型重点专业智库“浙江财经大学中国政府管制研究院”的支持和帮助。金暄暄、马道轩等同志参与了本书的资料收集和讨论等工作。叶勤松、陈俭政、魏静等同志参与了本书的前期调研和资料整理等工作。在此向他们表示衷心的感谢！

目　录

第一章　城市基础设施投融资发展的背景与动因

城市基础设施是现代城市赖以生存和发展的基本条件，既可以在短期内促进有效投资、带动经济发展，又可以提升中长期供给能力，为经济高质量发展和改善人民生活水平创造条件。然而在过去相当长的一段时间里，城市基础设施的投资基本完全由政府财政负担，一方面导致城市基础设施投资总体供给不足、运营效率低下，另一方面政府债务增长过快、偿债能力不足。现阶段，城镇化的快速发展扩大了城市基础设施的需求量，金融市场繁荣发展促进了资金的流动，城市基础设施运营主体日益多元化，投融资平台正处于转型期。因此，城市基础设施投融资发展既具有必要性，又具有可行性。

第一节　城市基础设施的定义与特征

一、基础设施与城市基础设施

关于基础设施的定义，国际上和我国有关文件有着不同的规定。1994 年世界银行发布的《1994 年世界发展报告·为发展提供基础设施》中将基础设施定义为："永久性的构筑、设备、设施，以及它们为居民生活、企业生产提供的服务和设施。"这里所指的基础设施，可以分为经济基础设施和社会基础设施。经济基础设施主要包括以下三个方面：一是公共事业，如电力、电信、管道煤气、自来水、排污和卫生设备、固体废弃物的收集和处理等；二是公共工程，如公路、堤坝、排灌渠道和其他水利设施等；三是其他交通运输部门，如城市交通、铁路、港口、航道和机场等。社会基础设施则包括文化、教育、医疗保健等。在我国国家发展和改革委员会颁布的《关于切实做好传统基础设施领域政府和社会资本合作有关工作的通知》（发改投资〔2016〕1744号）中，将传统基础设施划分为能源、交通运输、水利、环境保护、农业、林业及市政工程这七大领域，所有领域均属于经济基础设施范畴。

基础设施的定义还存在广义和狭义之分。在美国的《现代经济词典》中，对基础设施进行了广泛的定义：无论是通信、电力、运输等有形资产，还是生产技术、管理经验、教育水平、社会风尚等无形资产，都属于基础设施的定义范围。我国的《城市规划基本术语标准》（GB/T 50280-1998）提出了狭义的城市基础设施定义：城市基础设施是城市生存和发展所必须具备的工程性基础设施和社会性基础设施的总称。其中，工程性基础设施一般包括能源、交通运输、邮电通信、给排水、防灾安全、环境保护等设施，社会性基础设施一般包括教育、文化、科技、体育和医疗卫生等设施。

根据基础设施的重要性、服务范围等差异，可以把基础设施划分为宏观和中观两个层次。宏观层次指的是在全国或一定区域范围内发挥作用的全国性或区域性基础设施，主要用于城市与城市之间、城市与乡村之间的空间连接与经济社会交流，对经济社会发展和国家建设起到了举足轻重的作用，如铁路、高速公路、机场、港口、大型水利枢纽和邮电通信等。中观层次指的是为城市自身服务的城市性基础设施，它们有的是宏观层次基础设施的节点与终端，如火车站、邮电局等，有的是自成体系的独立基础设施网络，如城市公交站场、自来水管网等。城市基础设施属于中观层次，根据原城乡建设环境保护部在城市基础设施讨论会上所下的定义，城市基础设施是既为物质生产又为人民生活提供一般条件的公共设施，是城市赖以生存和发展的基础。

通俗地讲，城市基础设施是在城市之内的，既为经济服务又为城市本身服务，属于地方财政事权，由地方财政支出建立的设施。

基于系统论的观点，城市基础设施又可以划分为 6 个与居民生活和城市经济社会活动密切相关的子系统，包括城市道路交通系统、城市水资源系统、城市供排水系统、城市能源动力系统、城市生态环境系统和城市防灾系统。

二、城市基础设施的特征

（一）基础性与先导性

城市基础设施在城市经济发展和社会生活中具有基础性地位。这是因为城市基础设施能够为群众生活和城市生产部门生产提供基本的产品和服务，是城市发展的基础性条件，如城市基础设施为居民和包括制造业、工业、商业、服务业在内的产业活动提供了必要的供水设施、供气设施、城市道路设施等，是城市发展经济、改善人居环境、提高公共服务质量、保障社会安全的重要前提。同时，城市基础设施会影响其他部门的发展，一方面，城市基础设施产品和服务的价格构成了其他部门产品和服务的成本，其价格的变化会对其他行业产生连锁反应；另一方面，城市基础设施产品和服务的质量与效率关系到其他部门的发展质量。

城市基础设施的基础性，意味着城市基础设施应具有一定的先导性。城市基础设施的建设需要适度领先于城市的经济和社会发展，为促进城市进步奠定基础。这是因为城市基础设施是城市运行和发展的重要物质基础，并且部分城市基础设施的投资金额大、施工期较长、施工过程烦琐，因此城市基础设施建设应当先行规划布局，加快建设，以便更早地发挥城市基础设施的效益。

（二）垄断性

从技术经济的角度看，城市基础设施的垄断性表现在以下三个方面：

第一，投资金额大、投资回报期长。城市基础设施一般需要大规模的投资，资金回收周期长，一旦项目投资建设，会产生巨大的沉淀成本，导致城市基础设施领域的进入门槛高，形成进入壁垒，一定程度上会限制城市基础设施产业的竞争。

第二，资产专用性强。城市基础设施在空间和时间上存在限制，即它不可以挪动到其他地方使用，同时大部分城市基础设施只能提供特定的产品和服务，无法转作他用，且基本没有残值。

第三，规模经济显著，存在成本弱增性。一般情况下，城市基础设施企业的规模越大，提供产品和服务的数量越多，其平均成本会逐渐降低；同时，在城市基础设施的经营过程中，增加一个城市基础设施的使用者所产生的边际成本很低，因此，城市基础设施产业存在规模经济。这使得在特定的业务范围内，仅由一家企业提供一定数量的城市基础设施产品和服务，会比两家或两家以上的企业提供相同数量的同种产品和服务具有更大的生产效率。城市基础设施领域的规模经济和成本弱增性表明城市基础设施具有自然垄断性，由一家或很少几家生产厂商承担城市基础设施的建设运营会比竞争具有更高的生产效率。因此，考虑到城市基础设施在社会发展和国计民生中的重要地位，同时为了避免城市基础设施的重复建设与闲置浪费，国家通常会通过法律或行政的手段赋予特定企业垄断经营权。

（三）外部性

城市基础设施的发展，不仅有利于城市基础设施产业的自身发展，还能够为城市社会经济发展提供必要的条件，存在巨大的正外部性。但是，城市基础设施的某些活动也会为城市发展带来负外部性，如污水未经完全处理就排放到江河、海洋之中，造成水污染；或者燃气生产的过程中缺乏合适的生产工艺和设施，导致大气污染。这便需要政府对城市基础设施产业进行管制，鼓励企业在生产过程中采取能带来正外部性的行为，杜绝可能产生负外部性的行为。

（四）公益性

城市基础设施的公益性主要表现在两个方面：一方面，城市基础设施的产品和服务一般不是为了特定对象提供的，而是为群众提供的，在城市基础设施的使用过程中也不能够独占或排他消费，这表明城市基础设施具有明显的非排他性。另一方面，城市基础设施所提供的产品和服务往往是城市居民的生活必需品，这类产品和服务的需求弹性较小，并且属于公共产品或准公共产品，具有典型的公益性特征。因此，在城市基础设施民营化改革后，城市基础设施的产品和服务价格也不能完全由市场决定，政府仍然需要采取一定的价格管制，保障广大居民的切实利益。

（五）网络性

大多数城市基础设施集聚了生产、输送、销售等垂直一体化业务，其中，城市基础设施的输送环节决定了城市基础设施能否顺利到达消费者端，许多城市基础设施产品和服务需要通过物理网络才能进入消费环节。这意味着城市基础设施必须拥有一个完整和统一的网络，实现城市基础设施全程全网联合作业，充分发挥城市基础设施网络的高效性和协调作用，以增强城市基础设施的供给能力，满足群众生产和生活需求。

（六）地域性

由于各城市的经济发展水平、居民消费水平、自然环境、地方政府财政情况和管制措施等差异的存在，城市基础设施具有显著的地域性，每个城市的基础设施在投融资、建设、生产运营等多个方面各有不同，这也决定了全国范围内的城市基础设施无法采取统一的模式进行管理。

第二节　城市化与城市基础设施

在城市基础设施建设和城市化的交互关系中，两者相互促进。一方面，城市化的快速发展催生了新的需求，对城市基础设施建设提出了新的挑战，推动了城市基础设施建设向更高水平发展；另一方面，城市基础设施的不断完善和提升使其在城市建设中起着越来越重要的作用，为城市化发展提供了可靠的支撑。

一、城市化对基础设施的要求

（一）基础设施是保障城市运转的前提

实现产业非农业化、生产要素集聚和基础设施完善化是城市化发展的重要标志，具体表现为城市人口持续增长，劳动力逐渐向第二产业和第三产业集聚，居民的生产生活方式由分散转变为集中，城市基础设施不断发展和完善。

城市基础设施的普及率和人均水平是衡量城市发展水平和城市现代化程度的重要指标。只有城市基础设施不断发展，才能为城市协调运转提供多样化的服务，从而建立起布局合理、交通便捷、功能多样、环境优美、经济繁荣的现代化城市，实现城市经济效益、社会效益与环境效益的统一。如果城市基础设施发展无法满足城市现代化的需要，则会出现电力不足、供水短缺、交通拥堵等问题，阻碍城市现代化发展的进程。因此，在城市人口增长、生产规模扩大、商业和居住设施发展的同时，必须加强对城市基础设施建设的重视程度。

（二）基础设施是城市发展的物质条件

基础设施是城市生产生活的重要物质载体，城市基础设施的建设和发展有助于城市实现良性的循环运转，为城市发展创造适宜的客观环境。一方面，城市基础设施的发展能够增强城市的辐射能力。城市的辐射能力和吸引力大小主要取决于城市的生产经济效益和功能结构因素，而这些因素与城市基础设施的建设发展情况密切相关。另一方面，城市基础设施的发展有助于发挥城市的集聚效应。城市经济和社会的发展需要较为成熟的市场、合理的经济结构、强大的技术支持和有效的生产要素配置，当包括资金、技术、劳动力等在内的生产要素实现集聚和有效配置时，将会产生强大的城市集聚效应。城市基础设施的建设和发展，为城市集聚各种生产要素、实现经济快速发展提供了重要的物质基础。

（三）基础设施是城市安全和环境的重要保障

基础设施能够为城市安全、居民健康、人居环境优化提供重要保障。一方面，诸如防洪、排水等城市基础设施虽然无法直接产生经济效益，但承担着保障城市安全的职责。如果一个城市的防洪抗灾设施缺乏或者落后，可能会因为自然灾害而产生巨大的财产损失和人员伤亡。另一方面，城市基础设施能够带来一定的环境效益，城市垃圾和污水处理系统在优化城市生态环境方面发挥着至关重要的作用，如果缺少必要的垃圾和污水处理设施，会导致环境遭受严重污染，甚至可能导致疾病的产生和传播。

二、基础设施对城市化的支撑

（一）城市基础设施发展有助于政府宏观调控

城市基础设施的建设需要投入大量的资金，发展城市基础设施，对投资和消费具有双重拉动作用，是政府宏观调控的重要手段。因此，当经济过热、发生通货膨胀的时候，可以通过减少城市基础设施抑制投资和消费；当经济疲软、发生通货紧缩的时候，可以通过加大城市基础设施建设刺激投融资行为。2008 年国际金融危机爆发后，我国政府推行了以扩大内需、促进经济平稳增长为目标的十大措施，投资了共 4 万亿元，其中城市基础设施建设是重点投资方向。

（二）城市基础设施发展有助于扩大劳动力就业

城市基础设施产业可以创造大量的就业机会。在城市基础设施的建设阶段，需要各类型的建筑专业人员以保障项目的顺利落地，其中，项目经理承担了项目的规划、组织和管理工作，工程师和监督员承担了项目监督、质量控制等工作，施工人员则负责项目的建设。在城市基础设施项目推进的过程中，还涉及上游的材料供应等产业，这些产业也需要大量的劳动力参与城市基础设施项目建设。在城市基础设施的运营阶段，也需要专业的运营人员参与和维护城市基础设施运营。例如，司机是城市交通基础设施中必不可少的人员，网络维护人员、管道检修员等需要对网络、管道等进行检查和维护，等等，

（三）城市基础设施发展有助于城市经济增长

城市基础设施对经济增长的影响主要体现在三个方面：一是城市基础设施发展具有前向诱发效应，城市基础设施的建设离不开必要的原材料、资金、技术等，带动了上游部门产出的增加；二是城市基础设施发展具有伴随效应，城市基础设施的建设促进了本部门生产能力和服务水平的提高，有助于本部门产值增长；三是城市基础设施发展具有后续波及效应，完善的城市基础设施体系能够为城市生产、生活、投资营造良好的环境，从而带动城市消费和投资的增长，促进经济活跃繁荣。

（四）城市基础设施发展有助于改善民生

城市基础设施往往与城市居民的生活息息相关，其建设以实现社会效益为优先。高质量城市基础设施不仅有助于提升城市的生产生活条件和公共服务水平，还能为城市安全和稳定发展提供保障，促进生活环境的优化和民生的持续改善，最终形成良好的城市物质环境，提高城市对人力资本的吸引能力和城市的综合承载能力。

（五）城市基础设施发展有助于促进区域协调发展

城市基础设施的投资和建设能够推动区域经济发展和城市环境的改善，吸引人力、资本等资源的集聚，从而促进城市的高质量发展和城市扩张。随着城市规模的扩大，城市基础设施逐步网络化，形成互联互通的城市基础设施服务体系，引导人力、资本等资源由城市核心区域向周边地区转移，带动周边地区的经济发展和环境改善，这对于实现区域协调发展、缩小区域发展差距具有重要作用。

（六）城市基础设施发展有助于城市生态环境改善

城市基础设施建设对城市生态环境具有积极影响。首先，城市排水系统

的建设能够有效治理城市积水内涝，提高城市排水防涝、防洪减灾能力；其次，城市污水和垃圾处理设施的建设能够妥善处理城市生活污水和生活垃圾，保护水源和土壤，改善城市水环境和土壤环境；最后，城市绿化工程的建设能够增加城市植被覆盖率，改善空气质量。城市生态环境的改善极大提升了城市居民的生活质量和品质。

第三节　城市基础设施投融资发展的主要动因

近年来，我国城市基础设施投资增速大幅下降，建设资金不足、投融资体制机制不适应高质量发展的需要等问题日益凸显。城市基础设施投融资发展能够减轻政府财政负担、提高基础设施效率、增强城市基础设施有效供给、化解政府债务风险，因此，有必要进行城市基础设施投融资发展。

一、减轻政府财政负担

（一）有助于吸引民间投资

城市基础设施具有公益性，因此在相当长的时间里，许多地方政府考虑到经济发展、社会稳定等因素，将城市基础设施提供的产品和服务作为公共产品，这使得城市基础设施的投资金额及其他固定成本基本上由政府财政负担。同时，政府也采取了较为严格的价格管制措施，导致城市基础设施产品和服务的价格可能低于城市基础设施的建设和经营成本，出现入不敷出问题。因此，企业很少参与城市基础设施的投资，而政府负担了城市基础设施产生的巨大亏损，表现为政府对城市基础设施的无偿投资。

自改革开放以来，我国经济快速发展、城市化进程加快，城市基础设施的需求量大幅度提高，这对城市基础设施产业的发展提出了更高的要求。但在传统的城市基础设施价格管制机制下，社会资源难以得到有效配置，城市基础设施的效率也受到一定限制，使得城市基础设施的供应增长缓慢，产生了供给能力不足和需求量激增之间的矛盾，制约了城市社会经济的发展。为了缓解这一矛盾，地方政府开始减少城市基础设施的公益性，并增加其商品属性。自 20 世纪 80 年代起，许多地方政府逐步放松对城市基础设施的价格管制，甚至将城市基础设施通过改制、拍卖等途径进行转让，以增加财政收入，减轻财政负担。

城市基础设施商品属性的增加，有助于为城市基础设施投融资发展奠定基础，而城市基础设施投融资发展又反过来减轻了政府对城市基础设施的财政负担。这一相互作用表现为以下两个方面：一方面，当城市基础设施的价格能够补偿经营成本并取得预期的利润时，民营企业才有动力进入城市基础设施产业之中，而政府放松对城市基础设施产品和服务的价格管制，为吸引民营企业的进入和城市基础设施投融资发展创造了重要的经济基础。另一方面，民营企业在进入城市基础设施领域后，会进行必要的投融资活动和技术创新活动，随着企业经营规模的扩大，企业的投资经营活动越来越活跃。在有限的价格管制下，民营企业基于利润最大化的目标，会不断优化资源配置、降低经营成本，这有助于政府减少对城市基础设施的投资和财政补贴，从而有效减轻政府的财政负担。

（二）推动财政支出领域的转变

城市基础设施投融资发展能够促进国有资本退出竞争性城市基础设施领域，通过股权转让等方式增加财政收入，并偿还部分到期债务。这能够推动我国政府财政由建设性财政转变为公共财政，逐步减少用于城市基础设施等经济建设领域的财政补贴和直接投资，将财政资金更多地向教育、医疗、公共卫生等领域倾斜，提高政府对公共服务和社会管理的财政支出，切实保证群众的公共利益，实现社会福利水平的提高。

表 1-1 和图 1-1 反映了我国财政在一般公共服务、公共安全、教育、科学技术、文化体育与传媒、社会保障和就业、医疗卫生、环境保护、城乡社区事务等公共福利领域的支出情况。可以看出，我国用于教育、社会保障和

就业、医疗卫生等领域的财政支出占财政总支出的比重呈现上升趋势，政府财政支出逐渐向社会公共服务财政支出转化，以更直接地满足公民生存和发展的社会性需求。

表 1-1　主要年份我国财政支出情况

指标	2007 年	2010 年	2015 年	2020 年	2021 年
财政总支出（亿元）	49781. 35	89874. 16	175877. 77	245679. 03	245673. 00
一般公共服务支出（%）	17. 10	10. 39	7. 70	8. 17	8. 09
公共安全支出（%）	7. 00	6. 14	5. 33	5. 64	5. 61
教育支出（%）	14. 31	13. 96	14. 94	14. 80	15. 25
科学技术支出（%）	4. 29	4. 67	3. 33	3. 67	3. 94
文化体育与传媒支出（%）	1. 81	1. 72	1. 75	1. 73	1. 62
社会保障和就业支出（%）	10. 94	10. 16	10. 81	13. 26	13. 75
医疗卫生支出（%）	4. 00	5. 35	6. 80	7. 82	7. 79
环境保护支出（%）	2. 00	2. 72	2. 73	2. 58	2. 25
城乡社区事务支出（%）	6. 52	6. 66	9. 03	8. 12	7. 92
其他财政支出（%）	32. 03	38. 24	37. 57	34. 22	33. 78

资料来源：《中国统计年鉴》（2008 年、2011 年、2016 年、2021 年、2022 年）。

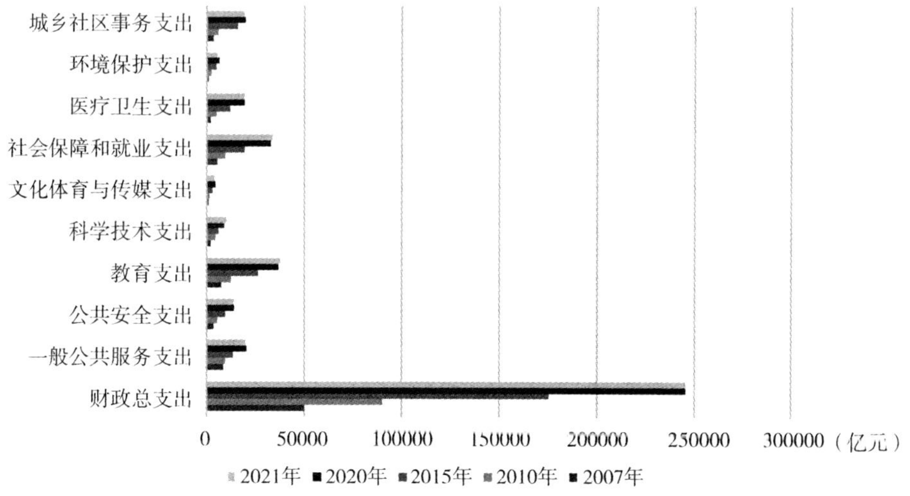

图 1-1　主要年份财政支出情况

资料来源：《中国统计年鉴》（2008 年、2011 年、2016 年、2021 年、2022 年）。

二、提高城市基础设施效率

在城市基础设施投融资改革前，城市基础设施主要实行政企合一的管理体制，城市基础设施企业没有实质的生产经营决策权，其重要的投资项目和生产经营活动都由政府进行规划和安排。同时，城市基础设施企业的生产经营成果对企业自身利益和发展的影响甚微，如果企业发生了亏损，政府往往会提供财政补助，因此企业不存在经营风险。这些问题导致了城市基础设施企业缺乏生产经营的活力及提高经营效率的动力。要使城市基础设施企业更好地适应市场经济特点，就必须改革政府的管理体制，由政企合一体制转变为政企分离体制，促使企业成为市场经营主体，政府则由城市基础设施的垄断经营者向竞争性经营的组织者转变，以提高城市基础设施企业的经营效率和政府管理效率。

随着城市基础设施投融资改革不断推进，企业经营模式和政府职能发生转变。一方面，民营企业开始进入城市基础设施产业，而国有企业也逐步转变为有限责任公司和股份制企业，形成了多元化的市场主体，提高了城市基础设施投融资活动的市场竞争强度。另一方面，政府无法直接参与民营企业和股份制企业的管理，倒逼城市基础设施的管理体制向政企分离体制转变。城市基础设施产业投融资的市场化及政府对城市基础设施企业的干预程度降低，有助于我国城市基础设施的效率不断提高。

三、增强城市基础设施有效供给

随着我国城市化的不断扩大，我国城市基础设施难以满足城市发展的需要，逐渐出现供给不足的问题，其主要原因在于以下三个方面：一是我国城市基础设施财政投资不足，制度制约了城市基础设施的供应。城市基础设施的建设和发展需要大量的资金投入，但城市基础设施财政资金不足，投资来源单一，无法适应城市发展与城市基础设施建设的需要，导致我国城市基础设施在供给和需求方面存在较大的缺口。根据联合国所提出的发展中国家城市基础设施投资标准，城市基础设施投资金额与 GDP 的比重应保持在 3%~5%，而根据图 1-2，我国绝大部分年份城市市政公用设施[①]固定资产投资占 GDP 的比重不足 3%且逐年下降，城市基础设施建设资金与财政支出之间不协调导致我国城市基础设施发展受限，城市基础设施供应不足。二是城市基础设施的垄断性影响了城市基础设施的供应。城市基础设施往往由国有企业进行垄断性经营，而企业缺乏市场竞争的压力，导致企业自身的运营成本高、效率低。三是城市基础设施的公益性决定了其自身拥有较强的福利性，并且城市基础设施的价格机制不完善，这会导致城市基础设施的投资不足，提供的产品和服务的供应难以满足社会需求。

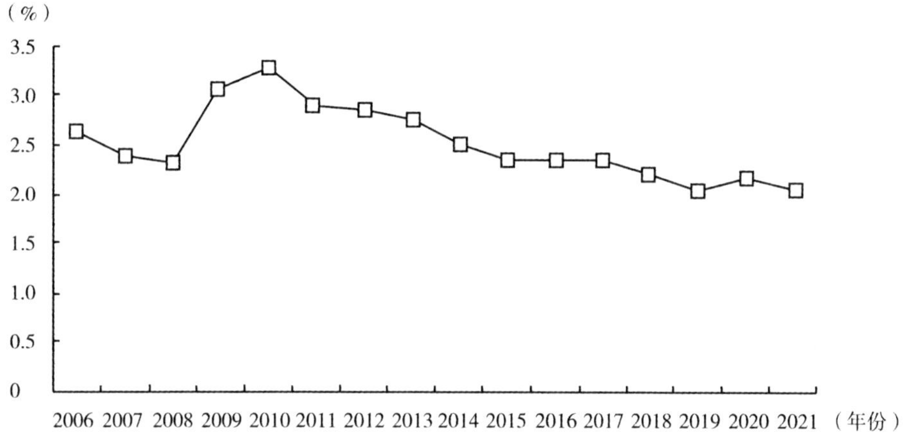

图 1-2　2006~2021 年我国城市市政公用设施固定资产投资占 GDP 的比重

资料来源：《中国城市建设统计年鉴》（2006~2021 年）、《中国统计年鉴》（2007~2022 年）。

推进城市基础设施投融资发展是解决城市基础设施供需矛盾、增强城市基础设施有效供给的重要途径。在政府优化改进对城市基础设施产业的管制、深入推进城市基础设施产业市场化改革的背景下，民营企业逐渐成为城市基

① 城市市政公用设施一般指城市的给排水、道路、桥梁、煤气和热力供应、园林绿化、环卫等设施，与城市基础设施的内涵基本一致。

础设施投资和建设的主要力量，有助于实现城市基础设施产品和服务的供给增加、价格下降、质量提高，不仅满足了居民对优质城市基础设施产品的需要，也实现了人民生活质量的提升。

四、化解政府债务风险

在我国财政分税制的背景下，中央和地方政府财政支出的职责范围逐渐明晰。中央政府负责国家安全、外交等事务的投资，地方政府负责本地区经济社会发展等事务的投资。因此，为维护地区城市运行和发展，地方政府采取外源融资的方式获得城市基础设施项目资金，导致政府财政债务不断增长。同时，由于城市基础设施项目在短期内需要大量投资，政府的债务偿还时限往往都集中于一个时间段内，伴随着房地产发展乏力、土地财政增长受限，政府的债务风险加剧。如表 1-2 和图 1-3 所示，我国政府财政债务余额逐年增长，中央财政债务余额由 2012 年的 77565.7 亿元增长到了 2021 年的 232697.29 亿元，增长了 2 倍左右，而地方政府债务余额也从 2014 年的 154074.3 亿元增长到了 2021 年的 304700.49 亿元，增长了近 1 倍。

表 1-2　2012~2021 年我国政府财政债务情况

年份	中央财政债务余额（亿元）	地方政府债务余额（亿元）	债务率（%）
2012	77565.70		
2013	86746.91		
2014	95655.45	154074.30	38.80
2015	106599.59	147568.37	36.90
2016	120066.75	153557.59	36.66
2017	134770.15	165099.80	36.04
2018	149607.41	184618.67	36.36
2019	168038.04	213097.78	38.63
2020	208905.87	256610.77	45.93
2021	232697.29	304700.49	46.99

资料来源：《中国财政年鉴》（2013~2022 年）。

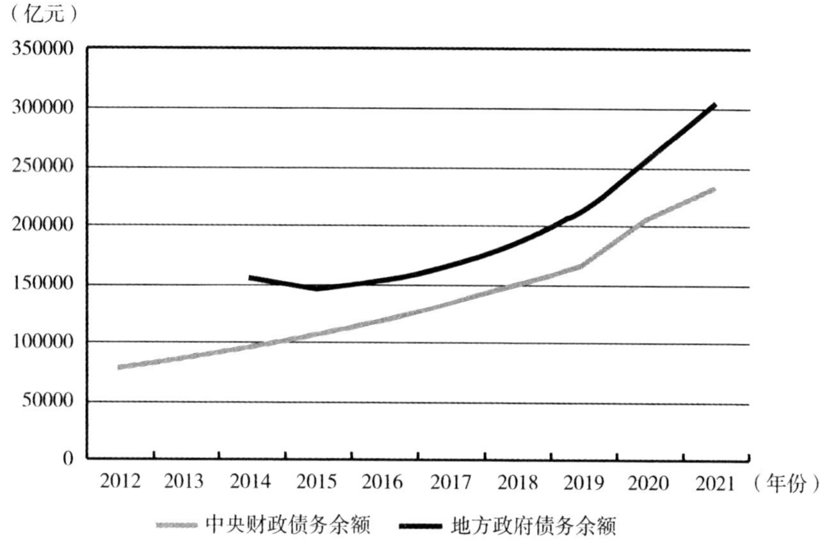

图 1-3　2012~2021 年我国政府财政债务情况

资料来源：《中国财政年鉴》（2013~2022 年）。

我国政府的债务融资问题如下：一是政府债务总量较大，地方政府在城市发展与城市基础设施建设过程中可能存在缺乏理性、建设速度不合理等问题，导致债务增长过快，政府偿债能力不足，大规模债务违约的风险加大；二是在城市基础设施投融资领域，我国政府始终发挥着主导作用，然而单一的投融资主体难以满足我国城市基础设施发展的需要，政府债务居高不下；三是投融资主体单一导致债务风险分担机制的缺乏，更易产生债务风险；四是地方政府存在违规举债问题，导致隐性债务数量不断提高，引起了较高的债务风险，监管和治理难度突出。因此，需要对城市基础设施投融资进行改革，充分发挥民营资本对城市基础设施投资和建设的作用，以缓解政府的偿债压力。

第四节 城市基础设施投融资发展的外部条件

随着城镇化的不断推进，城市基础设施的需求量快速增长，金融市场繁荣发展促进了资金的流动，城市基础设施运营主体日益多元化，投融资平台正处于转型期，现阶段进行城市基础设施投融资改革具有可行性。

一、城镇化扩大投融资需求

我国正处于城镇化快速发展阶段。如表 1-3 所示，2005 年，我国城镇人口为 56212 万人，城镇化率仅 42.99%，经过十几年的发展，至 2021 年我国城镇人口增长到了 91425 万人，增长率高达 62.64%，城镇化率也提高到了 64.72%。

表 1-3 2005~2021 年我国城乡人口变化与城镇化发展情况

年份	总人口（万人）	城镇人口（万人）	乡村人口（万人）	城镇化率（%）
2005	130756	56212	74544	42.99
2006	131448	58288	73160	44.34
2007	132129	60633	71496	45.89
2008	132802	62403	70399	46.99
2009	133450	64512	68938	48.34
2010	134091	66978	67113	49.95
2011	134916	69927	64989	51.83
2012	135922	72175	63747	53.10
2013	136726	74502	62224	54.49
2014	137646	76738	60908	55.75
2015	138326	79302	59024	57.33
2016	139232	81924	57308	58.84

续表

年份	总人口（万人）	城镇人口（万人）	乡村人口（万人）	城镇化率（%）
2017	140011	84343	55668	60.24
2018	140541	86433	54108	61.50
2019	141008	88426	52582	62.71
2020	141212	90220	50992	63.89
2021	141260	91425	49835	64.72

资料来源：《中国统计年鉴》（2006~2022 年）。

图 1-4 展示了 2005~2021 年我国城镇化率和城市市政公用设施建设固定资产投资总额变化情况。由此可见，我国城镇化率始终保持匀速上升的趋势，而城市市政公用设施建设固定资产投资总额也在不断增长，由 2005 年的 5602.2 亿元增长到 2021 年的 23371.7 亿元，增长了 317.19%，其中 2009 年和 2010 年的增长幅度最大，分别增长了 3273.30 亿元和 2722.40 亿元。

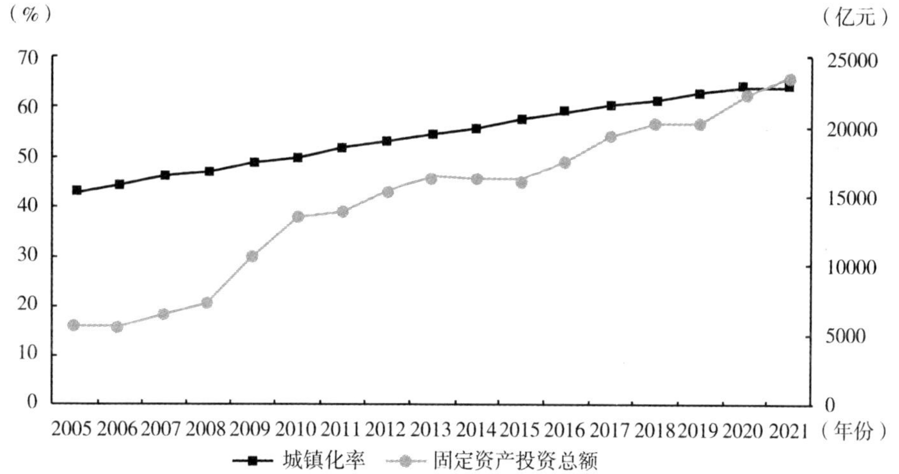

图 1-4　2005~2021 年我国城镇化率和城市市政公用设施建设固定资产投资总额变化情况

资料来源：《中国统计年鉴》（2006~2022 年）、《中国城市建设统计年鉴》（2005~2021 年）。

2005~2021年我国各行业城市市政公用设施建设固定资产投资情况如表1-4所示。道路桥梁始终是我国城市基础设施建设的投资重点，用于道路桥梁的固定资产投资总额占比始终为所有行业第一。同时，我国对轨道交通建设也愈加重视，从2015年起，我国城市轨道交通建设的投资占比提高到了20%以上。在供水、燃气、集中供热、市容环境卫生等方面，我国固定资产投资总额的占比较为稳定，常年维持在5%以下。

表1-4　2005~2021年我国各行业城市市政公用设施建设固定资产投资情况

单位:%

年份	供水	燃气	集中供热	轨道交通	道路桥梁	地下综合管廊	排水	防洪	园林绿化	市容环境卫生	其他
2005	4.03	2.54	3.93	8.51	45.40	0	6.57	2.14	7.34	2.64	16.90
2006	3.56	2.69	3.88	10.48	52.04	0	5.75	1.51	7.44	3.05	9.61
2007	3.63	2.49	3.58	13.28	46.57	0	6.39	2.20	8.19	2.21	11.46
2008	4.01	2.22	3.66	14.08	48.64	0	6.73	1.62	8.82	3.01	7.20
2009	3.47	1.71	3.46	16.33	46.52	0	6.86	1.40	8.60	2.97	8.68
2010	3.19	2.18	3.24	13.56	50.10	0	6.75	1.45	10.14	2.26	7.13
2011	3.10	2.38	3.14	13.90	50.80	0	5.53	1.75	11.10	2.76	5.55
2012	2.68	2.71	4.12	13.50	48.39	0	4.61	1.63	11.76	1.94	8.67
2013	3.21	2.60	3.65	15.02	51.10	0	4.76	0	10.08	2.50	7.08
2014	2.93	2.56	3.54	19.83	47.05	0	5.54	0	11.19	3.05	4.31
2015	3.83	2.16	3.19	22.88	45.75	0	6.06	0	9.84	2.46	3.83
2016	3.13	2.34	2.76	23.36	43.32	1.69	7.00	0	9.57	2.55	4.28
2017	3.00	2.31	3.02	26.10	36.20	3.48	6.95	0	9.10	2.63	7.20
2018	2.70	1.47	2.09	30.05	34.40	3.08	7.60	0	9.22	2.34	7.06
2019	2.78	1.21	1.65	29.09	38.04	2.77	7.76	0	9.17	2.77	4.75
2020	3.36	1.07	1.77	28.81	35.07	2.04	9.49	0	7.30	3.87	7.22
2021	3.30	0.98	1.70	27.12	36.99	2.31	8.89	0	7.01	3.11	8.59

资料来源：《中国城市建设统计年鉴》（2005~2021年）。

如图1-5所示，长期以来，我国城市基础设施以地方政府投资为主，民间投资占比较小。财政拨款、国内贷款、自筹是我国城市基础设施建设投资的主要力量，三者的投资总量可达到当年城市基础设施投资资金来源的70%以上。

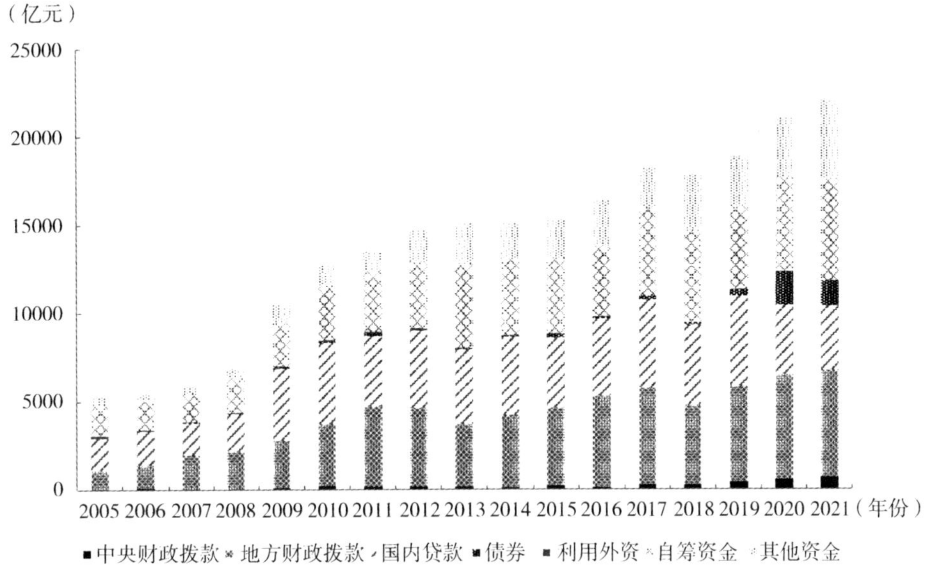

图 1-5 2005~2021 年我国城市市政公用设施建设固定资产投资资金来源情况

资料来源：《中国统计年鉴》（2006~2022 年）、《中国城市建设统计年鉴》（2005~2021 年）。

随着城镇化的深入推进，我国城市基础设施和公用事业的需求量快速增长，催生了巨大的城市基础设施建设资金需求，对城市基础设施投融资体系提出了更高的要求。城市基础设施项目以资金投入量大、周期长、资金回收慢为特点，并且基于其公共产品属性，地方政府财政成为城市基础设施建设资金的主要来源。然而，城市基础设施发展需要大量稳定、长期、低成本的有效资金投入，地方政府的财政总量难以支撑城市基础设施建设，存在巨大的资金缺口。这要求我国持续推进城市基础设施投融资改革，以解决城镇化带来的大量资金需求。

二、金融市场繁荣促进资金流动

（一）金融创新工具快速发展

为满足不同的投融资需求，我国金融市场出现了许多金融创新工具，影响着企业与社会组织的投融资决策，如资产证券化、融资租赁、中小企业担保体系、企业债券、中期票据和短期融资券等。

1. 资产证券化

资产证券化就是将流动性低但有稳定收益的资产通过风险和收益要素的分离重组，形成可以在金融市场上出售流通的证券，以实现融资的过程。以证券资产为价值形态的各种资产，更易于根据资产的流动性、回报期限、收益和风险等内容进行重新分割和组合，为投融资双方提供大量可分性强且在期限、流动性、风险收益性等方面存在差异的金融产品和组合，满足不同投融资主体的偏好和需求。同时，资产证券化使得本来难以实现的资产收益和风险分割成为可能，收益风险分布也由间断分布逐渐变为连续分布，投融资双方在金融市场中可选择的资产组合大幅增加。

2. 融资租赁

融资租赁即在协议约定的前提下，承租人选择所需的设备，由资产出租人或租赁公司购买并出租给承租人使用，承租人向出租人支付相应租金的一种融资方式。

与银行贷款相比，融资租赁存在以下优势：①手续简单快捷。投融资项目的资金筹集时间往往十分紧迫，而银行贷款申请的审批流程长，所需的时间无法适应快速的市场变化，而融资租赁的手续往往更为简单便捷，筹集资金的时间短，能够更好地抓住市场机遇。②无需额外的担保和抵押。融资租赁的承租设备本身可以作为担保和抵押物，因而无需额外的担保和抵押资产，并且融资租赁更注重项目未来的盈利能力，对项目主体以往的信用要求不高，更能满足许多中小企业的融资需求。③有助于降低企业的资产负债率。运用银行贷款购买的资产，需要作为负债列入企业的财务报表中，过高的资产负债率势必会影响企业的信用和银行的授信额度，而运用融资租赁获得的资产，一般不列入资产负债表，有助于降低企业的资产负债率，方便企业进行其他融资。

融资租赁本身就是一种融资方式，多用于技术改造，时效性强且不受现有资金积累的限制，投融资所承担的风险较低。然而，融资租赁的投融资总量、投融资结构会受到实物供给量与结构的限制，无法任意改变资产的用途，并且租金能否按期支付也会影响投融资需求，因此，融资租赁一定程度上会抑制投资膨胀。

3. 中小企业担保体系

作为我国国民经济的重要组成部分，中小企业在促进经济发展、缓解就业压力等方面有着至关重要的作用。构建中小企业担保体系能够缓解中小企业融资难问题：一是在中小企业担保体系中，中小企业仅需要承担贷款利息和相应的手续费，其筹资成本远低于民间筹资，能够减轻中小企业的融资压力；二是中小企业担保体系可以简化中小企业的银行贷款程序，减轻银行的偿付危机和产生不良贷款的可能性，降低银行的管理成本和贷款风险；三是中小企业担保体系能够凭借自身实力和信用，更集中、系统地承担数倍于其资产的担保责任，克服了担保的自发性和零散性，这也使得政府可以通过中小企业担保体系对中小企业的发展和资源配置进行宏观调控。

4. 企业债券

企业债券是由股份有限公司或有限责任公司根据法定程序发行的、约定在一定期限内还本付息的债券。企业债券可以根据不同标准进行分类，如根据债券的期限可以分为短期企业债券和中长期企业债券，根据票面利率是否变动可以分为固定利率债券、浮动利率债券和累进利率债券等。企业债券是我国企业重要的融资方式之一，具有降低融资成本、拓展融资途径、避免风险集中、加大财务杠杆等优势，具体表现在以下方面：一是随着我国多次降息，企业发行债券的成本也大幅度降低，能够以较低的成本筹集经营所需资金；二是发行企业债券能够在不影响企业股东控制权的情况下进行融资，并且企业债券利息可以在税前扣除，有助于降低融资成本、提高股东利润，有效地发挥了财务杠杆的作用；三是以银行等金融机构为中介进行间接融资是我国企业融资的重要途径，但这种方式将大量的风险转嫁给了金融机构，易导致金融风险，也不利于形成合理有效的社会资金配置。

5. 中期票据

中期票据是一种在监管机构进行一次注册批准后就可以在注册期限内连续发行的公募形式的债务证券，其最大特点在于中期票据的发行条款可以由发行人和投资者自由协商。中期票据的特征包括：①发行主体宽泛。只要是具有法人资格的非金融企业均可以发行，对发行人信用级别的要求也较低，可以无担保发行。②发行条件宽松。中期票据实行余额管理，仅要求中期债券的待偿还余额不超过企业净资产的40%，同时中期票据对发行期限没有严格规定，大多为3~5年，有助于弥补债务融资工具的“期限断档”，促使企业形成更为完整的债券收益率曲线。③发行机制灵活。中期票据的发行流程短、速度快，仅需完成一次注册即可获得2年有效期，有效期内发行人可以采用连续或周期性的方式进行小额发行，在金额、期限、利率和发行时间等方面具有很大的灵活性，更能够适应市场的波动性和流动性。④融资用途自主化。通过中期票据筹集的资金可以用于企业的日常经营、企业负债和资金来源结构调整等，甚至不排斥用于企业并购和资产重组等方面。⑤管理自律化。中期票据的发行、交易、信息披露等问题都鼓励市场主体自行解决、自行发展，实现自律化管理，充分发挥了市场的约束激励机制。

6. 短期融资券

短期融资券即“短融”，一般由具有法人资格的非金融企业在银行间市场交易商协会注册，并在银行间债券市场发行的融资工具，一般期限为一年内还本付息。发行短期融资券有助于降低企业对银行贷款的依赖程度，为企业提供了其他的融资方式，拓宽了融资渠道。同时，短期融资券的发行成本较低，并且发行程序简单，对企业提升融资效率起到了较大的作用。此外，通过发行短期融资券，企业在不改变现有的股东所有者权益下就可以获得融资，并推动企业进入国内资本市场，提高企业的信誉和社会知名度。

（二）金融衍生产品的产生与发展

金融衍生产品是随着金融市场发展而衍生出的一种虚拟产品，具有虚拟性、跨期性、杠杆性和复杂性等特点，其价值随着金融市场现有基础产品价值的波动而发生改变。金融衍生产品的跨期性体现在所有金融衍生产品由投资者决定是否在未来某一时期进行交易，影响了投资者未来的资金流情况。杠杆性体现在少量的金融衍生产品交易就会影响大量资金的运转。复杂性则体现在金融衍生产品的种类复杂、数量多样。

金融衍生产品主要包括远期、期货、期权、互换四类。远期产品是指交易双方通过协议约定在未来的某个确切日期以确切的价格购买确切数量的实物或金融产品，远期产品适用于商品保值或风险锁定，但时限一般较短。期货产品是指交易双方在合同规定的未来某个固定日期以协议价格交易确切数量的产品，相较于远期产品，期货产品的流动性更强，并且产品购买者可以根据市场变化考虑是否继续履约。期权是指权利持有者能够在未来特定时间按照协议约定的价格和数量进行特定产品交易，交易内容包括利率、汇率、股价及其他金融或实际产品。互换也称掉期，即交易双方按照协议约定，在协议的有效期内交换项目款项，在投融资活动中则表现为一方用部分或所有现金流量与另一方的现金流量进行交换，主要包括利率、货币和商品互换三类。

在投融资活动中，为管控由利率、汇率和产品市场价格波动产生的金融风险，投融资主体开始大量使用金融衍生产品，其主要的应用范围包括以下三个方面：一是金融衍生产品能够应用于利率风险的管理。利率会影响项目投融资的难度，不稳定的利率容易导致融资总量缩水。金融衍生产品的诞生为融资主体提供了一种低成本、高效率的利率风险管理方式，企业无须进行账面负债和资产的调整就可以实现利率敏感性缺口管理。例如，利率期权、利率互换、利率期货和远期利率协议等都是规避利率风险的金融衍生产品。二是金融衍生产品能够应用于外汇风险的管理。利率的波动可能会导致企业的外汇资产和负债出现不对等的问题，即出现外汇头寸净差额，造成企业资产的损失。通过金融衍生产品，能够避免因外汇浮动造成的资产损失。三是金融衍生产品能够应用于投资风险的管理。金融衍生产品能够在一定条件下成为企业投资形式，可以利用金融衍生产品的杠杆性获得投资风险收益，同时金融衍生产品能够将投资的各种风险分散到金融市场的各个方向，降低投资风险。

三、城市基础设施投资主体多元化

（一）城市基础设施投资主体多元化的政策导向

1. 宏观层面的政策导向

自改革开放以来，国家坚定推进社会主义市场经济体制，加强了对非公有制经济的支持态度。

1993 年，党的十四届三中全会提出，必须坚持以公有制为主体、多种经济成份共同发展的方针。1997 年，党的十五大在全面阐述了社会主义初级阶段基本路线和基本纲领的基础上，第一次明确提出了中国社会主义初级阶段的基本经济制度，即“公有制为主体、多种所有制经济共同发展”。

2002 年，党的十六大进一步指出，必须根据解放和发展生产力的要求，坚持和完善公有制为主体、多种所有制经济共同发展的基本经济制度。必须毫不动摇地巩固和发展公有制经济。必须毫不动摇地鼓励、支持和引导非公有制经济发展。坚持公有制为主体，促进非公有制经济发展，统一于社会主义现代化建设的进程中，不能把这两者对立起来。各种所有制经济完全可以在市场竞争中发挥各自优势，相互促进，共同发展。

在 2003 年 10 月党的十六届三中全会中，党中央颁布了《中共中央关于完善社会主义市场经济体制若干问题的决定》，其中强调要巩固和发展公有制经济，鼓励、支持和引导非公有制经济发展。一是要坚持公有制的主体地位，发挥国有经济的主导作用。积极推行公有制的多种有效实现形式，加快调整国有经济布局和结构。要适应经济市场化不断发展的趋势，进一步增强公有制经济的活力，大力发展国有资本、集体资本和非公有资本等参股的混合所有制经济，实现投资主体多元化，使股份制成为公有制的主要实现形式。二是大力发展和积极引导非公有制经济。清理和修订限制非公有制经济发展的法律法规和政策，消除体制性障碍。放宽市场准入，允许非公有资本进入法律法规未禁入的基础设施、公用事业及其他行业和领域。三是要建立归属清晰、权责明确、保护严格、流转顺畅的现代产权制度，保护公有和私有财产权，在巩固公有制经济的主体地位的同时促进非公有制经济发展。此外，该决定还要求加快推进和完善垄断行业改革，放宽垄断行业的市场准入，引入竞争机制，在有条件的企业中积极推行投资主体多元化，同时加快推进铁道、邮政和城市公用事业等改革，实行政企分开、政资分开、政事分开，并对自然垄断业务进行有效监管。

2. 与城市基础设施投资主体多元化相关的政策导向

在国家支持非公有制经济发展、推进市场主体多元化的同时，我国政府也就推动城市基础设施投资主体多元化提出了相关政策。

2001 年 12 月，原国家计委出台的《关于印发促进和引导民间投资的若干意见的通知》（计投资〔2001〕2653 号）中提出，逐步放宽民间投资的领域，除了国家有特殊规定的以外，凡是鼓励和允许外商投资进入的领域，对民间投资也采取鼓励和允许的态度，特别是鼓励和引导民间投资以独资、合作、联营、参股、特许经营等方式参与经营性的基础设施和公益事业项目建设。

2002 年 12 月，原建设部颁布了《关于印发〈关于加快市政公用行业市场化进程的意见〉的通知》（建城〔2002〕272 号），强调了市政公用行业的重要性。作为我国城市经济和社会发展的载体，市政公用行业直接关系到社会公共利益和人民群众生活质量，影响着城市经济和社会的可持续发展。因此，为了推动市政公用行业的发展、提高行业运行效率，需要开放市政公用行业市场、全力推进市政公用行业市场化。对于城市供水、供气、供热、公共交通、污水处理、垃圾处理等经营性市政公用设施，该通知鼓励采用社会招标的方式选择投资主体和特许经营主体，对于市政设施、园林绿化、环境卫生等非经营性设施，则鼓励采用综合承包制度选择日常养护作业单位或承包单位。此外，市政公用行业的主管部门，需要转变管理方式，由直接管理向宏观管理转变，由管行业向管市场转变，由对企业负责向对公众和社会负责转变。

2005 年 2 月，国务院颁布了“非公经济三十六条”，即《关于鼓励支持和引导个体私营等非公有制经济发展的若干意见》（国发〔2005〕3 号）。其中强调贯彻平等准入、公平待遇原则，放宽非公有资本的市场准入领域，凡是法律法规未禁止进入的行业和领域，均允许外资和国内非公有资本进入，并放宽股权比例限制等约束条件。同时，国家有关部门和地方政府需要完善相关法律法规、规章和政策性规定，对限制非公有制经济市场准入的文件进行清理或者修订。

2010 年 5 月，国务院又颁布了《关于鼓励和引导民间投资健康发展的若干意见》（国发〔2010〕13 号），简称“新三十六条”，其中就城市公用事业领域作了如下规定：一是鼓励民间资本参与市政公用事业建设，如城市供水、供气、供热、污水和垃圾处理、公共交通、城市园林绿化等领域，同时鼓励民间资本参与市政公用企事业单位的改组改制，符合市场化经营条件的市政公用事业项目也可以向民间资本转让产权或经营权；二是要深化市政公用事业体制改革，在市政公用事业领域引入市场竞争机制，大力推行市政公用事业投资主体、运营主体招标制度，建立健全市政公用事业特许经营制度，改进和完善政府采购制度，建立规范的政府监管和财政补贴机制，加快推进市政公用产品价格和收费制度改革，为鼓励和引导民间资本进入市政公用事业领域创造良好的制度环境。

2014 年 9 月，财政部颁布了《关于推广运用政府和社会资本合作模式有关问题的通知》（财金〔2014〕76 号），要求推广运用政府和社会资本合作模式，即 PPP 模式，在城市供水、供暖、供气、污水和垃圾处理等城市基础设施及公共服务领域选择性地采用 PPP 模式，积极稳妥做好项目示范工作，切实有效履行财政管理职能。

2017 年 11 月，财政部为进一步规范 PPP 项目，防止 PPP 项目异化为新的融资平台并遏制隐性债务风险的增加，颁布了《关于规范政府和社会资本合作（PPP）综合信息平台项目库管理的通知》（财办金〔2017〕92 号）。其中要求对新 PPP 项目建立严格的入库标准，凡不适宜采用 PPP 模式的项目、前期准备工作不到位的项目及未建立按效付费机制的项目均不能纳入 PPP 项目管理库，确保入库项目的质量。同时，对不符合规范的入库项目进行集中清理，主要包括不适宜采用 PPP 模式及不适宜继续采取 PPP 模式的项目、前期准备工作不到位的项目、未开展“两个论证”（物有所值评价和财政承受能力论证）或“两个论证”不规范的项目、不符合规范运作要求的项目、构成违法违规举债担保的项目、未按规定进行信息公开的项目。

2019 年 3 月，财政部出台《关于推进政府和社会资本合作规范发展的实施意见》（财金〔2019〕10 号），提出了 PPP 发展要坚持遵循“规范运行、严格监管、公开透明、诚信履约”的原则，规范推进 PPP 项目实施、加强 PPP 项目规范管理、多部门协同配合，为 PPP 项目规范发展营造良好的环境。

2023 年 11 月，国家发展和改革委员会、财政部联合出台了《关于规范实施政府和社会资本合作新机制的指导意见》（国办函〔2023〕115 号），其中提出了政府和社会资本合作的新机制：一是明确 PPP 项目的类型，即仅允许有收益性的项目参与 PPP 模式，同时提供了《支持民营企业参与的特许经营新建（含改扩建）项目清单（2023 年版）》；二是规范 PPP 项目的回报机制，即只能采用使用者付费方式，不再采用政府付费和可行性补贴方式，避免地方政府隐性债务的增加；三是对特许经营模式进行规范，主要包括特许经营者的选择、特许经营实施方案、特许经营协议的签订、项目投融资管理、项目建设和运营管理等内容。

（二）城市基础设施投资主体多元化的经济基础

随着我国民营企业的快速发展，我国民营经济参与城市基础设施领域的时机趋于成熟，具体表现在以下两方面：

1. 民营经济实力雄厚

根据国家统计局的数据显示，我国民营经济发展迅速、实力雄厚，私营企业数量高速增长，经营规模和经济实力明显增强。如表 1-5、图 1-6、图 1-7所示，我国民营企业法人单位数由 2013 年的 573.87 万个增长到了 2021 年的 2628.83 万个，增长了 3.58 倍，其占比由 67.37%提高到了 91.71%。非国有固定资产投资额也由 2013 年的 184662 亿元增长到了 307659 亿元，增长率为 66.61%，其占社会固定资产投资总额的比重也始终保持在 55%以上。

表 1-5　2013~2021 年我国民营资本发展情况

年份	企业法人单位数（个）	民营企业法人单位数（个）	民营企业占比（%）	非国有固定资产投资额（亿元）	非国有固定资产投资额占固定资产投资额比重（%）
2013	8517893	5738666	67.37	184662	57.9
2014	10617154	7266188	68.44	213811	58.9
2015	12593254	8656494	68.74	232644	58.8
2016	14618448	10500697	71.83	239137	56.3
2017	18097682	14368860	79.40	251650	55.7
2018				273543	57.2
2019	21091270	18921928	89.71	286400	56.8
2020	25055456	22835565	91.14	289264	55.7
2021	28665212	26288321	91.71	307659	56.5

资料来源：国家统计局。

2. 民营企业家的能力和精神得到充分展现

自我国改革开放以来，民营资本实现了“从小到大、从弱到强”的快速成长。在此过程中，民营企业家依靠自身努力，不断摸索实践、积累经验，促进了我国民营资本的发展壮大，充分培养和展现了我国民营企业家的能力和精神。与此同时，许多民营企业家主动承担社会责任，涌现了一批为实现强国富民、社会和谐而努力奋斗的民营企业家，积极参与社会福利和公益项目，提供大量就业岗位，带动群众致富。这表明民营企业家拥有参与城市基础设施建设的能力和责任心。

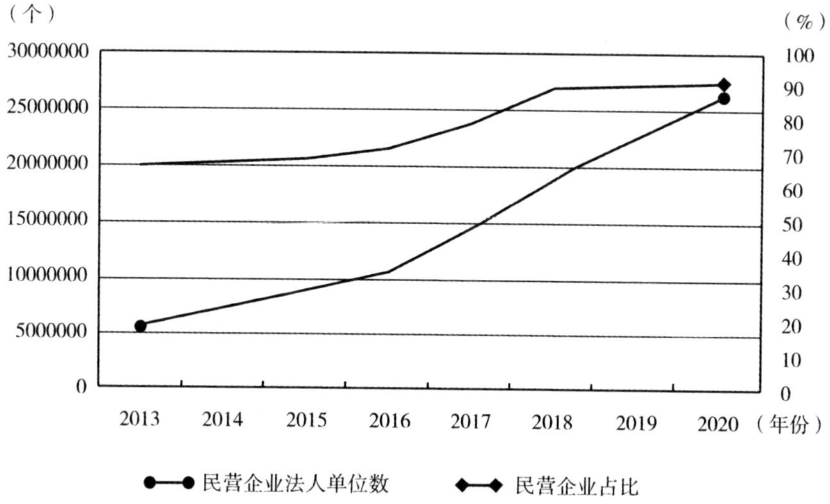

图 1-6　2013~2021 年民营企业法人单位数与民营企业占比

资料来源：国家统计局。

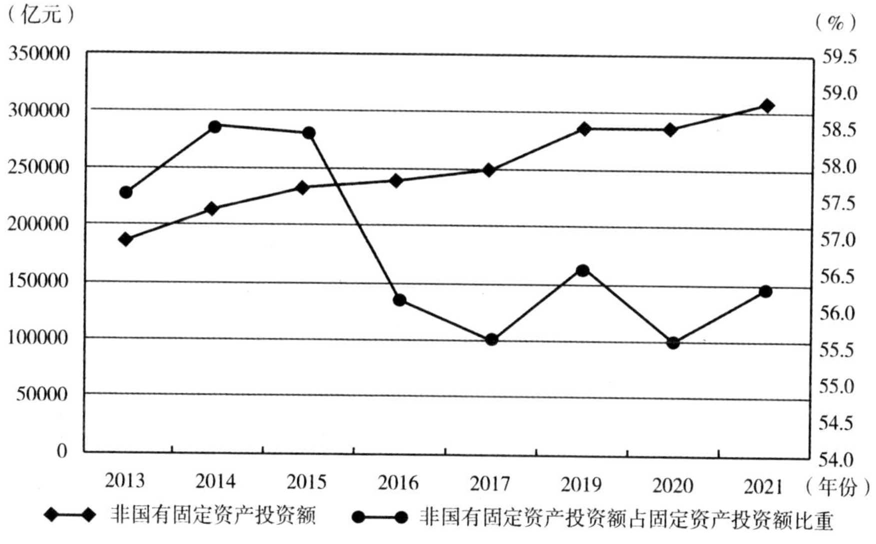

图 1-7　2013~2021 年非国有固定资产投资额及其占固定资产投资额比重

资料来源：国家统计局。

四、城市基础设施投融资平台转型

随着我国城市基础设施投融资体制的改革，由地方政府设立的、以城投公司为主的城市基础设施投融资平台成为我国城市基础设施产业市场化运作的重要主体，承担了对接城市基础设施项目与金融市场、筹集城市基础设施项目建设资金等工作。

（一）城市基础设施投融资平台的作用

城市基础设施投融资平台是在我国政府财政管理体制和城市基础设施投融资体制影响下的产物，是我国地方城市基础设施建设和区域经济发展的重要支撑，其作用主要在于以下三个方面：

第一，促进城市基础设施发展。城市基础设施投融资平台的诞生与发展，为城市基础设施建设提供了重要的举债渠道，满足了城市基础设施建设的巨额资金投入，实现资金集聚的效果，客观上推动了我国城市基础设施的发展和我国城市化进程。

第二，有利于我国经济发展。一方面，城市基础设施投融资平台是我国地方政府进行投资的重要平台，政府通过投资城市基础设施，刺激和拉动了我国经济增长，有助于缓解如金融危机等重大外部冲击的影响，确保经济稳定发展。另一方面，城市基础设施投融资平台通过投资城市基础设施的建设，带动相关产业产品需求的提升，有利于刺激相关产业的投资和消费。

第三，推动我国投资环境的改善。城市基础设施投融资平台有力促进了城市基础设施的发展，从而优化了市容市貌，改善了城市居民的生产生活环境，为地方招商引资创造了重要的竞争优势，有利于投资环境的改善。

（二）城市基础设施投融资平台存在的问题

1. 缺少清晰明确的职责边界和法人治理结构

在企业经营方面，城市基础设施投融资平台以城市基础设施项目建设作为主营业务，自身缺乏了其他经营类业务，市场定位和发展方向不明确。同时，这些平台在成立时就承担了政府融资职能，具有鲜明的行政属性，导致了平台存在政企不分、职责边界不清晰等问题。

在企业人事管理方面，城市基础设施投融资平台的管理人员往往兼任政府官职，职位晋升也不存在竞争制度，平台员工也大多是地方政府的工作人员，没有明确的岗位安排，薪酬体系也通常按职能划分而不是职工绩效，缺少了人才激励机制。因此，城市基础设施投融资平台的法人治理结构不合理，易导致人事管理混乱等问题，职工合法权益难以保障。

2. 地方政府债务风险加剧

一方面，城市基础设施投融资平台的主要投资方向是建设周期长、盈利能力不足的公益性城市基础设施项目，这些城市基础设施项目的负债规模大、增长速度快，这些投融资平台可能会因为无力偿还债务或采取“借新还旧”的方式维持平台经营，从而导致债务违约风险进一步增加。

另一方面，城市基础设施投融资平台一般由地方政府独资设立，是地方政府进行融资、缓解地方财政压力的重要渠道。但是部分城市基础设施投融资平台是通过政府提供担保或政府购买服务等方式进行放贷和融资的，因此投融资平台产生的融资风险无法与政府相隔离，地方政府存在偿还债务的连带责任，隐藏了大量的债务风险。这不仅无法发挥投融资平台隔离政府财政风险的作用，反而加剧了各地方政府的隐性债务风险，给地方经济与社会发展带来巨大隐患。

3. 政府监管趋严缩小了投融资的可操作性

地方城市基础设施投融资平台是建设城市基础设施的中坚力量，然而城市基础设施项目往往投资金额大、收益低、资金回收周期长，使得投融资平台的资金使用效率低下，大量资金沉淀为项目的隐性成本。但考虑到城市基础设施项目缺乏盈利能力，投融资平台只能借助地方政府的资信向金融机构筹集资金，“借新还旧”已经成为投融资平台运营的常态。

2017 年，国家为降低地方债务风险，陆续出台了城市基础设施投融资平台监管政策，其中对投融资平台的融资渠道、融资方式、还款能力评估方式等内容作了明确的要求。“十四五”期间，防范化解地方债务风险的工作持续推进，对投融资平台的监管力度也大幅度提高，融资难度直线上升。

4. 平台资本运作不规范

城市基础设施投融资平台在资本运作方面存在以下问题：一是投融资平台存在无序扩张的现象，部分平台将大量资金投入在与平台主业无关的领域，不仅无法推动城市发展，还可能因为缺乏对投资领域的认知导致投资失败。二是投资效率和效果有待提升，大部分投融资平台疏于行业研究、企业背景调查，在与其他企业合作的过程中经常忽视合同谈判以争取更大的股东权益，如投资决策权、分红权、退出方式等。三是存在过度融资和违规融资的问题，基于地方政府的背书，投融资平台屡屡发生资产重复抵押、借新还旧、平台互相担保等行为，金融机构也多次违规放款，这些问题易导致重大的债务风险，对地区经济金融系统产生威胁。

（三）城市基础设施投融资平台转型发展的政策导向

2010 年 6 月，由国务院颁布的《关于加强地方政府融资平台公司管理有关问题的通知》（国发〔2010〕19 号）标志着我国城市基础设施投融资平台的市场化转型正式启动。该通知提出，要对地方投融资平台的债务进行清理、核实和处理，同时对投融资平台进行清理规范，依据平台的业务情况明确各类投融资平台的发展和规范方向。

2017 年 4 月，财政部、国家发展和改革委员会、司法部、中国人民银行、银监会和证监会联合发文《关于进一步规范地方政府举债融资行为的通知》（财预〔2017〕50 号），要求清理地方政府的融资担保项目，加强规范投融资平台的融资管理，健全地方政府的举债融资机制等，助力投融资平台向市场化转型。同月，国务院办公厅出台了《关于转发国务院国资委以管资本为主推进职能转变方案的通知》（国办发〔2017〕38 号），优化和改进了政府对国有资本的监管内容和方式，取消、下放和授权部分国有资本监管事项，由各级政府组建的国有资本投资、运营公司承接划转的国有资产，开启了国资委由“管资产”向“管资本”的转型。这也促使城市基础设施投融资平台需要向商业类国有企业的方向转型，市场化属性日益明显。

2019 年 7 月，《政府投资条例》正式实施，对地方政府的投融资行为进行了明确的规范。条例规定政府的投资资金必须纳入政府投资年度计划和财政预算，主要采取发行政府债券的方式筹集资金，不能借助城市基础设施投融资平台的力量，同时城市基础设施投融资平台的所有投融资行为均由自己决策并承担相应的投融资风险，平台的债务也不再属于地方政府债务，政府仅按投资国企和项目的金额承担有限责任。这一举措剥离了投融资平台作为地方政府融资工具的作用，促使投融资平台加快市场化转型。

2021 年，国家先后出台了《关于进一步深化预算管理制度改革的意见》（国发〔2021〕5 号）和《银行保险机构进一步做好地方政府隐性债务风险防范化解工作的指导意见》（银保监发〔2021〕15 号），明确指出政府财政不再为投融资平台兜底。其中，5 号文件指出要剥离投融资平台的政府融资职能，对无法偿还债务的平台依法进行破产清算或重组。15 号文则指出不再为承担地方隐性债务的企业提供流动性贷款或流动资金贷款性质的融资，也不为这些企业提供参与地方政府专项债券项目的融资。这些举措都明显展示了政府控制地方隐性债务的决心，全力推动城市基础设施投融资平台市场化转型。

（四）城市基础设施投融资平台转型方向

要推动城市基础设施投融资平台的市场化转型，必须剥离其作为政府融资工具的职能，夯实其投融资职能，使其真正成为独立参与投融资的市场主体，实现“自主经营、自负盈亏、自担风险、自我发展”。

在城市基础设施投融资平台转型的过程中，首先要理顺政府与平台的关系，确立独立的市场主体地位。政府既是投融资平台的股东，也是投融资平台的重要客户，政府和平台之间应当形成政企合作关系，而不是上下级的领导关系，因此要避免政府及有关部门对平台日常经营活动的干预，为实现自主决策、市场化运行奠定基础。同时，平台要以企业的标准对平台公司进行管理，撤销合并部分组织，集中优质资源促进平台做大做强，在兼顾社会效益和经济效益的同时参与城市基础设施的建设、运营。

其次，城市基础设施投融资平台可以向城市运营者转型，注重城市品质的提升。投融资平台在参与城市基础设施建设和开发的阶段积累了大量项目经验和资源，这使得平台在城市运营方面具有巨大优势。因此，平台可以向城市运营者转型，以提高城市品质为目标参与城市的有机更新，在促进平台转型升级的同时，也能够服务于城市建设和发展，减少国有资产的流失，实现城市的资源增值和城市发展的效益最大化。

第二章　城市基础设施投融资发展的历程

第一节　城市基础设施投融资体制的变迁

在我国，城市基础设施投融资体制是组织、管理城市基础设施投融资活动的基本制度和方式，主要包括投融资主体、投融资方式、运行机制和宏观调控等方面的内容。① 伴随着我国经济发展和城镇化建设，城市基础设施投融资体制也经历了一个长期的变迁过程。根据城镇化发展和重大政策发布情况进行划分，主要可以分为计划经济时期、改革开放初期、经济体制改革构建完善时期、经济发展新常态时期四个阶段。

一、计划经济时期

计划经济时期（1949~1978年），我国城市基础设施投资体制是政府完全包揽的投资体制：城市基础设施投资由政府统一安排，并且投资决策权高度集中于中央政府；中央政府是绝对的投资主体，投资资金基本来源于财政预算拨款，占比达到了80%左右（见表2-1）；行政管理几乎是唯一的投资

① 王秀云．我国基础设施投融资体制变迁及改革路径［J］．中国城市经济，2008（10）：80-82.

调控方式，经济手段和法律手段很少使用。这种政府完全包揽的投资体制，一方面由于资金渠道单一而国家财力物力有限，导致城市基础设施建设投资总体规模不大且水平低下，另一方面导致了城市基础设施建设、管理、运营的效率低下。

表 2-1　国家基本建设中财政拨款所占的比例

单位：%

时间	"一五"时期 1953~1957 年	"二五"时期 1958~1962 年	"三五"时期 1966~1970 年	"四五"时期 1971~1975 年	"五五"时期 1976~1980 年
占比	88.5	78.3	89.3	82.5	72.4

资料来源：《中国统计年鉴（2002）》。

二、改革开放初期

改革开放初期，伴随着我国对经济体制改革的探索，城市基础设施投融资体制也不断推陈出新：从财政无偿拨款的"统收统支"体制向有偿使用的"拨改贷"过渡，银行贷款开始成为城市基础设施建设资金的重要来源，充实了城市基础设施投融资资金的供给；"分灶吃饭"的财政体制安排推进了城市基础设施投资责任的地方化，打破了中央政府作为绝对投资主体的格局，逐渐明确了中央政府和地方政府的投资决策权限和范围，加强了地方政府的投资决策权；开辟了城市维护建设税等税费项目、建立了国有土地使用有偿出让制度，为城市基础设施建设建立了稳定的资金渠道。随着财税体制改革的进一步深入，中央政府将支出融资的责任下放，地方政府的职能从提供服务向为服务筹措资金转变。

1980~1992 年，我国城市基础设施领域实现了资金筹措方面的重要突破，中央财政拨款在城市基础设施投资总量中的占比已经不到 10%（1990~1992 年），城市基础设施投资更多的来源于自筹资金、国内贷款和其他资金。同时，外资也逐步地占据了一定的比例。详细情况如表 2-2 所示。

表 2-2　1980~1992 年城市基础设施资金来源

单位：亿元

年份	中央财政拨款	国内贷款	利用外资	自筹资金	其他资金
1980	6.1	0.1	0	8.2	0
1985	13.9	3.1	0.1	40.9	5.8
1990	7.4	11.0	2.2	82.2	18.4
1991	8.6	25.3	6.0	108.1	21.9
1992	9.9	42.9	10.3	180.4	38.9

资料来源：《中国统计年鉴（2002）》。

三、经济体制改革构建完善时期

党的十四大确立了社会主义市场经济体制的方向和目标，城市基础设施的投融资体制也加快了市场化改革进程，引入了市场机制：按照“谁投资、谁决策、谁收益、谁承担风险”的原则，形成企业的投资自主权，初步形成了政府主导、外商和民营主体补充的多元投资主体格局，标志着投融资体制改革开始了新的阶段；根据项目分区理论，将城市基础设施划分为经营性项目、非经营性项目和准经营性项目三类，并确定各类项目的主要投资主体和投资方式（见表 2-3）。这一阶段对投融资体制做出的改革还包括剥离四大银行的政策性业务、成立政策性银行等，大量地方融资平台的产生和发展促进了城市基础设施投融资的多元化；放宽市场准入，鼓励民营资本进入城市基础设施行业，厘清政府和市场的投资界限，建立政府与市场合理分工的城市基础设施投融资体制；城市基础设施投资资金来源增多，由以财政拨款为主转变为中央财政拨款、地方财政拨款、国内贷款、债券、利用外资、自筹资金等多种方式（见表 2-4）。

1993~2013 年，中央财政拨款在城市基础设施投资总量中的占比减少，由于“分税制改革”和“土地财政”的兴起，使得地方财政拨款和国内贷款、自筹资金一样逐渐成为城市基础设施投资资金的重要来源。

表 2-3 项目分区理论的投资方式

分类	非经营性项目	准经营性项目	经营性项目
项目特点	无收费机制	有收费机制，但不能覆盖成本	有收费机制，能覆盖成本
投资方式	政府提供、投资	政府提供或政府资助市场提供	市场提供，向消费者收费

资料来源：作者根据相关材料整理所得。

表 2-4 1993~2013 年城市基础设施资金来源

单位：亿元

年份	中央财政拨款	地方财政拨款	国内贷款	债券	利用外资	自筹资金	其他资金
1993	15.9		72.8		20.8	304.5	107.6
1998	100.2		284.8	40.3	110.1	600.4	210.6
2003	118.9	733.4	1435.4	17.4	90.0	1350.2	398.0
2008	72.7	2143.9	2037.0	27.8	91.2	1980.1	537.6
2013	147.5	3573.2	4218.0	41.5	62.2	4714.1	2377.7

资料来源：《中国统计年鉴（2002）》。

四、经济发展新常态时期

2014 年我国重新修订了《中华人民共和国预算法》，赋予了地方政府适度举债权。同年印发的《关于加强地方政府性债务管理的意见》（国发〔2014〕43 号）提出强化地方债务风险防范；规范政府举债行为，强调地方政府债券是地方政府举债的唯一方式；将地方政府债务分为一般债务和专项债务，并陆续发布多个相关文件进一步规范地方政府债券的财务管理和预算管理。地方各级政府加快建立规范的举债融资机制，科学制定债券发行节奏和规模，提高债券透明度和资金使用效益。此外，加强平台公司融资行为管理，推动融资平台公司转型为市场化运营的国有企业，依法合规开展市场化融资，规定地方政府及其所属部门不得干预融资平台公司日常运营和市场化融资。为进一步规范政府与民营资本方合作行为，一系列规范性文件出台，禁止地方政府利用 PPP、政府出资的各类投资基金等方式违法违规变相举债，禁止违法违规举债担保行为，严格管理PPP入库，避免PPP异化为新的融资平台，坚决遏制隐性债务风险增量。2015年财政部印发的《2015年地方政府专项债券预算管理办法》，进一步明确了地方政府专项债券预算管理的章程，包括地方政府专项债券预算编制和调整、预算科目设置、预算执行方式和监督检查办法等，以提高专项债券资金使用效益。

此外，一系列关于政府与民营资本合作的政策文件出台，推广运用政府和民营资本合作模式，标志着政府与民营资本合作进入新阶段。在2019年实施的《政府投资条例》中要求政府的投资资金主要投向市场不能有效配置资源的社会公益服务、城市基础设施等公共领域的项目，以非经营性项目为主。鼓励民营资本通过特许经营、政府购买服务等方式参与有一定收益的公益性事业投资和运营，强调发挥政府投资的引导和带动作用。这一时期平台公司大多以PPP或政府购买服务的形式与政府合作，我国城市基础设施投融资体制进入规范化阶段，开始着眼于规范地方政府的融资行为、地方融资平台的融资管理、政府与民营资本方的合作行为、土地储备融资行为和政府购买服务。

综上所述，改革开放以前，我国城市基础设施投融资体制属于政府包揽型投资体制。自改革开放以来，投融资体制开始逐步进入市场化改革阶段，打破了城市基础设施的垄断，尤其是20世纪90年代投融资体制发生了巨大变革，城市基础设施也因此得到了迅速的发展。当前，我国城市基础设施建设的投资主体已经形成了中央政府、地方政府、民营资本的多元化格局，但从投资的实际运作情况看政府仍然是城市基础设施最主要的投资主体（见表2-5、图2-1），然而现阶段财政收入增长放缓，财政支出刚性不减，城市基础设施领域庞大的投资需求和有限的融资能力之间的矛盾日益突出。因此，目前我国城市基础设施建设投融资体制改革的方向仍然是：转变政府职能、减轻政府负担、防范地方政府债务风险及推动融资平台公司转型。

表 2-5　2014~2022 年城市基础设施资金来源

单位：亿元

年份	中央财政拨款	地方财政拨款	国内贷款	债券	利用外资	自筹资金	其他资金
2014	102.2	4135.2	4383.1	96.0	42.0	4294.7	2046.7
2015	202.1	4406.4	3986.3	189.1	46.6	258.0	2187.3
2016	119.4	5183.7	4338.7	133.4	34.6	3963.6	2603.0
2017	290.4	5465.7	4987.5	163.2	28.7	4997.8	2311.7
2018	255.2	4552.3	4509.0	117.2	46.9	5105.2	3253.5
2019	412.6	5456.9	5039.3	392.2	49.9	4707.3	2812.5
2020	568.6	5922.0	3932.6	1864.0	67.5	5343.3	3339.1
2021	661.6	6122.8	3566.2	1428.1	39.0	5789.1	4514.8
2022	301.5	5853.3	2855.5	1723.4	35.6	5321.8	4039.2

资料来源：《中国城市建设统计年鉴（2022）》。

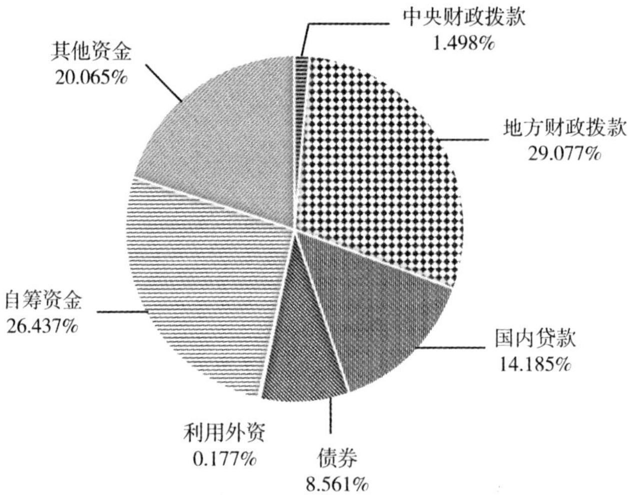

图 2-1　2022 年我国城市基础设施资金组成

资料来源：《中国城市建设统计年鉴（2022）》。

第二节　城市基础设施投融资模式的变迁

随着经济社会的快速发展，人民群众生活质量不断提升，对城市基础设施的建设也提出了更高的要求。为了实现国家城市基础设施建设领域的高标准、高品质、高效率发展，营造良好的城市基础设施建设项目投融资环境，我国不断改进城市基础设施投融资模式，其发展历程可分为四个阶段。

一、第一阶段（2003年以前）

1993年之前，政府主导各项城市基础设施建设，投融资模式单一，主要依靠政府财政支出，中央财政捉襟见肘。这一阶段，中国面临制约发展的资金瓶颈和落后的城市基础设施，既缺资金又缺技术，开始引进外资试点BOT模式，进入城市基础设施投融资模式改革的发展探索阶段。但当时法律和政策较不完善，因此没有得到大规模的推广。

党的十四大确立了社会主义市场经济体制，为城市基础设施市场化投融资改革提供了理论依据。1993年起国家开始研究投融资体制改革，包括BOT可行性问题。1994年对外贸易经济合作部出台《关于以BOT方式吸收外商投资有关问题的通知》，规定外商可以以合作、合资或独资的方式建立BOT项目公司，从国家层面开始有计划地推动BOT项目实施，选择了5个BOT项目进行试点。1995年8月国家计委、电力部、交通部联合下发了《关于试办外商投资特许权项目审批管理有关问题的通知》，为试点项目的实施提供了法律依据。2001年12月国家计委出台《关于促进和引导民间投资的若干意见》，提出凡是鼓励和允许外商投资进入的领域，均鼓励和允许民间投资进入；鼓励和引导民间投资以独资、合作、联营、参股、特许经营等方式，参与经营性的城市基础设施和公益事业项目建设。2002年12月，建设部发布

《关于加快市政公用行业市场化进程的意见》，提出了开放市政公用事业经营市场，引入竞争机制，建立政府特许经营制度作为市场化条件下市政公用事业投资与经营的主要形式；鼓励社会资金、外国资本参与市政公用设施的建设，形成多元化的投资结构。在这些政策指导下，外商和民间资本开始涉足城市基础设施建设和运营。

这一阶段以特许经营为主的项目融资模式在中国城市基础设施领域取得了一定的应用，但以弥补设施建设投资资金缺口为主要目的，使得项目自启动伊始就先天不足，因此遇到各种困境。由于缺乏完善的制度性环境，城市基础设施特许经营项目在实施过程中暴露出一些问题和矛盾，如合同不规范、承包商带资承包建设、固定或变相固定投资回报等问题，使政府财政和公众利益蒙受损失，甚至影响政府诚信。

二、第二阶段（2003~2012年）

21世纪初我国社会主义市场经济体制初步建立，市场在资源配置中发挥基础性作用，为特许经营的推广提供了理论基础。在总结探索发展阶段市场化改革存在的问题基础上，2004年和2005年建设部先后出台《市政公用事业特许经营管理办法》和《关于加强市政公用事业监管的意见》标志着政府开始加强对城市公用事业特许经营项目的规范和监管。

《市政公用事业特许经营管理办法》（建设部126号令）第一次以部门规章的形式，将特许经营的概念正式引入市政公用事业，并做了制度性的规定和安排，包括规范市政公用事业特许经营的定义、适用范围、程序、特许经营权协议的内容、相关各方的责任等，强化了市场准入过程的竞争机制，规定了以招标方式选择特许经营项目投资者或经营者的程序和要求。对获得特许经营权的企业和政府主管部门的职责进行了明确的界定。各级地方政府也纷纷以该办法为模板，先后出台了大量地方性法规、政府规章及政策性文件，用于引导和规范地方特许经营项目实施，该办法及各地出台的特许经营条例是这一时期开展特许经营项目的基本法律依据。此外，建设部在2004年颁布

《关于印发城市供水、管道燃气、城市生活垃圾处理特许经营协议示范文本的通知》(建城〔2004〕162号),通过发布《城市供水特许经营协议示范文本》《管道燃气特许经营协议示范文本》和《城市生活垃圾处理特许经营协议示范文本》等特许经营标准文本提升特许经营项目的规范性。2005年2月国务院发布的《关于鼓励支持和引导个体私营等非公有制经济发展的若干意见》强调支持非公有资本进入公用事业和城市基础设施领域。在政策利好的刺激下,特许经营在城市基础设施领域展开了大规模的项目实践,拓展了特许经营的运作方式,在BOT之外,TOT也被引入特许经营项目的运作方式范围。

受次贷危机影响,2008年底中国推出四万亿经济刺激计划,各地城市基础设施项目主要通过融资平台完成投融资,特许经营模式发展停滞。随后政府再次开始重视民间投资,2010年国务院出台了《关于鼓励和引导民间投资健康发展的若干意见》(国发〔2010〕13号),旨在进一步拓宽民间投资的领域和范围,鼓励和引导民间资本进入基础产业和城市基础设施领域、市政公用事业和政策性住房建设等领域。2012年国务院各部委根据《关于鼓励和引导民间投资健康发展重点工作分工的通知》(国办函〔2010〕120号)出台了20多个落实“新36条”的细则。

这一阶段着重于项目本身的实用性和高效性,但仍然缺乏顶层设计,在合同设计、利益分配、风险分担和外部监督等方面不够细化,各种问题依然延续。但各级政府已开始认识到引入民营资本的同时,加强政府监管的重要性,政府不断总结经验教训,改革的目标开始兼顾公平与效率,具体表现在注重监管、重视运营和服务水平、关注公众利益和安全。此阶段,改革政府实施特许经营不单纯要解决政府投资不足的问题,更加注重生产过程和服务质量的提高。通过项目经验和教训的不断总结和提高,特许经营实践与理论共识初步成型,政策法规框架、项目结构与合同范式在此阶段得到逐步确立。

三、第三阶段（2013~2019年）

2013年后PPP行政立法出现了井喷式增长，进入依法改革阶段。党的十八届三中全会报告指出，允许社会资本通过特许经营等方式参与城市基础设施投资和运营，并明确要求制定非公有制企业进入特许经营领域具体办法。2014年9月，财政部首次正式提出“政府和社会资本合作（PPP）”这一概念，同年《国务院关于加强地方政府性债务管理的意见》（国发〔2004〕43号）、《国务院关于创新重点领域投融资机制鼓励社会投资的指导意见》（国发〔2004〕60号）的出台肯定了推广PPP模式的重要意义并强调了相应的制度建设，将PPP推到前沿。在2014年颁布的《国务院关于创新重点领域投融资机制鼓励社会投资的指导意见》（国发〔2014〕60号）中，提出积极在公共服务、资源环境、生态保护、基础设施等领域推广PPP模式，并要求规范PPP合作关系、健全PPP项目风险防范机制、监督机制和退出机制。与此同时，各部委相继出台政策文件加速政府和民营资本合作模式的制度化建设，一系列关于PPP的顶层设计逐步推进。

首先，特许经营立法工作重新启动，由国家发展和改革委员会、财政部等多部委联合印发《基础设施和公用事业特许经营管理办法》，旨在引导和规范能源、交通、水利、环保、市政等城市基础设施和公用事业特许经营，以特许经营协议的订立、履行、变更和终止为核心，对城市基础设施和公用事业特许经营的适用范围、实施程序、监督管理、公共利益保障、争议解决等作了较为全面、详细的规定。

其次，国家密集出台了《关于在公共服务领域推广政府和社会资本合作模式指导意见》（国办发〔2015〕42号）、《关于推广运用政府和社会资本合作模式有关问题的通知》（财金〔2004〕76号）、《关于开展政府和社会资本合作的指导意见》（发改投资〔2004〕2724号）等一系列政策，要求在城市基础设施领域深化政府和社会资本合作机制，对于可经营或准经营的城市基础设施项目，政府要通过特许经营、投资补助、政府购买服务等多种形式，吸引包括民间资本在内的社会资金，参与投资、建设和运营，实行投资、建设、运营和监管分开，形成权责明确、制约有效、管理专业的市场化管理体制和运行机制。同时，要积极创新金融产品和业务，建立完善多层次、多元化的城市基础设施投融资体系。在此基础上，财政部、国家发展和改革委员会还分别出台了《政府和社会资本合作项目通用合同指南》《政府和社会资本合作模式操作指南（试行）》《PPP 项目合同指南（试行）》《政府和社会资本合作项目政府采购管理办法》《政府和社会资本合作项目财政承受能力论证指引》《PPP 物有所值评价指引（试行）》《传统基础设施领域实施政府和社会资本合作项目工作导则》等一系列操作指南，在操作和合同的层面对引入社会资本给出了更具体的指导。

2013~2016 年，一边是政策的高频率出台，一边是各地方政府举债受限、城投举债受挫，PPP 模式被视为一种高效融资途径，发展势头迅猛，项目数量激增。2017 年开始，中央陆续出台相关法规整顿和规范 PPP 的无序扩张。《关于规范政府和社会资本合作（PPP）综合信息平台项目库管理的通知》（财办金〔2017〕92 号）、《关于进一步加强政府和社会资本合作（PPP）示范项目规范管理的通知》（财金〔2018〕54 号）、《关于推进政府和社会资本合作规范发展的实施意见》（财金〔2019〕10 号）等文件对于存量 PPP 项目及新增 PPP 项目进行了严格的规范，PPP 模式从规范阶段进入快速发展阶段。这一时期政策引导城市基础设施投融资模式演变方向逐渐转向“重视项目的自身盈利能力”和“社会参与方股权投资”，合规的 PPP 模式、产业基金、专项债、资产证券化等成为主流投融资模式。

在总结第一、二阶段城市基础设施领域 PPP 实践和政府监管经验的基础上，政府着力 PPP 改革的顶层设计，致力于国家层面的 PPP 法规制度设计，按照立法先行的原则，已初步形成由法规政策、操作指引和标准化工具等构成的相对完整的 PPP 制度框架。与前一阶段不同的是，这一阶段的改革以立法为先导，国家在中央层面已经建立了一套相对完善的制度体系，并且明确了政府与企业的责任边界。在今后一段时期，PPP 改革沿着既有的制度框架进一步深入和规范。

四、第四阶段（2020 年至今）

除了新增投资以外，盘活存量资产发展前景广阔。经过多年投资建设，我国城市基础设施领域已经积累了大规模的存量资产，在专项债券资金不足及 PPP 监管趋严的背景下，盘活存量资产对于促进城市基础设施高质量发展尤为重要。2020 年 4 月发布的《关于推进基础设施领域不动产投资信托基金（REITs）试点相关工作的通知》标志着我国城市基础设施领域公募 REITs 试点正式起步。随后陆续发布了《关于加快推进基础设施领域不动产投资信托基金（REITs）有关工作的通知》（发改办投资〔2021〕1048 号）、《关于加快推进城镇环境基础设施建设的指导意见》（国办函〔2022〕7 号）、《关于进一步做好社会资本投融资合作对接有关工作的通知》（发改办投资〔2022〕233 号）、《关于做好盘活存量资产扩大有效投资有关工作的通知》（发改办投资〔2022〕561 号）等文件，大力支持盘活存量资产，鼓励具备条件的项目发行城市基础设施 REITs，进一步加快推进城市基础设施 REITs 相关工作，为扩大有效投资、稳定增长做贡献。城市基础设施 REITs 能有效盘活存量资产，填补当前金融产品空白，拓宽民营资本投资渠道，提升直接融资比重，增强资本市场服务实体经济质效。短期内有利于广泛筹集项目资本金，降低债务风险，是稳投资、补短板的有效政策工具；长期内有利于完善储蓄转化投资机制，降低实体经济杠杆，推动城市基础设施投融资市场化、规范化健康发展，该模式成为现阶段国家城市基础设施建设项目融资的重要方式之一。

2022 年 5 月国务院办公厅颁布的《关于进一步盘活存量资产扩大有效投资的意见》（国办发〔2022〕19 号）也提到，鼓励以 PPP 的模式运营具备长期稳定收益的存量项目，盘活存量资产，由社会资本方通过引进先进技术、创新运营方式等，进一步提高项目的服务质量和运营效率。

2023 年 11 月，国务院办公厅转发国家发展和改革委员会、财政部《关于规范实施政府和社会资本合作新机制的指导意见》，对未来政府和社会资本合作项目提出新要求：限定了政府和社会资本合作类型只能是有收益性的项目，并提供了《支持民营企业参与的特许经营新建（含改扩建）项目清单（2023年版）》；政府和社会资本合作的项目不再有政府付费和可行性补贴类型的回报机制，只能采用使用者付费的回报机制，政府方不承担任何付费责任；特许经营项目不再要求物有所值评价和财政承受能力论证，但要求可行性研究报告和特许经营模式可行性论证同步进行；政府和社会资本合作项目均签署特许经营协议，不再有PPP协议；常态化信息披露方面提出了实施机构和特许经营者双披露的要求。

综上所述，我国城市基础设施建设融资模式经历了从“政府实施，财政投资”向“根据城市基础设施项目的分类进行融资”的巨大转变。与传统政府融资方式相比，项目融资在解决大型城市基础设施建设项目的资金筹集方面具有明显优势且卓有成效，目前项目融资在我国城市基础设施领域中应用已经较为普遍。

第三节　城市基础设施投融资平台的变迁

2010年印发的《国务院关于加强地方政府融资平台公司管理有关问题的通知》（国发〔2010〕19号）将地方政府融资平台公司定义为由地方政府及其部门和机构等通过财政拨款或注入土地、股权等资产设立，承担政府投资项目融资功能，并拥有独立法人资格的经济实体。平台公司在发展之初作为连接地方政府与金融市场的纽带，有效解决了地方政府投资资金不足的问题，在应对金融危机、加快城市基础设施和民生工程建设方面发挥了重要作用。随着我国经济社会的发展及各项改革的深化，地方政府融资平台公司存在的问题逐渐显露，相关政策不断出台加以规范，平台公司的发展呈现一定的阶段性。

一、第一阶段　萌芽发展期（1988~1997年）

地方政府投融资平台产生的大背景是20世纪90年代初地方政府的财政困境。随着我国城镇化的快速推进，地方政府在城市基础设施建设上的资金支出需求逐渐增大，在资金供给严重不足的情况下，为了解决融资问题，投融资平台应运而生。

1994年分税制改革后财权上收、事权下放，地方财权和事权不匹配，地方财政缺口日益扩大；《中华人民共和国预算法》规定地方政府不得发行债券进行融资；《中华人民共和国担保法》规定地方政府不得向金融机构提供贷款担保；《贷款通则》对借款人向银行贷款的行为提出了约束条件。基于此，地方政府举债能力受到极大限制，地方财力的不足催生了融资平台。1994年，国家开发银行成立，支持城市基础设施、基础产业和支柱产业的发展，为地方投融资平台提供了重要的中长期资金来源，推动了地方政府融资平台公司的发展。总体上，地方融资平台公司与地方政府融资困境相伴而生。

1992年，上海城市建设投资开发总公司成立，随后各地开始效仿。这一时期城投公司正处于初步探索阶段，地方政府融资平台公司数量不多、融资规模不大，大量的政府所属投资性公司也是以投资职能为主，融资职能并不是主要的，这一阶段投融资平台的建立为后期发展建立了基础。

二、第二阶段　扩张发展期（1998~2009年）

地方投融资平台的扩张发展与1997年亚洲金融危机和2008年世界金融危机密切相关。

为应对1997年亚洲金融危机的影响，国家开始实施积极的财政政策和宽松的货币政策，以加大城市基础设施投资力度为抓手刺激经济增长。在政府资金需求和银行放贷需求的共同推动下，1998年，“打捆贷款”模式开始成为地方融资平台的初始融资模式，即政府承诺、财政兜底、市场化运作，还款资金主要来自地方财政收入。2004年后，我国出现经济过热、固定资产投资增长过快、货币供应量偏高、信贷投放偏快等问题，中央开始转向稳健的财政政策和货币政策，2006 年银监会等有关部门出台了《关于加强宏观调控整顿和规范各类打捆贷款的通知》（银监发〔2006〕27 号）整顿和规范银行各类打捆贷款。

1998~2008 年，我国地方投融资平台公司处于稳步发展阶段，融资平台公司的数量不断增加、融资规模不断增长。虽然出现了打捆贷款、地方政府违法违规担保等问题，但融资平台公司的运作总体上比较稳健有序，并没有造成地方融资平台债务的急剧增加。

为应对 2008 年次贷危机的影响，政府出台了“四万亿”政策，主要以城市基础设施建设为主。一方面，中央政府出资只占很小部分，其他剩余的巨额城市基础设施投资资金都需要地方政府筹措。另一方面，为满足地方项目配套资金和投资资金需求，2009 年 3 月中国人民银行和银监会发布的《关于进一步加强信贷结构调整促进国民经济平稳较快发展的指导意见》（银监发〔2009〕92 号）提出“支持有条件的地方政府组建投融资平台、发行企业债、中期票据等融资工具，拓宽中央政府投资项目的配套资金融资渠道。”同年 10 月，财政部发布的《关于加快落实中央扩大内需投资项目地方配套资金等有关问题的通知》（财建〔2009〕631 号）允许地方政府利用融资平台通过市场机制筹措资金，在现实需求和政策鼓励的双重推动下，各地开始全面设立投融资平台，逐渐形成了与城市基础设施建设紧密结合的城投债这一我国特有的企业债。由 WIND 数据库的数据显示，2009 年城投债的发行金额和发行数量均比 2008 年增加了 3 倍，发债金额达到了 1152.5 多亿元，如表 2-6所示。

在两次金融危机的冲击下，地方融资平台迅速发展，数量和贷款额都急剧增加。尤其是 2008~2009 年，地方融资平台数量和贷款额呈现井喷式增长，在保增长、扩内需方面起到了重要作用，同时也为今后地方债务和投融资平台风险爆发埋下了隐患。

表 2-6　地方政府财政缺口和城投债发债情况

年份	城投债发行数量（只）	城投债发行量（亿元）	城投债偿还量（亿元）	缺口
2002	0	0	0	0
2003	1	40.00	0	40
2004	0	0	0	0
2005	5	65.00	0	65.00
2006	7	78.50	0	78.50
2007	24	223.50	33.50	190.00
2008	23	352.00	84.00	268.00
2009	83	1152.50	52.70	1099.80

资料来源：WIND 数据库-债券

三、第三阶段　整顿规范期（2010~2014 年）

经过前一阶段的扩张和快速发展，2010 年开始，国务院和各金融监管机构下达了一系列重要文件，拉开了规范地方融资平台的序幕。2010 年 6 月，国务院下发《关于加强地方政府融资平台公司管理有关问题的通知》（国发〔2010〕19 号），要求按照分类管理、区别对待原则清理规范融资平台公司；明确政府与平台公司关系，地方政府在出资范围内对融资平台公司承担有限责任，实现融资平台公司债务风险内部化，一定程度上遏制了城投贷款的无序扩张。2012 年 11 月，国土资源部等部门联合发布《关于加强土地储备与融资管理的通知》（国土资发〔2012〕162 号），严格控制土地储备总规模和融资规模，规范土地储备融资行为；同年 12 月 24 日，财政部等下发《关于制止地方政府违法违规融资行为的通知》（财预〔2012〕463 号），着重规范了地方融资平台违规注资、融资的行为，对地方债务和融资平台进行了全方位的规范整顿和限制约束。

同时，财政部通过减税和地方发债等方式对地方政府融资平台风险进行“疏导”。2011 年 10 月 17 日，财政部下发《2011 年地方政府自行发债试点办法》（财库〔2011〕141 号），探索允许地方政府自行发债试点；2009～2011 年，财政部通过代理发行并代办还本付息和支付发行费的方式，每年代地方发行 2000 亿元的债券，2014 年发行额提高至 4000 亿元，翻了一番，各地区债券发行规模普遍扩大（见表 2-7）。2014 年，国务院发布的《关于加强地方政府性债务管理的意见》（国发〔2014〕43 号）总结了之前政策的局限，提出“修明渠、堵暗道”赋予地方政府举债权限，并要求剥离融资平台公司政府融资职能、推广使用政府与民营资本合作模式，旨在强化风险和防范约束。在此阶段，有关政府与民营资本合作及城市基础设施和公用事业特许经营的文件规范相继出台，推动投融资平台以市场运营主体的角色参与城市基础设施与公用事业的建设与运营，规范的 PPP 和特许经营项目运作推动了投融资平台转型。

表 2-7　地方债券的发行规模

单位：亿元

地区	2011 年	2012 年	2013 年	2014 年
财政部代发	2000	2500	3500	4000
四川	135	135	200	200
河南	93	111	150	176
安徽	90	111	152	173
湖南	89	115	154	186
江苏	89	110	153	174
湖北	86	103	137	156
云南	79	98	193	193
河北	73	92	129	148
上海	71	89	112	126
浙江	67	87	118	137
江西	70	91	127	143
广东	69	86	121	148
黑龙江	69	—	112	126
陕西	68	85	120	137
吉林	63	81	108	121

续表

地区	2011 年	2012 年	2013 年	2014 年
山东	62	79	112	137
广西	60	71	95	111
新疆	60	154	95	110
甘肃	59	70	92	113
内蒙古	59	85	111	125
北京	54	68	93	105
贵州	54	73	100	112
山西	51	65	91	105
重庆	50	63	88	99
辽宁	48	60	84	101
福建	47	60	83	116
青海	39	60	86	107
海南	29	40	60	60
宁夏	26	33	49	55
天津	25	31	45	52
西藏	—	10	13	13

资料来源：中国地方政府债券信息公开平台。

2010~2014 年，地方政府融资平台进入规范调整阶段。国务院及各职能部门下发了一系列文件进行规范整顿，采取“疏堵结合、以堵为主”的策略，为中央政府监管收缩地方政府融资平台行为奠定了基础。一系列政策措施显著规范了地方投融资平台的融资行为，融资方式透明度得到提升，地方投融资平台债务规模得到了一定程度上的控制。

四、第四阶段　转型发展期（2015 年至今）

2015 年，财政部发布《关于对地方政府债务实行限额管理的实施意见》（财预〔2015〕225 号），明确提出取消融资平台公司的政府融资职能，推动有经营收益和现金流的融资平台公司市场化转型改制，通过政府和民营资本合作、政府购买服务等措施予以支持。2016 年发布的《地方政府性债务风险应急处置预案》与《地方政府性债务风险分类处置指南》重申“中央不救助原则”，建立债务风险应急处理机制，引导平台公司向市场化运营国有公司转型。2017 年，银监会发布《关于银行业风险防控工作的指导意见》，明确银行业金融机构不得违规新增地方政府融资平台贷款，严禁接受地方政府担保兜底；各级监管机构要会同有关部门强化地方政府债务全口径监测，指导银行业金融机构配合推进融资平台转型，明晰债权债务关系，防范债权悬空风险。2017 年，财政部等发布了《关于进一步规范地方政府举债融资行为的通知》和《关于坚决制止地方以政府购买服务名义违法违规融资的通知》，再次强调规范政府购买服务和变相举债行为。2019~2020 年，财政部启动平台公司债务信息与银行共享比对工作，进一步加强平台公司债务监管。

受新冠疫情影响，2020 年经济增速放缓，地方政府整体债务率显著攀升，其中城投债全年发行量为历史上发行和净融资最高的年份，与此同时城投债市场风险案例远超往年，资本市场上债券爆雷事件频发，违约风险攀升。在此背景下，2021 年正式迎来融资平台监管“最严”时期。2021 年 4 月，国务院发布的《关于进一步深化预算管理制度改革的意见》（国发〔2021〕5 号）明确提出要清理规范融资平台公司，剥离其政府融资功能，对失去清偿能力的要依法实施破产重整或清算，并将“防范化解隐性债务风险”提升至政治纪律和政治规矩高度，要求完善常态化监管机制。与此同时，沪深交易所发布“红黄绿”发债政策（对于有隐性债务的城投，所属区县债务率为红色的区县，只能借券还券；所属区县债务率为黄色的区县，可以借债券还有息债务；所属区县债务率为绿色的区县，可以新增融资）使发债空间进一步缩小。在扶持优质重点企业、规范债券融资的趋势下，大多数资产规模较小和资质较低的投融资平台再融资环境不容乐观。2021 年 7 月，银保监会发布《银行保险机构进一步做好地方政府隐性债务风险防范化解工作的指导意见》（银保监发〔2021〕15 号）再次重申平台债务与政府债务分离原则，要求银行及保险机构不得为其提供流动资金贷款或者流动资金贷款性质的融资，以严监管实现对隐性债务的常态化风险管理。2023 年 7 月，国务院令 762 号公布了《私募投资基金监督管理条例》，“隐性债务”概念被首次引入行政法规中。条例第二十四条规定：私募基金管理人不得以要求地方人民政府承诺回购本金等方式变相增加政府隐性债务。2023 年 9 月，《国务院关于今年以来预算执行情况的报告》明确了化解地方政府债务风险是下一步财政五大重点工作之一，要求制定实施一揽子化债方案。中央财政积极支持和督促地方做好隐性债务风险化解工作，加强跨部门联合监管，始终保持高压态势，强化定期监审评估，坚决查处新增隐性债务行为，稳步推进地方政府债务合并监管，推动建立统一的长效监管制度框架。2023 年 10 月，党的十四届全国人大常委会第六次会议批准了中央财政于四季度增发 2023 年国债 10000 亿元，作为特别国债管理，从用途安排看，此次增发国债加强城市基础设施建设的特点突出。此次发债传递出财政政策积极信号，表明稳增长决心，旨在缓解地方收支压力、优化债务结构。

这一期阶段最显著的特点是对政府债务的监管，注重防范化解隐性债务风险，中央有关部门加大力度查处典型案例。2017 年，兰州高新技术产业开发区七里河园区管理委员会与兰州合力建设管理有限公司签订 S244#道路项目建设合同，承诺由七里河区人民政府承担大部分建设支出，后决定继续实施该项目并审批通过了补充协议，承诺由七里河区人民政府承担建设成本，累计完成投资 8300 万元。2017~2019 年，七里河区人民政府在未安排财政预算的情况下，先后要求相关企业实施了 11 个政府全额投资建设的公益性项目，共形成工程欠款 7200 万元。以上两项共造成新增隐性债务 1. 55 亿元。

2019 年 1 月，贵溪市人民政府要求贵溪市城市建设投资开发公司承担应由财政预算安排的城乡社区建设、市政维护类和还本付息类等支出。同年 10 月，贵溪市财政局提议市城投公司从发行企业债券募集资金中安排 1. 7 亿元，用于被征地农民失业保险费用、棚户区改造征地拆迁、部门工作经费、园林绿化养护等应由财政预算安排的支出，造成新增隐性债务。

这些通报的案例反映出一些地方在贯彻落实党中央、国务院决策部署中存在有令不行、有禁不止的问题，严重影响隐性债务风险防范化解工作成效。对相关责任人予以严肃问责，充分彰显了对隐性债务问题终身问责、倒查责任的坚强决心和坚定意志。

2019 年 12 月 6 日，上海清算所公告称未收到呼和浩特经济技术开发区投资开发集团有限责任公司的付息兑付资金，暂无法代理发行人进行本期债券的付息兑付工作。在政府的协调下公司于违约后的三天内完成兑付。

2020 年 1 月 10 日，贵州最大的城投遵义道桥建设（集团）有限公司未能按期兑付东海瑞京-瑞信 63 号专项资产管理计划剩余 3950 万元应收账款债权回购价款，最终于 1 月 15 日在地方政府协调下完成兑付。根据遵义道桥发债评级报告，其发债融资资金用途主要包括：火车站、棚户区改造、高新快线道路工程等城市基础设施建设，能够拉动区域整体经济发展，但建设后投资回报率低。2022 年 12 月 30 日，遵义道桥发布展期公告。国务院《关于支持贵州在新时代西部大开发上闯新路的意见》（国发〔2022〕2 号）和财政部印发《支持贵州加快提升财政治理能力奋力闯出高质量发展新路的实施方案》（财预〔2022〕114 号）两个文件对于贵州的城投平台提供了债务化解的政策支持，遵义道桥的债务化解方案得以通过时间来换取债务化解的空间。债务重组方案显示：银行贷款期限调整为 20 年，前 10 年仅付息不还本，后 10 年分期还本。这也从侧面反映了我国地方政府的财政困境，如表 2-8 所示。

在严格的监管政策环境和经济下行双重压力下，平台公司普遍面临债务负担重、资金缺口大、造血能力差等问题，融资平台公司转型发展是大势所趋。当前阶段，融资平台仍需要在城市基础设施、乡村振兴等领域继续承担一定的职责，实行市场化转型既是融资平台自身生存和发展的需要，更是其职责使命的延续，转型刻不容缓。在研究、制定转型策略时，要深刻把握融资平台发展演化的深层逻辑，才能结合形势变化，预判政策走向，既立足于当下，又着眼于未来，找准转型方向，提升转型成效。①

① 胡庆和．地方政府融资平台发展的机遇与监管周期分析［J］．中国产经，2023（20）：32-34.

表 2-8 政府债务规模

年份	地方政府债务余额（亿元）	中央政府债务余额（亿元）	负债率（%）
2015	147568	106599.59	39.4
2016	153164	120066.75	36.7
2017	164706	134770.15	36.2
2018	183862	149607.41	37.0
2019	213072	168038.04	38.5
2020	256615	208905.87	45.8
2021	304700	232697.29	47.0
2022	350618	258693.00	50.3

资料来源：《中国统计年鉴》（2016 年-2023 年）、财政部网站。

第四节 城市基础设施投融资的规模与结构

一、城市基础设施投资规模

近年来，我国城市供水、燃气、道路桥梁、排水和污水处理、生活垃圾处理等城市基础设施建设投资保持稳定增长，城市基础设施水平持续改善。其中，城市道路桥梁建设投资占总投资的比重最大，2010~2021 年，道路桥梁基础设施固定资产投资额占比有所下降，排水行业占比呈上升趋势，其余行业发展较为平稳。2021 年，城市道路桥梁行业的固定资产投资总额占基础设施固定资产投资额的 70.51%，排水行业占 16.96%，供水行业占 6.29%，垃圾处理行业占 4.37%，燃气行业占 1.87%，具体如表 2-9、图 2-2 所示。表 2-10 报告了 2021 年各地区按行业分城市基础设施固定资产投资情况，基本与全国层面相一致。

表 2-9　2020~2021 年按行业分城市基础设施固定资产投资

单位：亿元

年份	供水	燃气	道路桥梁	排水	垃圾处理
2010	426.8	290.8	6695.7	901.6	127.4
2011	431.8	331.4	7079.1	770.1	199.2
2012	410.4	414.5	7402.5	704.5	110.9
2013	524.7	425.6	8355.6	778.9	125.9
2014	475.3	416.0	7643.9	900.0	130.6
2015	619.9	350.5	7414.0	982.7	157.0
2016	545.8	408.9	7564.3	1222.5	118.1
2017	580.1	445.7	6996.7	1343.6	240.8
2018	543.0	295.1	6922.4	1529.9	298.5
2019	560.1	242.7	7655.3	1562.4	406.8
2020	749.4	238.6	7814.3	2114.8	705.8
2021	770.6	229.6	8644.5	2078.8	535.9

资料来源：《中国城市建设统计年鉴》（2010 年-2021 年）。

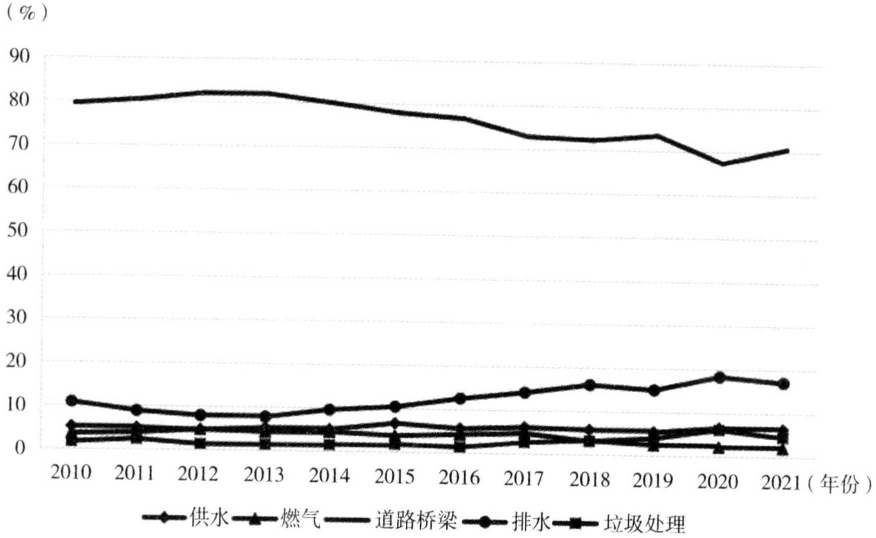

图 2-2　全国各行业历年基础设施投资固定资产投资比例

资料来源：《中国城市建设统计年鉴》（2010 年-2021 年）。

表 2-10　2021 年各地区按行业分城市基础设施固定资产投资

单位：亿元

地区	供水	燃气	道路桥梁	排水	垃圾处理
北京	20.0	13.2	349.8	57.3	1.7
天津	8.8	1.5	42.0	16.2	9.8
河北	29.6	8.3	203.1	68.2	21.2
山西	3.1	1.5	133.2	20.2	10.9
内蒙古	9.2	1.5	34.5	19.9	3.2
辽宁	20.9	13.4	68.8	30.5	20.6
吉林	10.9	7.8	82.5	19.1	3.5
黑龙江	32.9	1.4	95.9	24.5	23.3
上海	16.7	11.6	144.6	71.8	21.7
江苏	101.4	16.3	702.2	149.0	27.1
浙江	24.0	11.9	798.3	110.3	15.6
安徽	45.6	16.0	397.4	96.9	12.8
福建	23.1	12.6	228.4	83.5	22.2
江西	21.6	5.4	342.2	116.3	2.3
山东	53.1	13.4	686.3	113.4	32.5
河南	25.0	5.8	285.8	90.2	48.1
湖北	30.6	4.1	517.4	117.7	19.5
湖南	26.9	16.7	420.3	100.5	12.9
广东	74.2	30.5	624.2	247.5	92.5
广西	29.8	6.9	250.5	60.9	22.7
海南	2.5	0.1	61.1	8.1	5.9
重庆	24.5	3.5	594.1	81.9	32.5
四川	39.8	4.2	857.3	190.3	28.4
贵州	12.1	3.6	184.6	23.4	11.7
云南	8.1	3.8	44.4	54.1	7.5
西藏	7.0	2.4	6.0	0.8	0.6
陕西	32.1	8.2	302.5	58.9	5.1
甘肃	12.4	1.2	73.4	17.7	5.8
青海	1.1	0.7	14.1	5.3	0.4
宁夏	8.6	1.3	10.0	10.6	4.8
新疆	15.1	0.9	89.9	13.7	9.4

资料来源：《中国城市建设统计年鉴》（2021 年）。

从全国层面看，城市基础设施建设投资额显著增长，然而，城市基础设施建设的投入仍然远低于合理水平。首先，根据世界银行对发展中国家建议标准：城市基础设施建设投资应占 GDP 的 3%~5%，自 1978 年以来，我国城市基础设施投资额占 GDP 的比例始终低于 3%，2021 年仅为 2.04%。此外，世界银行认为，发展中国家城市基础设施建设投资比例应占其全部固定资产投资总额的 9%~15%，自 1978 年以来，我国城市基础设施投资占全部固定资产投资的比例始终低于 9%，2021 年仅为 4.23%，与世界银行的标准相比较，我国城市基础设施投入一直不足（见图 2-3）。图 2-4 报告了 2021 年全国各地区城市基础设施固定资产投资额占地区生产总值的比重，只有重庆、陕西、北京、四川四个地区达到了 3%的水平，其余地区均低于该标准，城市基础设施投入仍然不足。

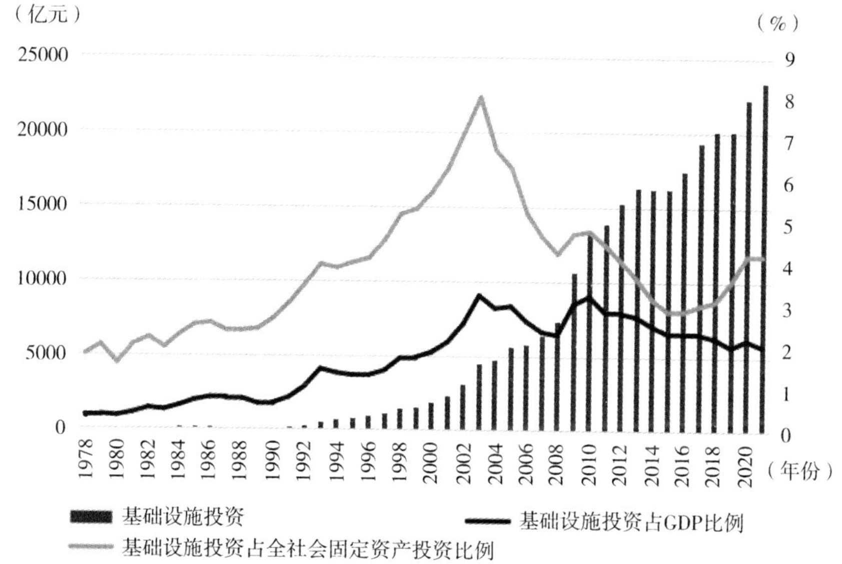

图 2-3 基础设施投资、基础设施投资占 GDP 比例及占全社会固定资产投资比例情况

资料来源：《中国城市建设统计年鉴》（1978 年-2021 年）。

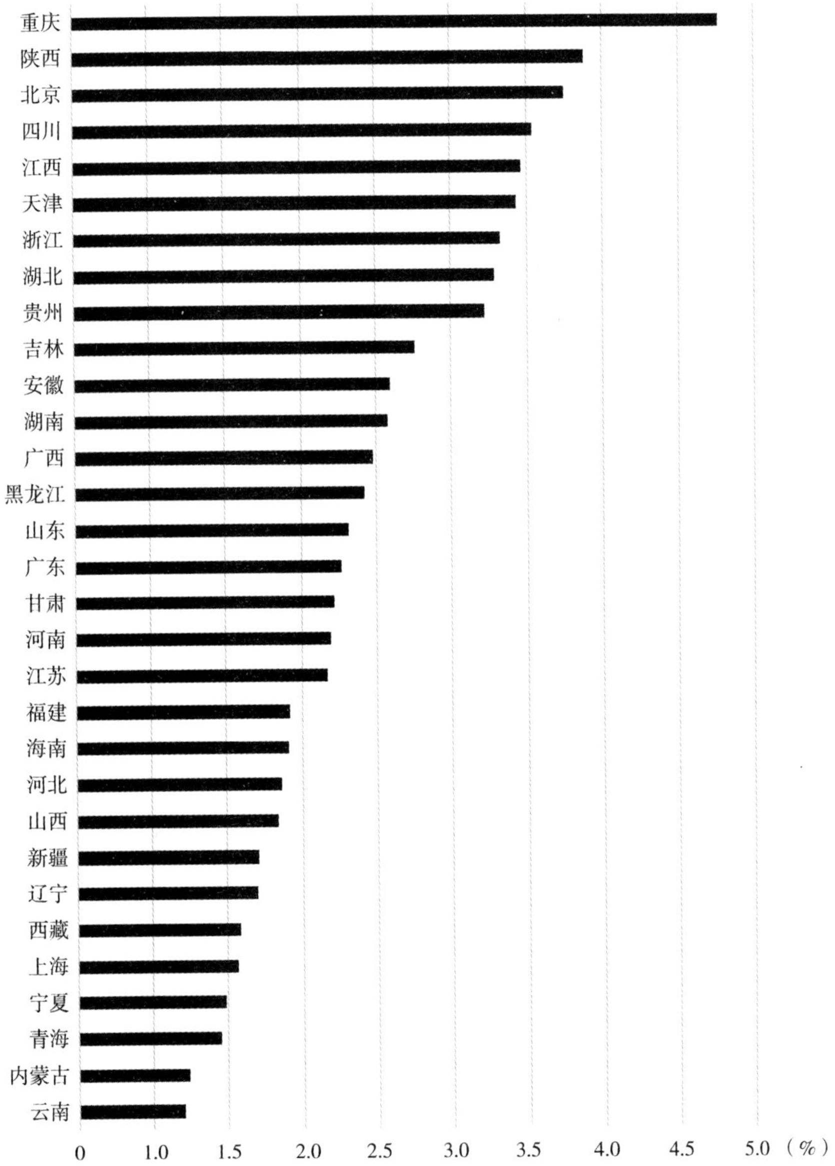

图 2-4　2021 年各地区基础设施投资占地区生产总值比例情况

资料来源：《中国城市建设统计年鉴》（2021 年）。

（一）供水行业投资

我国城市供水行业投资经历了早期基本完全依靠政府财政资金补贴到城市供水行业民营化、多渠道融资的变化历程。改革开放以来，我国城市供水行业固定资产投资总额持续增长。由图 2-5 可以看出，我国城市供水行业固定资产投资由 1978 年 4.7 亿元增至 2021 年的 770.6 亿元，增长了近 163 倍。改革开放以来，我国城市供水行业固定资产投资增长经历了几个阶段，1978～1991 年投资主体主要是各级地方政府，在此阶段城市供水行业投资增长较慢；1991 年开始地方政府逐渐退出了行业的投资和运营；自 2005 年开始，我国城市供水行业市场化进程进一步推进，城市供水行业固定资产投资快速增长。2021 年我国城市供水行业固定资产投资相比 2020 年增长 2.83%。

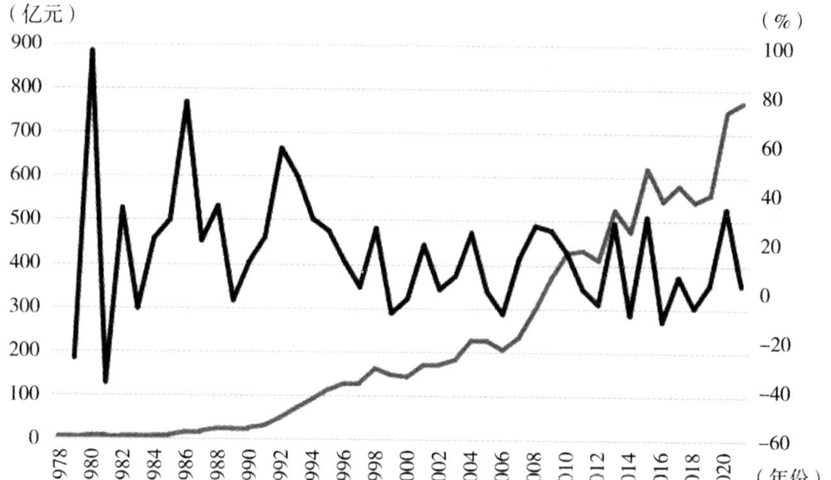

图 2-5 供水行业固定资产投资额及增长率

资料来源：《中国城市建设统计年鉴》（1978 年-2021 年）。

图 2-6 报告了我国历年供水行业固定资产投资与单位用水人口固定资产投资变化情况，可以看出我国单位用水人口固定资产投资与供水行业固定资

产投资额走势基本相同，说明我国城市供水行业投资的增长主要满足了不断增长的城市用水人口的需求，因此当城市供水行业固定资产投资下降的年份，单位用水人口固定资产投资也呈现出下降的趋势。

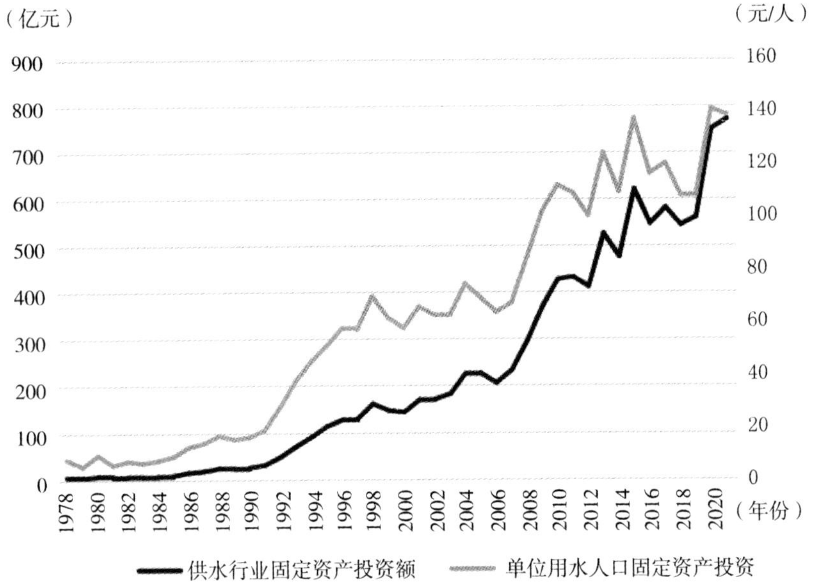

图 2-6　历年供水行业固定资产投资与单位用水人口固定资产投资

资料来源：《中国城市建设统计年鉴》（1978 年-2021 年）。

供水行业投资一方面取决于地区的经济发展水平，另一方面也取决于地区用水人口和用水需求。由于地区发展不均衡，我国城市供水行业投资也存在着区域发展不平衡的问题。图 2-7 对比了 2021 年和 2020 年我国东中西部地区的供水行业投资。2021 年，我国东部地区城市供水行业固定资产投资占比约为 48. 57%，相较 2020 年的 52. 39%有所下降；2021 年，中部地区供水行业固定资产投资占 25. 5%，相较 2020 年的 21. 81%有所提升；2021 年，西部地区供水行业固定资产投资占 25. 93%，与 2020 年占比基本持平。从图 2-7 中可以看出，2020~2021 年，我国东部地区供水行业固定资产投资总额和占比均有所下降，中部地区投资额大幅增长，占比明显提升，进一步缩小了我国城市供水行业投资的区域间差距，但区域间不平衡仍是当前我国城市供水行业投资面临的严重问题。

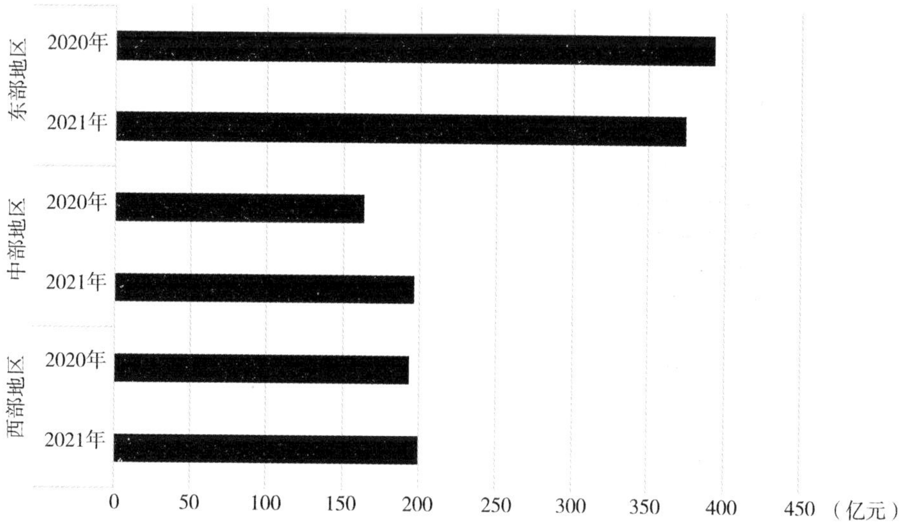

图 2-7　2020~2021 年我国东中西部地区供水行业固定资产投资额

资料来源：《中国城市建设统计年鉴》（2020 年-2021 年）。

图 2-8 进一步对我国各地区城市供水行业的固定资产投资情况进行了对比。2021 年我国城市供水行业固定资产投资超过 50 亿元的省份，分别为江苏（101.42 亿元）、广东（74.23 亿元）、山东（57.09 亿元）。2021 年供水行业固定资产投资最低的地区为青海、海南和山西，均未超过 5 亿元。2020~2021 年，供水行业固定资产投资增长率最大的是西藏，其次是海南、青海、湖南、陕西，下降幅度最大的是山西、宁夏、云南，相较于 2020 年，我国城市供水行业固定资产投资区域不平衡的问题得到了进一步的缓解。

随着供水行业投资持续增加，依托于多种渠道的投资，我国城市供水设施建设也得以持续推进。如图 2-9 所示，2021 年我国城市供水管道总长度已经达到 1059901 千米，较 2020 年增长了 5.26%；2020~2021 年我国城市供水管道建设的东中西地区差异如图 2-10 所示，2021 年东部地区供水管道长度

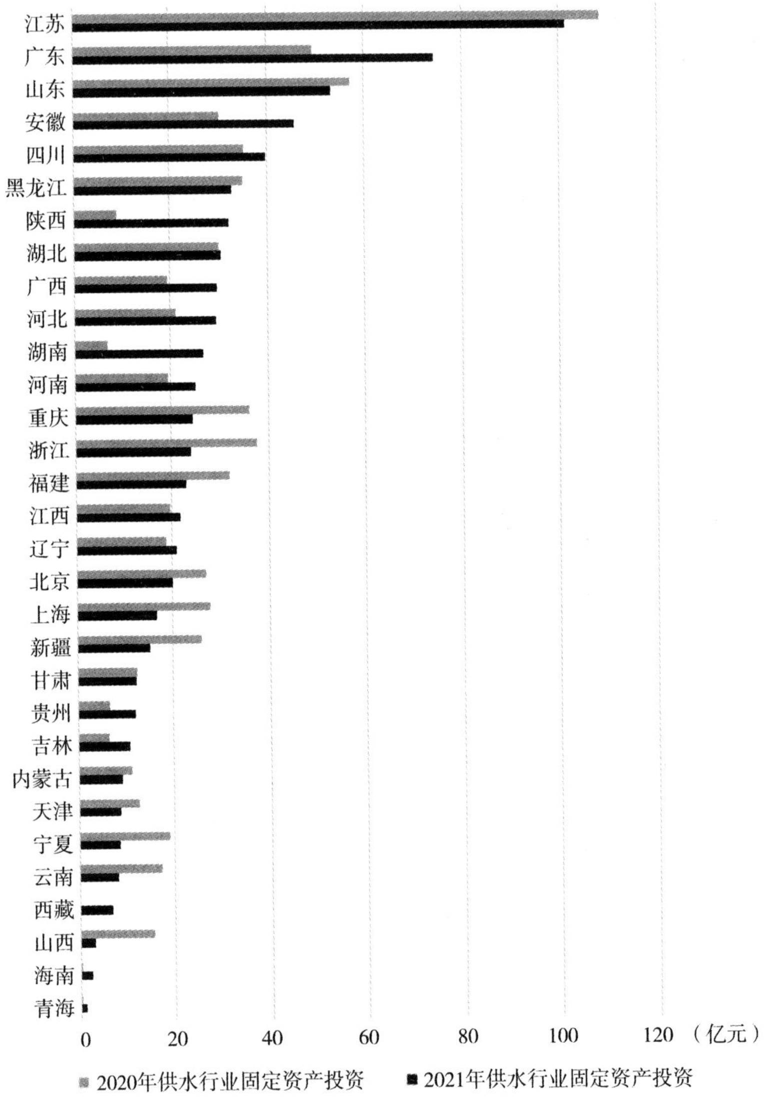

图 2-8　2020~2021 年全国各地区供水行业固定资产投资额

资料来源：《中国城市建设统计年鉴》（2020 年-2021 年）。

占比 57.83%，中部地区供水管道长度占比 22.96%，西部地区供水管道长度占比 19.21%，我国东西部地区之间供水管道建设仍存在较大差距。

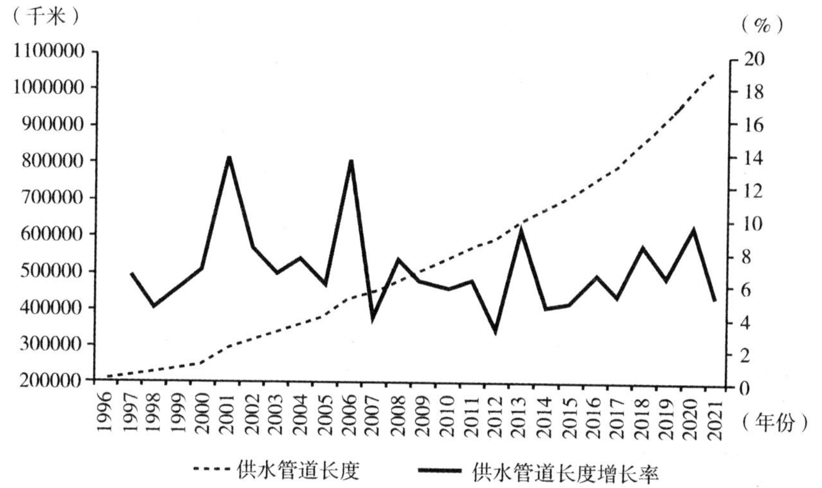

图 2-9　全国历年城市供水管道长度及增长率

资料来源：《中国城市建设统计年鉴》（1996 年-2021 年）。

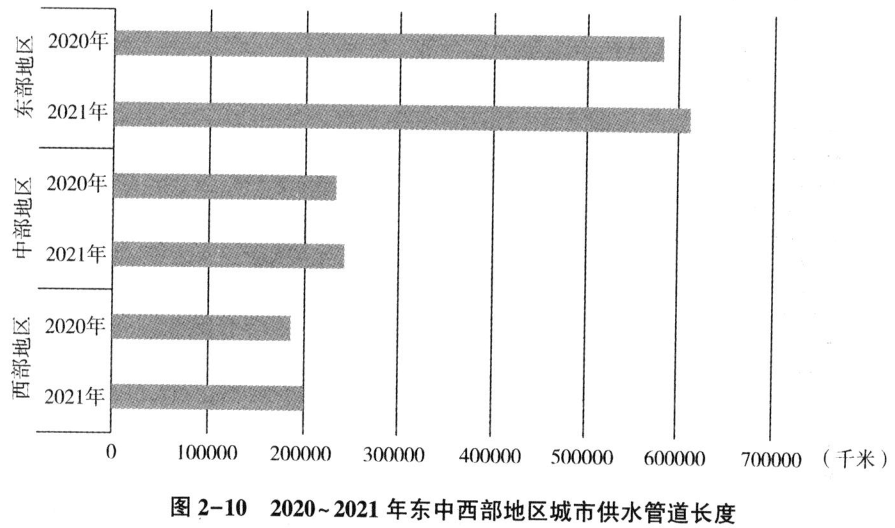

图 2-10　2020~2021 年东中西部地区城市供水管道长度

资料来源：《中国城市建设统计年鉴》（2020 年-2021 年）。

2020~2021 年我国城市供水管道建设的省际差异如图 2-11 所示，我国城市供水管道建设公里数较长的省份也主要集中在东部地区，2021 年排名前三位的省份为广东、江苏、浙江，其中广东和江苏供水管道长度超过 100000 千米，分别为 143147. 67 千米和 124514. 2 千米；海南、甘肃、青海、宁夏、西藏 5 个省份供水管道长度不足 10000 千米。图 2-11 中还报告了 2021 年我国各省份供水管道长度相较 2020 年的变化情况，大多数省份较 2020 年有所提升，极少数省份较 2020 年有所下降。其中，贵州城市供水管道长度增加幅度最大，达到了 25. 85%，其次是云南、广东和海南，增幅都在 10%以上。

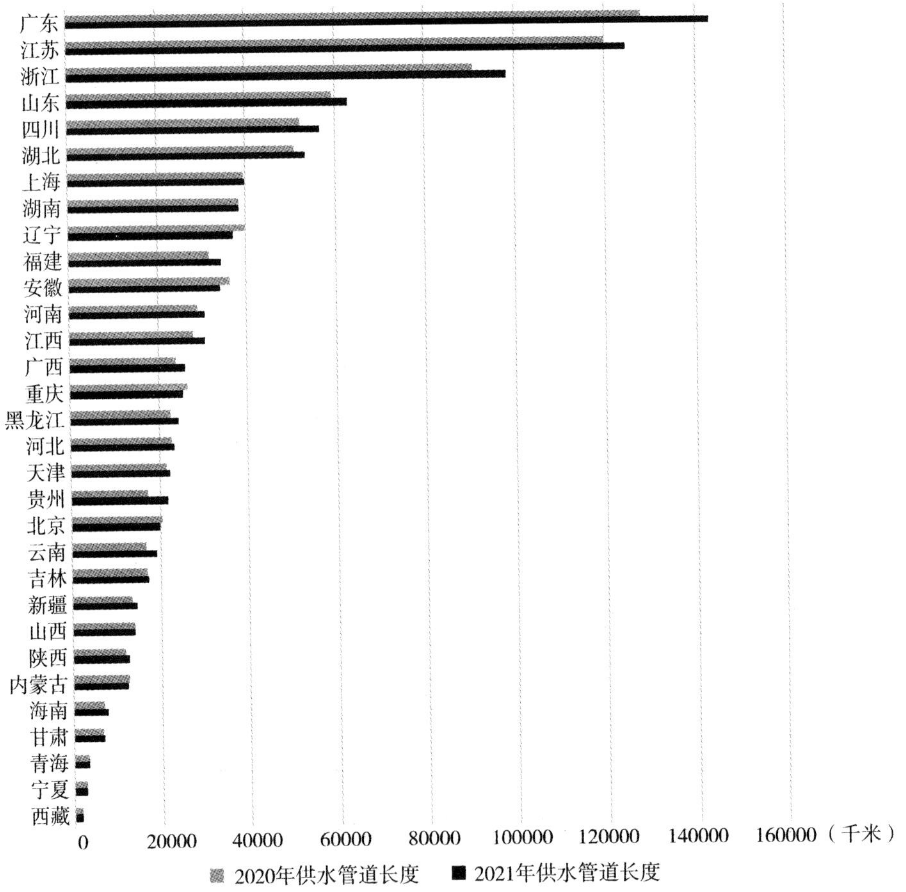

图 2-11　2020~2021 年各地区城市供水管道长度

资料来源：《中国城市建设统计年鉴》（2020 年-2021 年）。

（二）排水行业投资

根据《中国城市建设统计年鉴》，全国排水与污水处理设施投资总体呈上升趋势，如图 2-12、图 2-13 所示。2011 年，排水与污水处理设施的投资增长出现陡降，特别是污水处理设施投资，从 2010 年的 492 亿元降至 2011 年的 282 亿元，投资额几近腰斩。排水设施投资也出现下滑，从 2010 年的 902 亿元降至 2011 年的 770 亿元，降幅为 14.63%。2011 年后，全国城市基础设施总投资趋于平稳；自 2014 年起，城市排水与污水处理设施的投资保持较好的增长态势，2021 年排水与污水处理设施的投资稍有下滑。

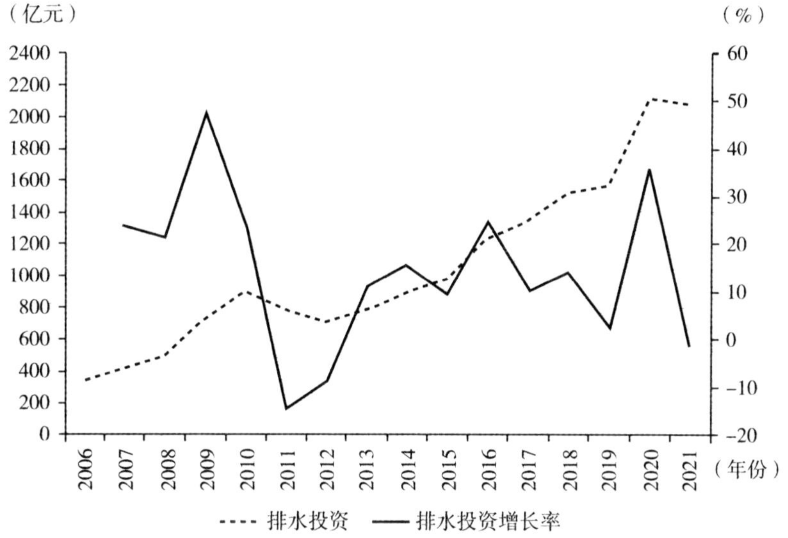

图 2-12　全国历年排水投资及增长率

资料来源：《中国城市建设统计年鉴》（2006 年-2021 年）。

2021 年，我国城市排水与污水处理行业的固定资产投资总额达 3001.6 亿元，其中排水设施投资占比最高，达 2078.8 亿元，污水处理、污泥处理和再生水利用设施的固定资产投资分别为 855.3 亿元、29.1 亿元和 38.4 亿元，分别占行业投资总额的 69.26%、28.49%、0.97% 和 1.28%，如图 2-14 所示。

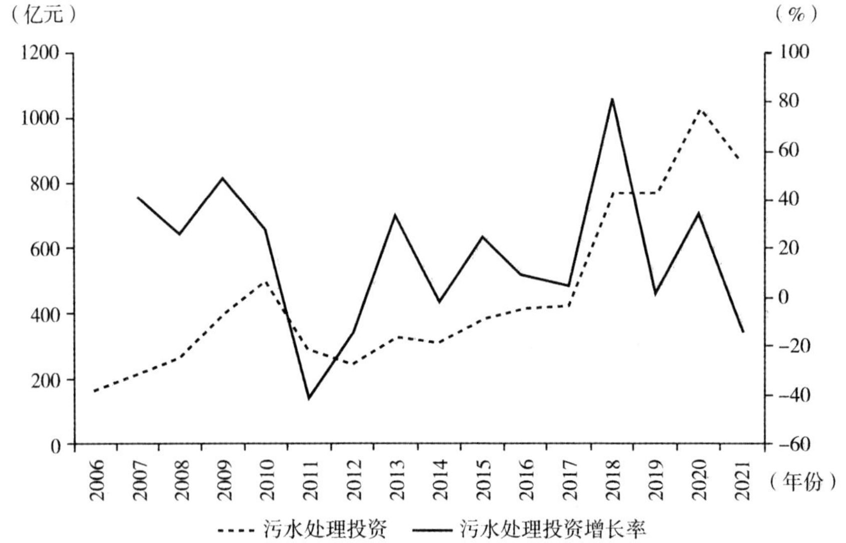

图 2-13　全国历年污水投资及增长率

资料来源：《中国城市建设统计年鉴》（2006 年-2021 年）。

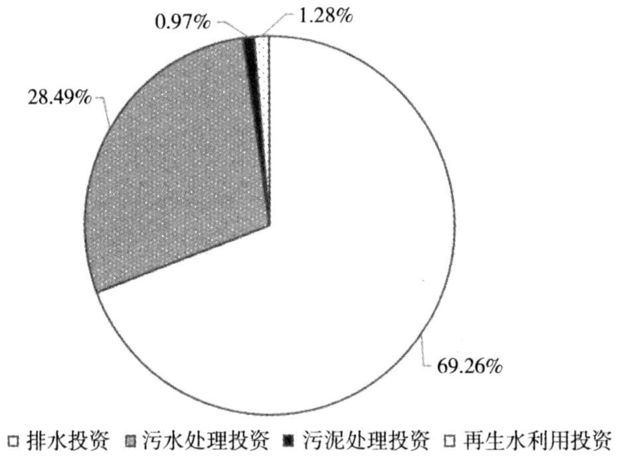

图 2-14　2021 年全国排水与污水处理行业投资比

资料来源：《中国城市建设统计年鉴》（2021 年）。

从各类投资的地区间分布看，2021 年东部地区的固定资产投资遥遥领先，排水、污水处理、污泥处理、再生水利用等设施的投资额分别为 955.89

亿元、462.74 亿元、9.41 亿元和 9.15 亿元，分别占到了全国各类投资总额的 45.98%、54.1%、32.3%和 23.83%，对比 2020 年，各项投资占比总体呈下降趋势，降幅分别为 5.89%、6.78%、21.55%、11.35%。2021 年中部地区在排水、污水处理、污泥处理、再生水利用方面的投资分别为 605.29 亿元、213.93 亿元、12.24 亿元、16.92 亿元，分别占全国投资的 29.12%、25.01%、42.06%和 44.06%，对比 2020 年，各项投资占比总体呈上升趋势，增幅分别为 2.67%、3.74%、28.79%、12.63%，这说明中部地区各项目呈稳步发展趋势。西部地区在排水、污水处理、污泥处理、再生水利用方面的投资分别为 517.58 亿元、178.65 亿元、7.48 亿元和 12.37 亿元，占全国的 24.90%、20.89%、25.70%和 32.21%，对比 2020 年，各项投资占比总体趋势变化不大，其中排水和污水处理投资占比有不同程度的上升，增幅分别为 3.22%、3.03%，污泥处置和再生水利用投资占比分别减少了 7.18%、1.18%，说明西部地区各项目基本呈稳步发展趋势。东中西部地区排水与污水处理设施投资比例如图 2-15 所示。

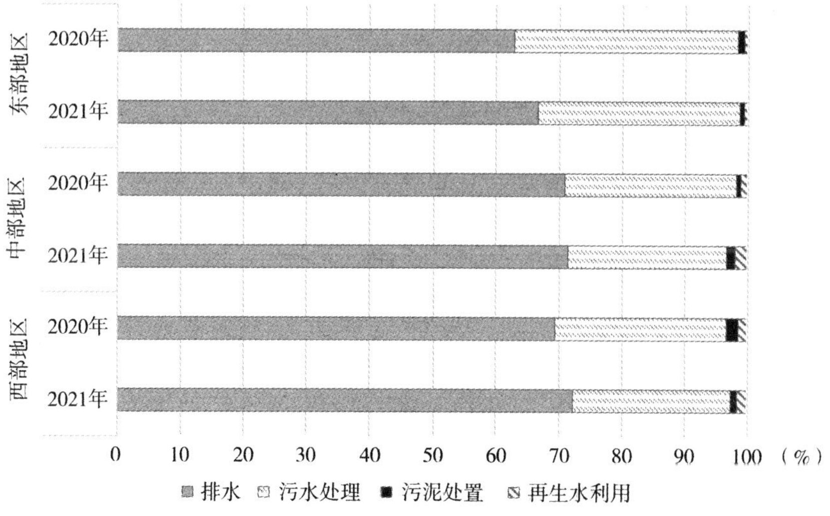

图 2-15　东中西部地区排水与污水处理设施投资比例

资料来源：《中国城市建设统计年鉴》（2020 年-2021 年）。

总体上，2021 年相较于 2020 年东、中、西部地区间的投资占比差异有所减小，如图 2-16 所示。在排水投资方面，东部地区投资占比下降，而中部地区和西部地区有增长趋势；在污水处理投资方面，东部地区投资占比下降，而中部地区和西部地区投资占比上升，地区间差异缩小；在污泥处置方面，东西部地区投资占比下降，中部地区投资占比上升；在再生水利用投资方面，东西地区投资占比下降，中部地区投资占比上升。

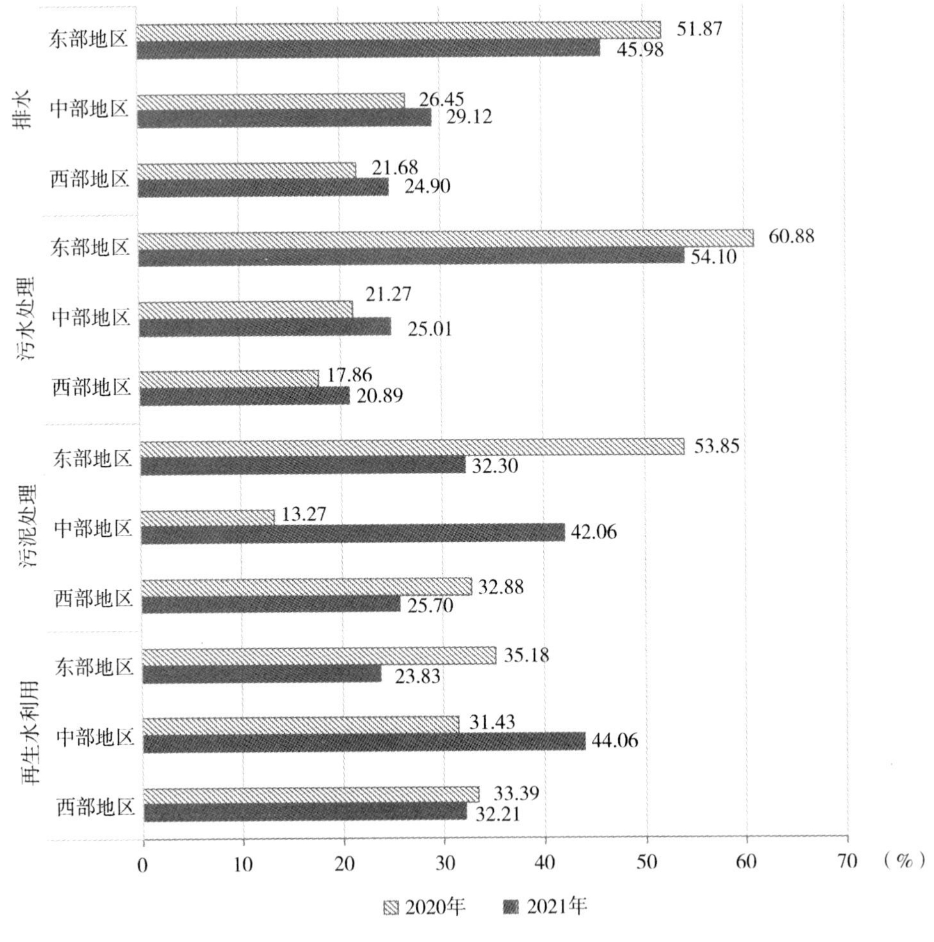

图 2-16　2020~2021 年东中西部地区分类投资比例

资料来源：《中国城市建设统计年鉴》（2020 年-2021 年）。

各省份经济和社会发展水平存在较大差异。城镇排水与污水处理设施的建设要与经济社会发展水平相协调，与城镇发展总体规划相衔接，因此各省在排水与污水处理设施的投资建设方面的差异较大，如表 2-11 所示。

2-11　2021 年各地区排水与污水处理设施投资

单位：万元

地区	固定资产投资情况			
	排水	污水处理	污泥处理	再生水利用
全国	20787619	8553097	291243	384448
北京	572900	85024	18479	21853
天津	161886	66086		210
河北	682137	125072		6215
山西	201734	125609		
内蒙古	199136	60342	16946	11945
辽宁	304869	155977	684	7
吉林	190874	78181	320	2430
黑龙江	245406	117080	1194	
上海	717799	348801	17205	
江苏	1490404	811696	24622	4612
浙江	1103298	632420	16766	410
安徽	968814	274298	12999	23091
福建	834760	526859	1240	2122
江西	1162697	469737	15574	1520
山东	1134332	321021	13390	33385
河南	901686	270778	7435	105734
湖北	1177414	300757	10826	
湖南	1005179	442491	57056	24498
广东	2475332	1496247	1646	18545
广西	609193	138618	7660	
海南	81156	58169	52	4173
重庆	819277	126194	2211	757
四川	1902502	725468	1410	23610
贵州	234379	113378	1020	1000

续表

地区	固定资产投资情况			
	排水	污水处理	污泥处理	再生水利用
云南	541288	141406	4700	2451
西藏	7913	207		
陕西	588998	290225	53061	6498
甘肃	176587	137873	2279	14369
青海	53249	28236		
宁夏	105783	20479	1500	59268
新疆	136637	64368	968	15745

资料来源：《中国城市建设统计年鉴》（2021 年）。

在排水设施投资方面，2021 年全国排水设施固定资产投资 2078.76 亿元，地区间差异较大。其中，广东遥遥领先，当年排水设施投资达到了 247.53 亿元，四川次之，为 190.25 亿元。2021 年排水设施固定资产投资总额超过 100 亿元的省份还有六个：江苏、湖北、江西、山东、浙江、湖南，投资额分别为 149.04 亿元、117.74 亿元、116.27 亿元、113.43 亿元、110.33 亿元、100.52 亿元，10 个省区市排水设施的固定资产投资额在 20 亿~80 亿元之间，分别为广西、河北、上海、辽宁、山西、陕西、北京、黑龙江、云南、贵州；还有 9 个省区市的排水投资不足 20 亿元，分别是新疆、宁夏、甘肃、海南、青海、西藏、吉林、内蒙古、天津，其中海南、青海与西藏地区投资额少于 10 亿元，尤以西藏最少，仅 0.79 亿元，青海次之，5.32 亿元，海南 8.12 亿元。

在污水处理设施投资方面，2021 年全国共完成固定资产投资 855.31 亿元，省域差异仍十分明显。其中，广东的固定资产投资额远超其他省份，达 149.62 亿元，排名第二的江苏污水处理设施投资额为 81.17 亿元。污水处理设施投资在 20 亿元以上的还有河南、安徽、陕西、湖北、山东、上海、湖南、江西、福建、浙江、四川 11 个省市，投资额较少的是宁夏和西藏，投资额分别是 2.05 亿元和 0.02 亿元。

在排水设施建设方面，截至 2021 年，全国共建成排水管道 872282.94 千米，城市排水管道覆盖密度达到了 12 千米/千米^2。东部地区的管道长度占比始终稳定在 50%以上，中部地区次之，西部地区的排水管道最少。从管道长度的占比来看，2021 年东部地区的排水管道占比较 2006 年下降了 7 个百分点，但总体稳定在五成以上；中部地区占比非常稳定，在 22%～25%左右；西部地区情况则与东部地区恰好相反，十余年来占比上升了近 6%，说明地区间的差异在逐步缩小。具体来看，所有省份中广东建成排水管道最长，达 134422.11 千米；其次为江苏、山东和浙江，分别为 92127.02 千米、72793.17 千米和 60697.86 千米；西藏、宁夏和青海的排水管道最短，分别为 866.22 千米、2426.93 千米和 3601.14 千米。从城市排水管网的密度来看，前三名依次是上海、天津、江苏，分别达 19.08 千米/千米^2、18.54 千米/千米^2、15.51 千米/千米^2，可见这些地区的设施建设不仅重地上，也重地下；相对地，吉林、辽宁、黑龙江、宁夏和西藏的城市排水管网密度最低，分别为 7.61 千米/千米^2、7.55 千米/千米^2、7.3 千米/千米^2、4.62 千米/千米^2 和 3.37 千米/千米^2。具体如图 2-17、图 2-18 所示。

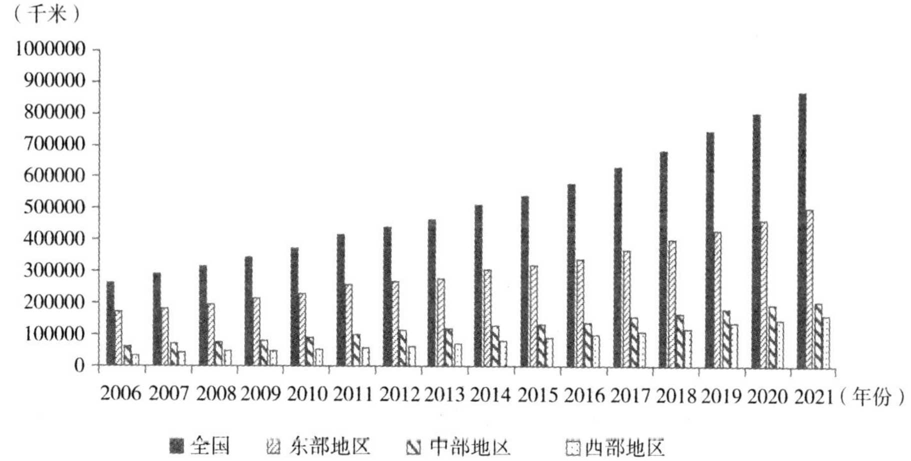

图 2-17　2006～2021 年全国及东中西部地区城市排水管道长度

资料来源：《中国城市建设统计年鉴》（2006 年-2021 年）。

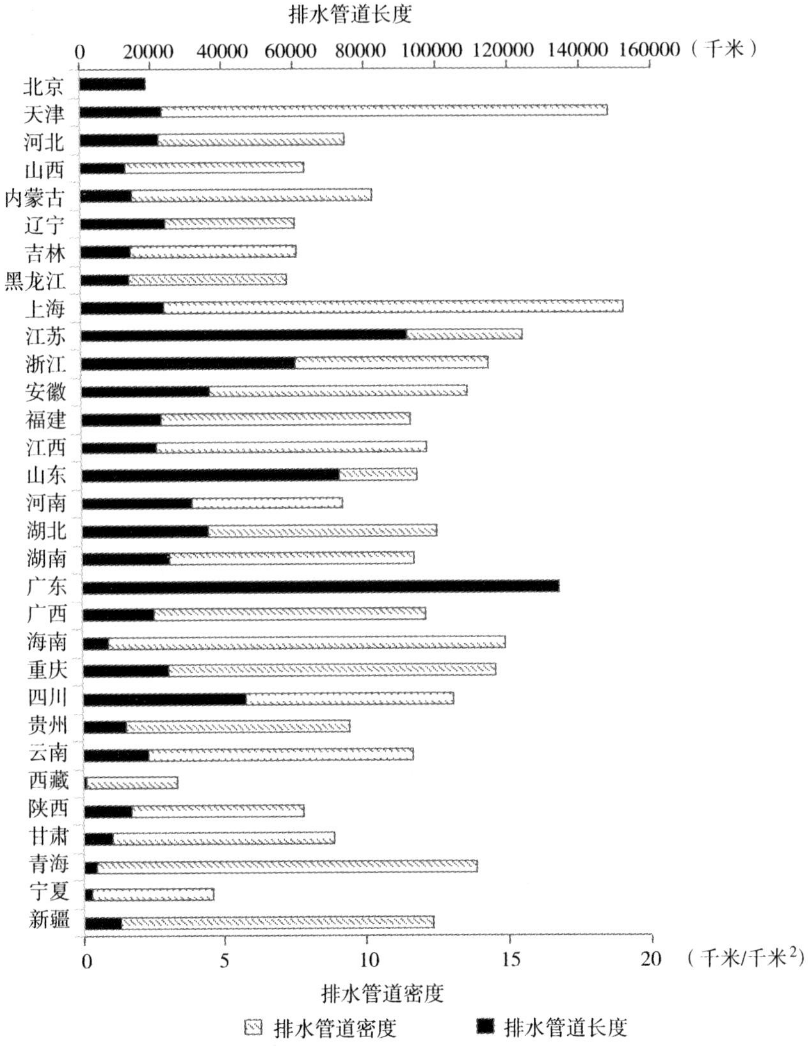

图 2-18　2021 年各地区建成排水管道长度及管道密度

资料来源：《中国城市建设统计年鉴》（2021 年）。

在污水处理设施建设方面，截至 2021 年，我国共建成污水处理厂 2827 座，其中，广东拥有的污水处理厂数量最多，达 343 座，其次为山东和江苏，分别为 229 座和 215 座，西藏、青海、宁夏、海南拥有的污水处理厂数较少，分别为10座、14座、23座和27座，具体如图2-19、图2-20所示。

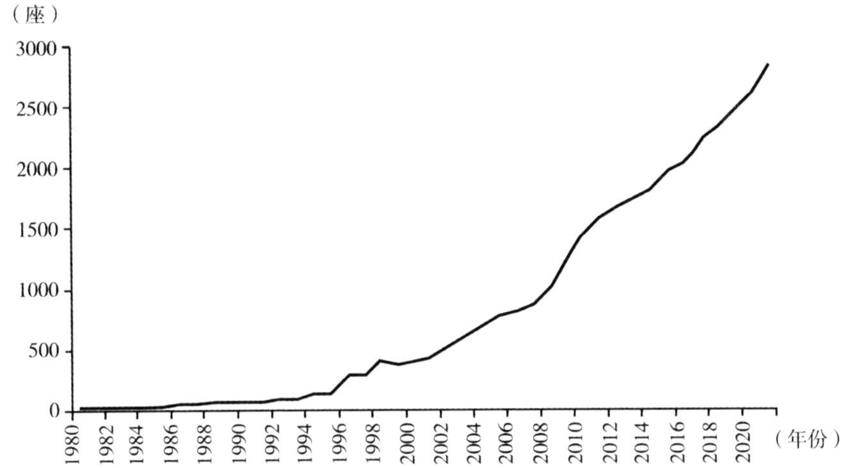

图2-19　全国历年污水处理厂座数

资料来源：《中国城市建设统计年鉴》（1980年-2021年）。

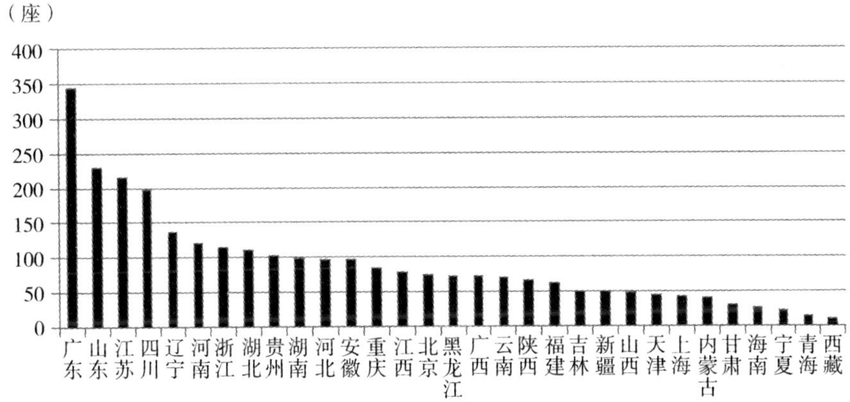

图2-20　2021年各地区污水处理厂座数

资料来源：《中国城市建设统计年鉴》（2021年）。

比较2021年全国各省份的二、三级污水处理厂的座数，广东的二、三级污水处理厂座数位于全国之首，为327座，山东、江苏、四川、浙江、河南、湖北及贵州的二、三级污水处理厂座数超过 100 座，位于全国前列；甘肃、海南、宁夏、青海和西藏这五个地区的二、三级污水处理厂座数均少于 30 座；其余省份的二、三级污水处理厂座数处于 30~100 座之间，如图 2-21 所示。

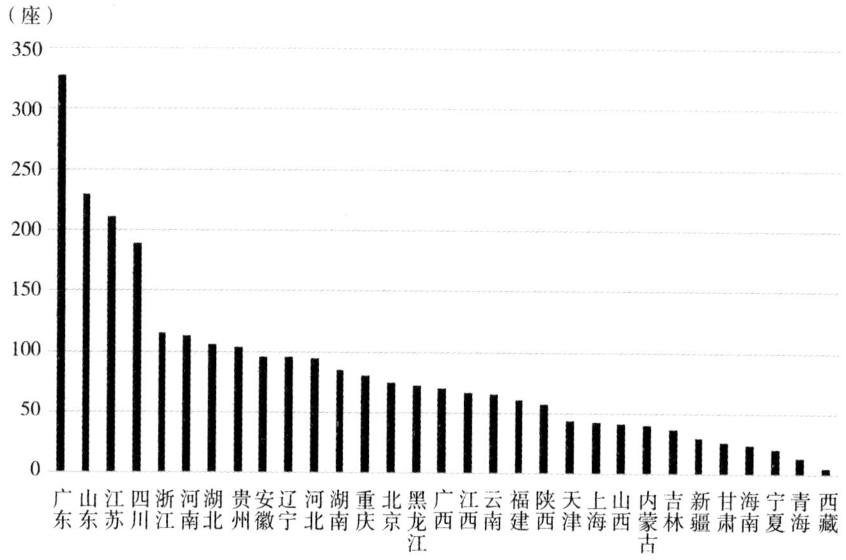

图 2-21　2021 年各省份二、三级污水处理厂座数

资料来源：《中国城市建设统计年鉴》（2021 年）。

（三）垃圾处理行业投资

2001~2021 年，全国垃圾处理行业固定资产投资基本保持增长趋势，2021 年，全国垃圾处理行业固定资产投资为 535.9 亿元，与 2020 年比下降幅度较大。其中，东部地区垃圾处理行业固定资产投资较 2020 年下降了 32.99%，下降幅度最大，中部地区下降了 13.43%，西部地区下降了 10.76%。具体地，从各个省份层面来看，2021 年广东垃圾处理行业固定资产投资最多，达到 94.46 亿元，其次是河南、重庆，最少的地区是青海和西藏，投资额不足 1 亿元；2020~2021 年增长幅度最大的是宁夏，投资额增加了约 95 倍，下降幅度最大的是江西，投资额减少了-91.83%。具体如图 2-

22 至图 2-24 所示。

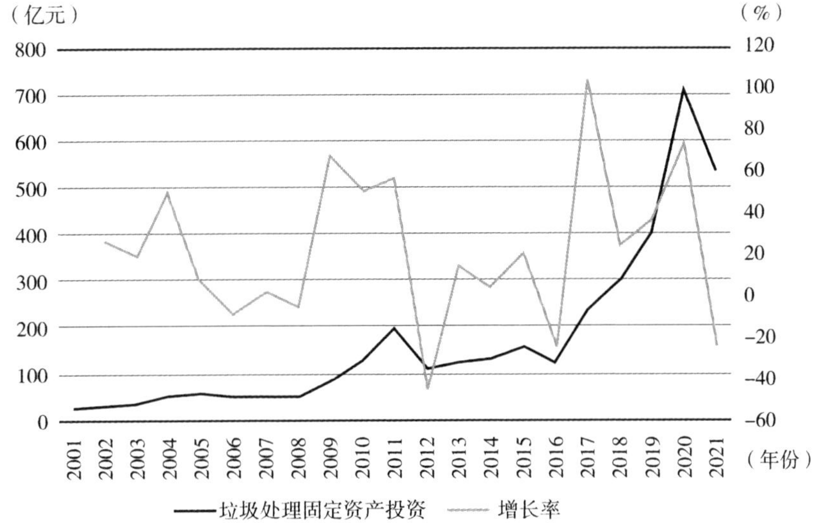

图 2-22　历年城市垃圾处理固定资产投资额及增长率

资料来源：《中国城市建设统计年鉴》（2001 年-2021 年）。

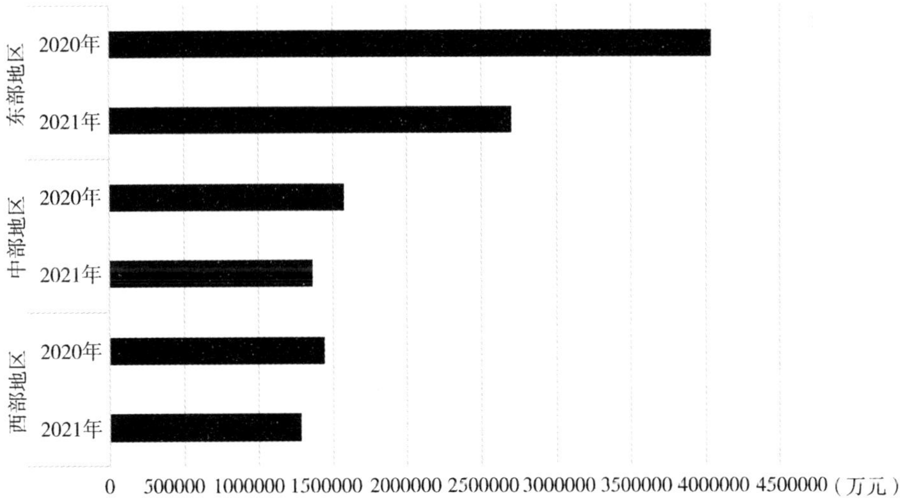

图 2-23　2020~2021 年东中西部地区城市垃圾处理固定资产投资

资料来源：《中国城市建设统计年鉴》（2020 年-2021 年）。

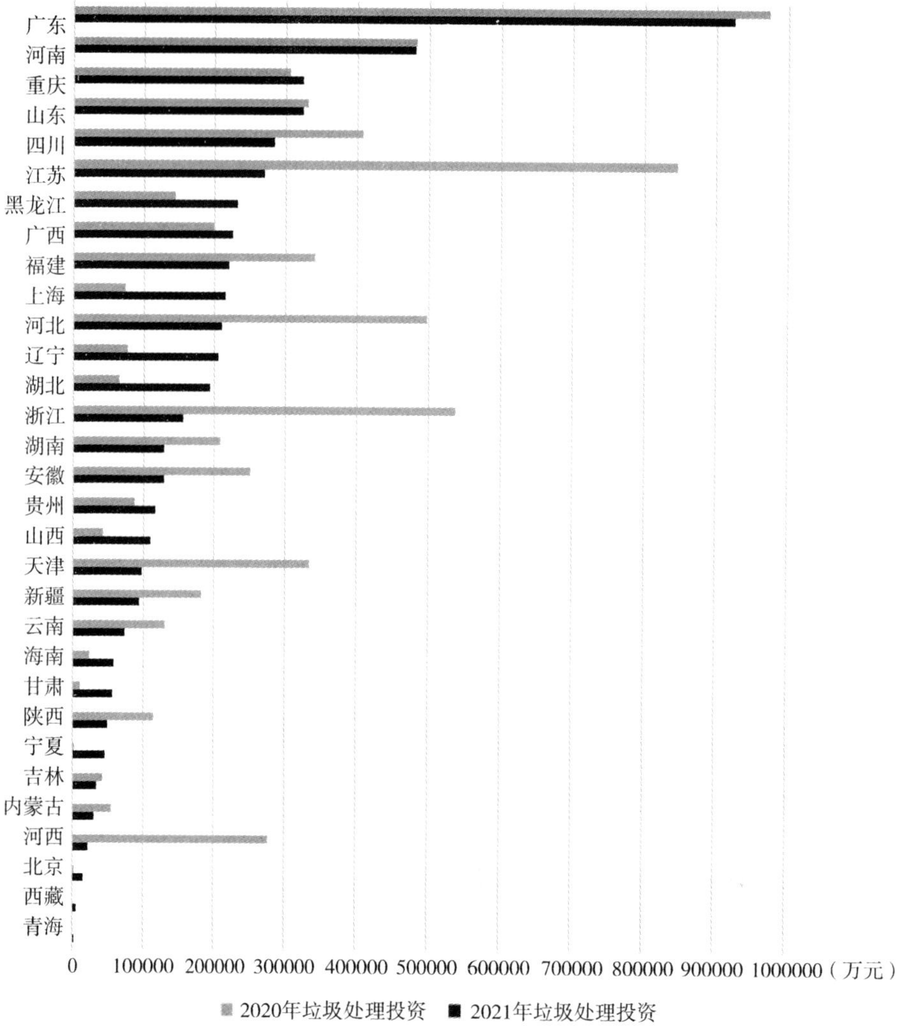

图 2-24　2020~2021 年各地区城市垃圾处理固定资产投资

资料来源：《中国城市建设统计年鉴》（2020 年-2021 年）

图 2-25 和图 2-26 分别报告了城市生活垃圾无害化处理厂座数和历年城市市容环卫专用车辆设备总数。2021 年，全国城市生活垃圾无害化处理厂座数达到 1407 座，增长率为 9.32%；市容环卫专用车辆达到 327512 辆，增长率为 6.88%。具体到省份层面，2021 年全国拥有无害化处理厂座数最多的地

区为广东即182座，较2020年增长了54.24%，其次是山东，拥有104座无害化处理厂，西藏的无害化处理厂数量最少，仅有9座，较2020年下降了18.2%（见图2-27）。拥有最多市容环卫专用车辆设备的地区也是广东省，达29047辆，较2020年增加了2.83%，其次是江苏和山东，均超过了20000辆，最少的是青海，不足1000辆，如图2-28所示。

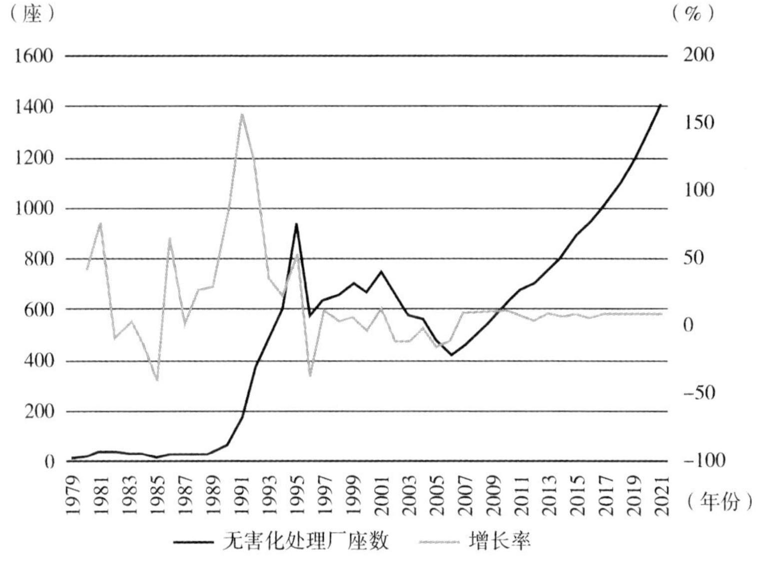

图2-25 历年城市生活垃圾无害化处理厂座数及增长率

资料来源：《中国城市建设统计年鉴》（21979年-2021年）。

（四）燃气行业投资

2021年我国燃气行业固定资产投资为229.6亿元，较2020年下降了3.77%。其中，西部地区燃气行业固定资产投资下降幅度最大，较2020年下降了8.97%，东部地区下降了3.12%，中部地区下降了1.87%。所有省份中，2021年广东燃气行业固定资产投资额最大，达30.46亿元，较2020年增长了10.4%，新疆、青海、海南投资额最少，均未达到1亿元。此外，海南是2021年增长率最高的地区，较2020年增加了379.33%；较2020年下降最

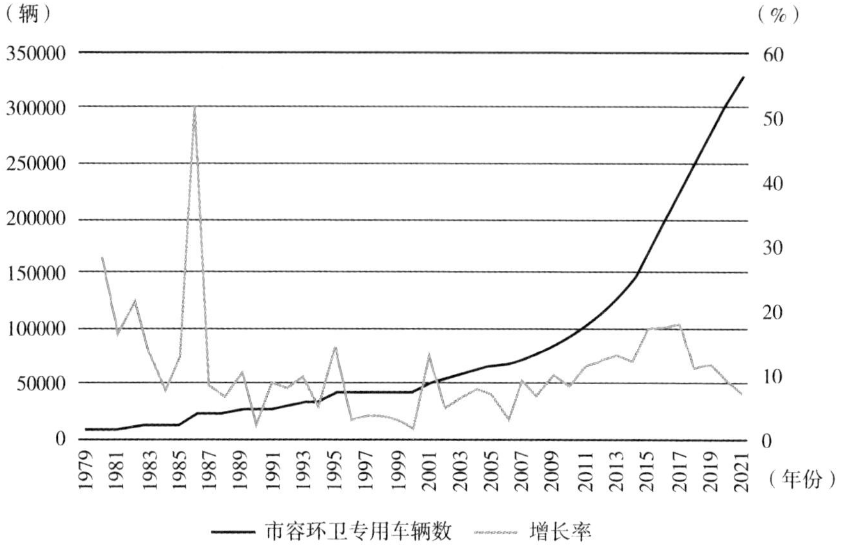

图 2-26　历年城市市容环卫专用车辆数及增长率

资料来源：《中国城市建设统计年鉴》（1979 年-2021 年）。

多的是宁夏，下降了-54.61%。具体如图 2-29 至图 2-31 所示。

我国城市燃气生产和供应行业快速发展。从管道总长度来看，中国城市燃气管道长度逐年增加，2021 年城市燃气管道总长度达到 94.12 万千米，其中天然气管道长度 92.9 万千米，液化石油气管道长度 0.29 万千米，人工煤气管道长度 0.92 万千米，具体如表 2-12 所示。供气管道是城市燃气普及的基础，随着城市燃气管道的扩张，燃气普及率也在不断提高，2021 年燃气普及率已经达到 98.04%。天然气作为一种清洁、高效、便宜的能源正越来越受到人们的青睐，根据图 2-32 可知，2021 年，全国仅有甘肃、辽宁的天然气供气管道占比小于 95%，其余地区均大于 95%，天然气管道在总管道中占绝对比重且不断增长，人工煤气管道和液化石油气管道占比在不断萎缩。

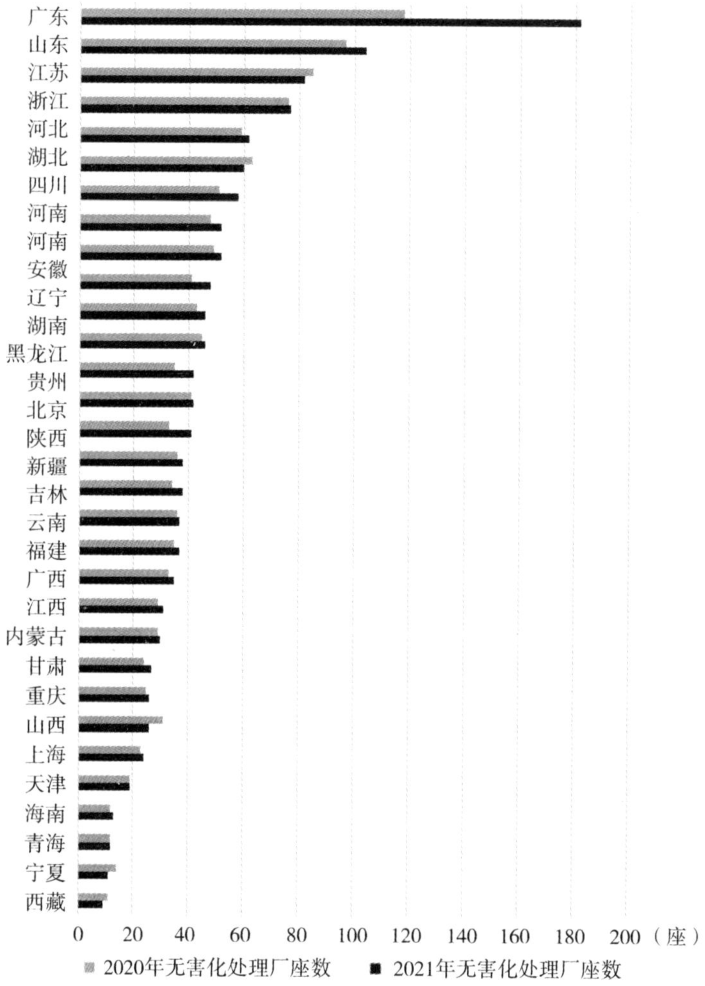

图 2-27　2020~2021 年各地区城市生活垃圾无害化处理厂数量

资料来源：《中国城市建设统计年鉴》（2020 年-2021 年）。

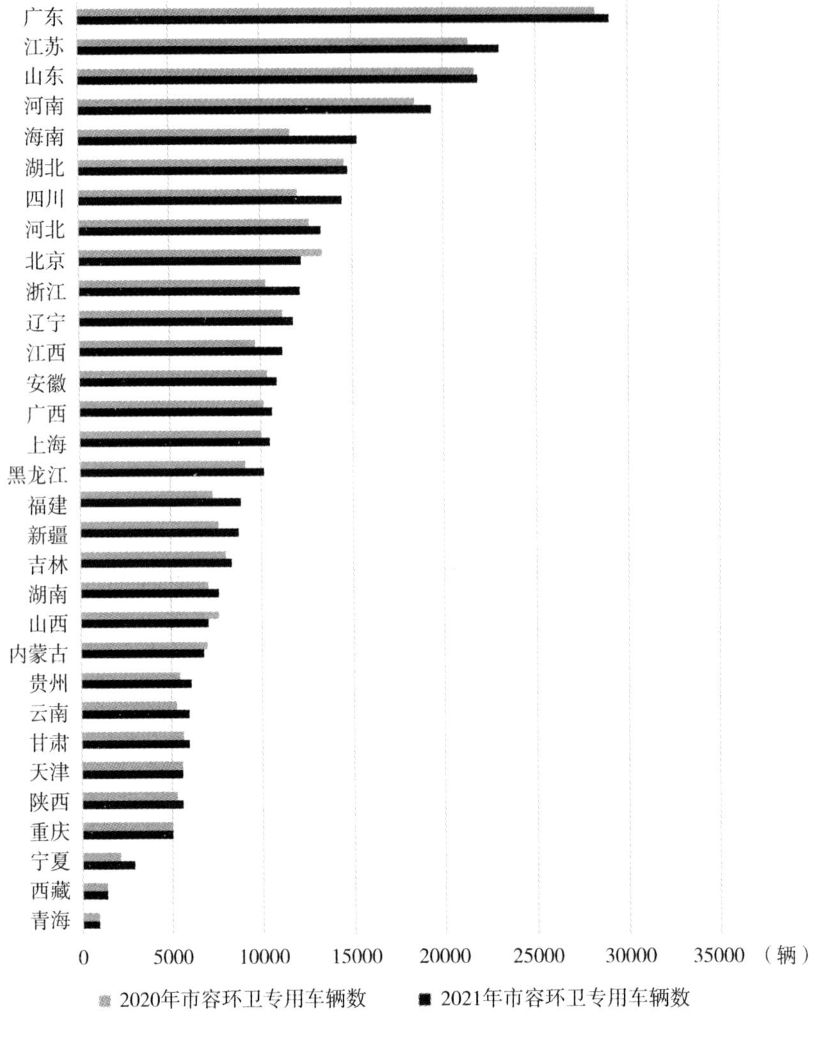

图 2-28　2020~2021 年各地区市容环卫专用车数量

资料来源：《中国城市建设统计年鉴》（2020 年-2021 年）。

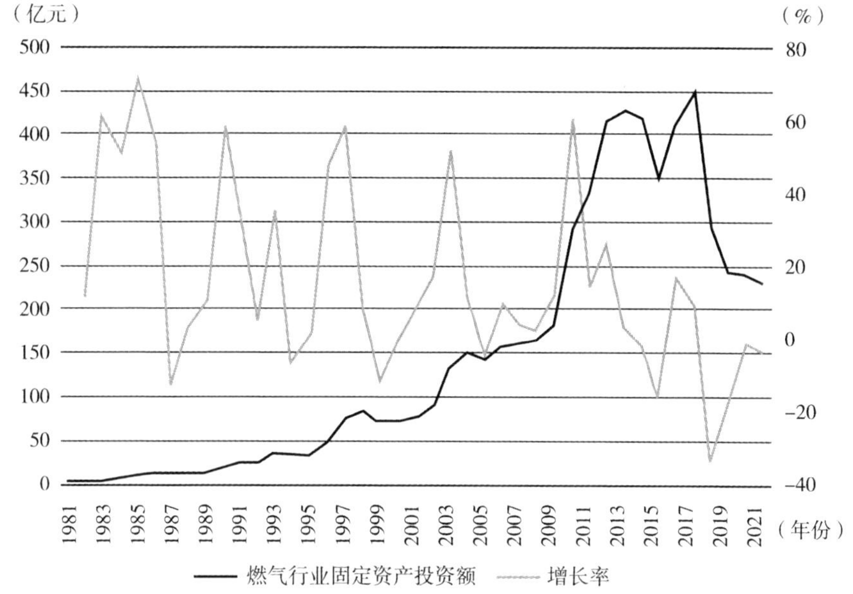

图 2-29　历年城市燃气行业固定资产投资及增长率

资料来源：《中国城市建设统计年鉴》（1981 年-2021 年）。

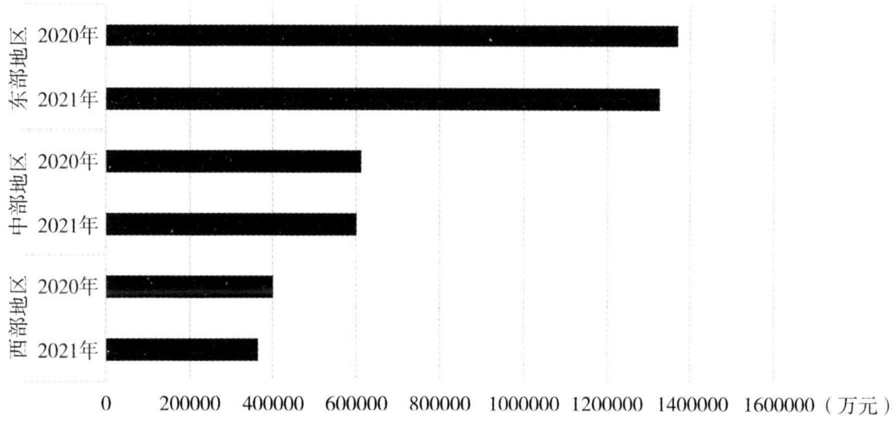

图 2-30　2020~2021 年东中西部地区城市燃气行业固定资产投资

资料来源：《中国城市建设统计年鉴》（2020 年-2021 年）。

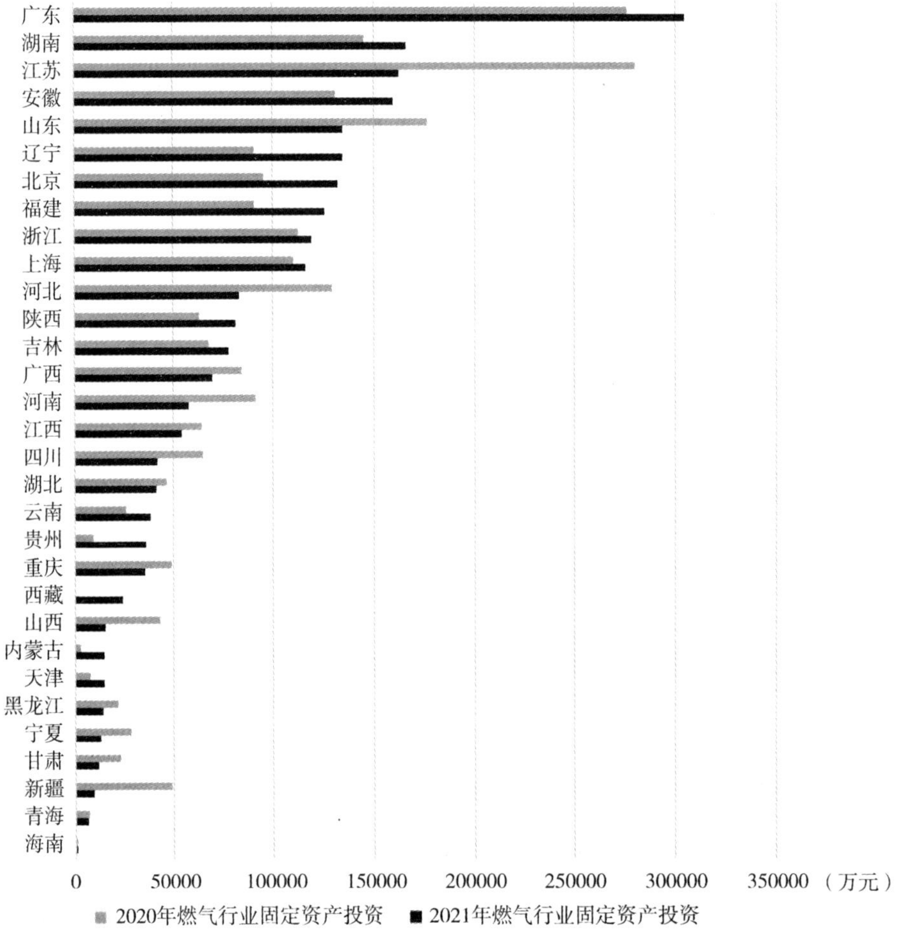

图 2-31　2020~2021 年各地区城市燃气行业固定资产投资

资料来源：《中国城市建设统计年鉴》（2020 年-2021 年）。

表 2-12　2007~2021 年城市燃气管道和燃气普及率

年份	人工煤气管道长度（万千米）	天然气管道长度（万千米）	液化石油气管道长度（万千米）	供气管道长度（万千米）	燃气普及率（%）
2007	4. 86	15. 53	1. 72	22. 11	87. 40
2008	4. 52	18. 41	2. 86	25. 79	89. 55
2009	4. 04	21. 88	1. 42	27. 34	91. 41

续表

年份	人工煤气管道长度（万千米）	天然气管道长度（万千米）	液化石油气管道长度（万千米）	供气管道长度（万千米）	燃气普及率（%）
2010	3.89	25.64	1.34	30.87	92.04
2011	3.71	29.90	1.29	34.90	92.41
2012	3.35	34.28	1.27	38.89	93.15
2013	3.05	38.85	1.34	43.24	94.25
2014	2.90	43.46	1.10	47.46	94.57
2015	2.13	49.81	0.90	52.84	95.30
2016	1.85	55.10	0.87	57.82	95.75
2017	1.17	62.33	0.62	64.12	96.26
2018	1.31	69.80	0.48	71.59	96.69
2019	1.09	76.79	0.45	78.33	97.29
2020	0.99	85.06	0.40	86.45	97.87
2021	0.92	92.91	0.29	94.12	98.04

资料来源：《中国城市建设统计年鉴》（2010 年-2021 年）

（五）道路桥梁行业投资

根据图 2-33，1978~2021 年，我国道路桥梁固定资产投资基本呈上升趋势，2013~2018 年有所下降，2018 年后开始回升，2021 年道路桥梁投资额达到 8644.5 亿元，较 2020 年增长了 10.62%。图 2-34 报告了历年来道路桥梁固定资产投资占市政公用设施建设固定资产投资总额的比例，呈先增长后下降趋势，2021 年道路桥梁固定资产投资占比 36.99%。

进一步分地区来看，东部地区投资额大于中西部地区，2021 年东部地区投资额为 3908.79 亿元，较 2020 年增加了 6.99%；中部地区投资额为 2309.06 亿元，较 2020 年增加了 15.85%；西部地区投资额为 2426.66 亿元，较 2020 年增加了 11.95%。具体到各个省份，2021 年道路桥梁行业固定资产投资最多的是四川，达 857.26 亿元，较 2020 年提升了 17.32%；其次是浙江和江苏，2021 年投资额分别为 798.33 亿元和 702.21 亿元；投资最少的是西藏，仅有 6 亿元，较 2020 年下降了 45.81 亿元，如图 2-35、图 2-36 所示。

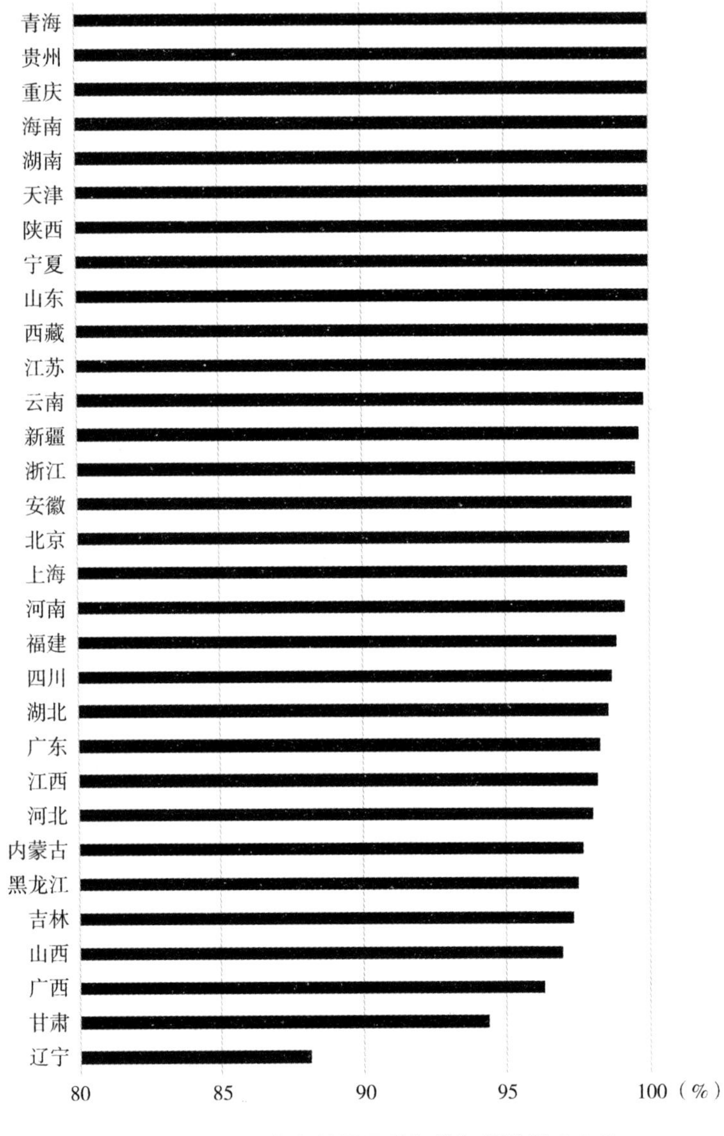

图 2-32　2021 年各地区天然气供气管道长度占比

资料来源：《中国城市建设统计年鉴》（2021 年）。

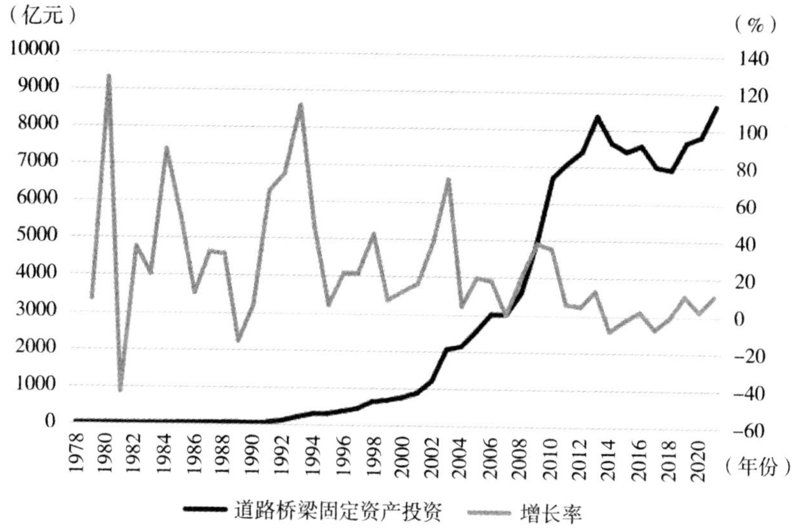

图 2-33　历年全国道路桥梁固定资产投资及增长率

资料来源：《中国城市建设统计年鉴》（1978 年-2021 年）。

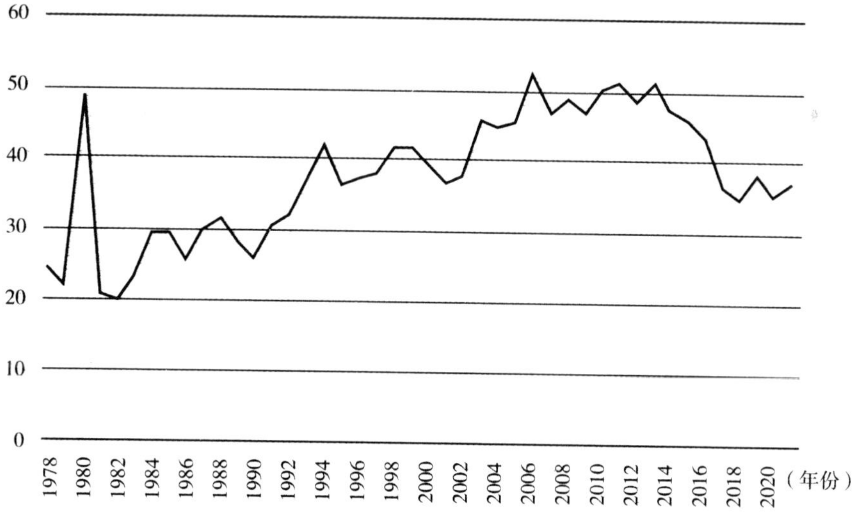

图 2-34　历年全国道路桥梁固定资产投资占市政公用设施建设固定资产投资总额的比例

资料来源：《中国城市建设统计年鉴》（1978 年-2021 年）。

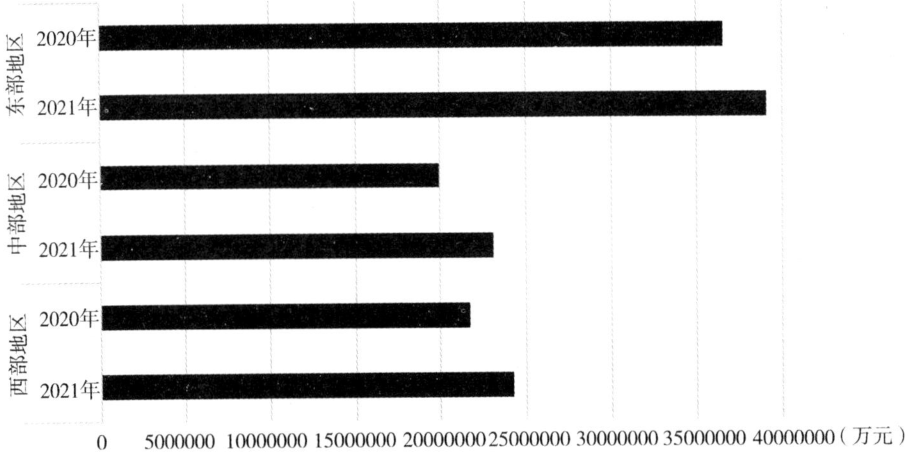

图 2-35　2020~2021 年东中西部地区道路桥梁固定资产投资

资料来源：《中国城市建设统计年鉴》（2020 年-2021 年）。

二、城市基础设施投融资结构和资金来源

表 2-13 报告了我国 2010~2021 年城市基础设施固定资产投资资金来源情况，全国基础设施固定资产投资额始终保持增长趋势，从 2010 年的 13351.7 亿元增长到 2021 年的 25778.0 亿元，年均增长率为 6.16%，2021 年投资增长率为 10.8%。我国基础设施固定资产投资的资金来源主要是地方财政拨款和自筹资金，如图 2-37 所示，2021 年，地方财政拨款占基础设施固定资产投资总额的 27.68%，自筹资金占 26.17%，其他资金占 20.41%，国内贷款占 16.12%，说明我国基础设施固定资产投资仍然依赖政府财政拨款和银行贷款。

表 2-14 报告了 2021 年全国各省城市基础设施固定资产投资资金来源情况，年度资金来源最多的是广东，其次是浙江、江苏，均超过了 2000 亿元。其中，广东资金来源中占比最高的是其他资金，浙江和江苏占比最大的是自筹资金。年度资金来源最少的是海南、宁夏、青海和西藏，不到 100 亿元。其中，海南和青海资金来源中占比最高的是国家预算资金，宁夏占比最高的

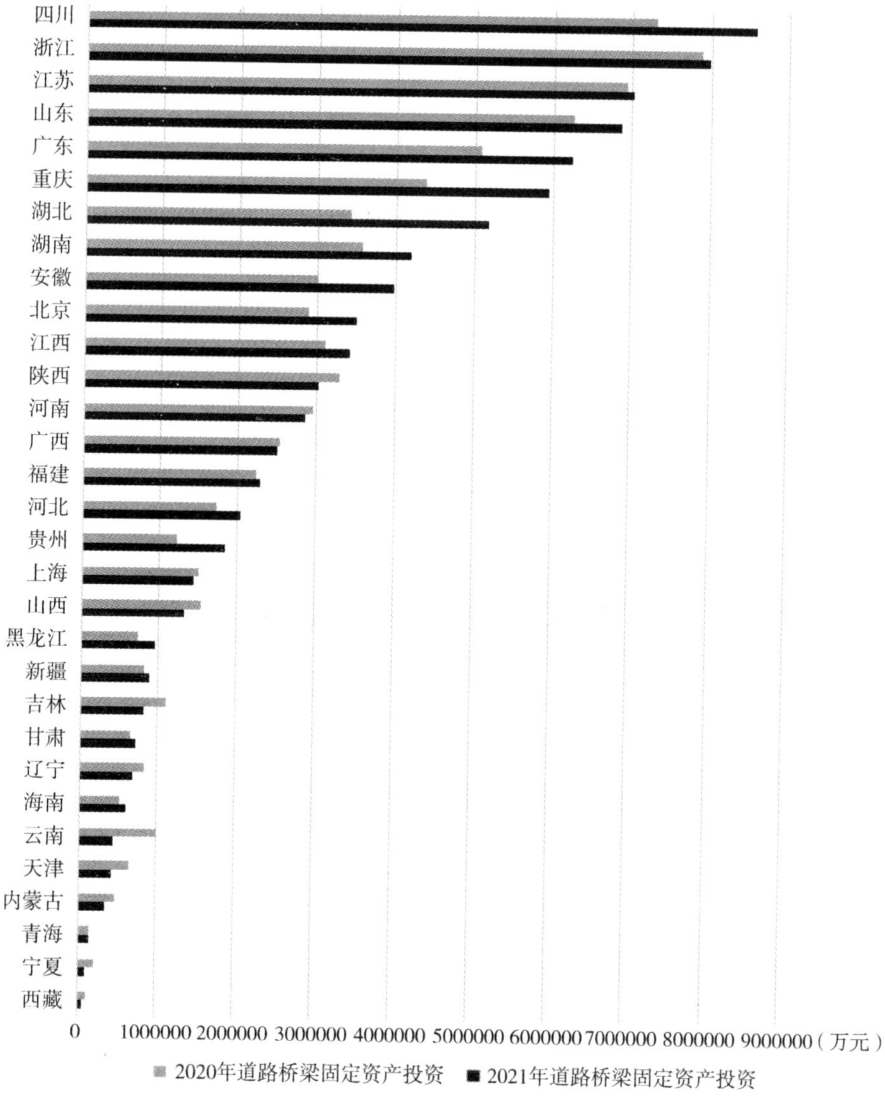

图 2-36　2020~2021 年各地区道路桥梁固定资产投资

资料来源：《中国城市建设统计年鉴》（2020 年-2021 年）。

是国内贷款，西藏占比最高的是债券。整体来看，还是有大部分省区市依赖于国家预算资金。

表 2-13　2010~2021 年城市基础设施固定资产投资资金来源情况

单位：亿元

年份	合计	上年末结余资金	中央财政拨款	地方财政拨款	国内贷款	债券	利用外资	自筹资金	其他资金
2010	13351. 7	659. 3	206. 0	3523. 6	4615. 6	49. 1	113. 8	3058. 9	1125. 3
2011	14158. 1	648. 9	166. 3	4555. 6	3992. 8	111. 6	100. 3	3478. 6	1103. 9
2012	15264. 2	595. 4	171. 1	4446. 6	4366. 7	26. 8	150. 8	3740. 5	1766. 4
2013	16121. 9	987. 5	147. 5	3573. 2	4218. 0	41. 5	62. 2	4714. 1	2377. 7
2014	16054. 0	954. 0	102. 2	4135. 2	4383. 1	96. 0	42. 0	4294. 7	2046. 7
2015	16570. 7	1295. 0	202. 1	4406. 4	3986. 3	189. 1	46. 6	4258. 0	2187. 3
2016	17319. 2	942. 7	119. 4	5183. 7	4338. 7	133. 4	34. 6	3963. 6	2603. 0
2017	19704. 7	1459. 6	290. 4	5465. 7	4987. 5	163. 2	28. 7	4997. 8	2311. 7
2018	19084. 8	1245. 5	255. 2	4552. 3	4509. 0	117. 2	46. 9	5105. 2	3253. 5
2019	20438. 8	1568. 1	412. 6	5456. 9	5039. 3	392. 2	49. 9	4707. 3	2812. 5
2020	23265. 7	2228. 6	568. 6	5922. 0	3932. 6	1864. 0	67. 5	5343. 3	3339. 1
2021	25778. 0	3656. 4	6784. 4	661. 6	3566. 2	1428. 1	39. 0	5789. 1	4514. 8

资料来源：《中国城市建设统计年鉴》（2010 年-2021 年。

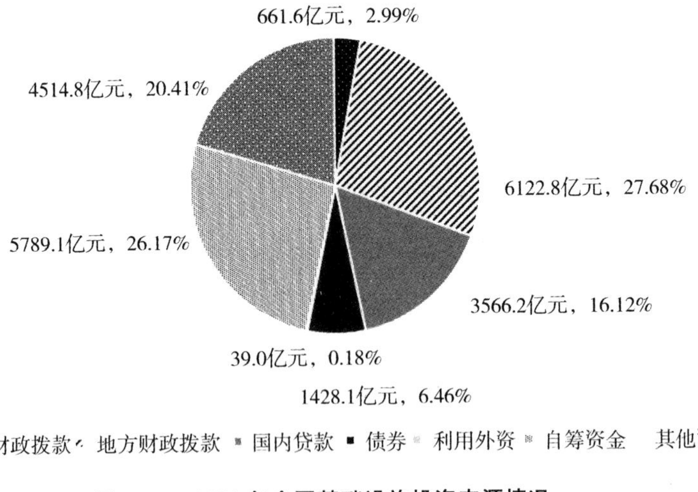

图 2-37　2021 年全国基础设施投资来源情况

资料来源：《中国城市建设统计年鉴》（2021 年）。

表 2-14　2021 年各地区城市基础设施固定资产投资资金来源情况

单位：亿元

地区	当年资金来源合计	国家预算资金	国内贷款	债券	利用外资	自筹资金	其他资金
北京	1149.0	469.0	160.7	10.0	0	231.5	277.8
天津	394.6	108.3	125.5	22.5	2.4	91.7	44.3
河北	470.2	225.6	35.3	57.5	0	123.2	28.6
山西	303.7	145.6	36.5	11.1	0	82.2	28.3
内蒙古	144.2	53.6	20.8	23.0	0.8	23.6	22.3
辽宁	278.1	67.5	48.0	27.7	1.2	102.7	31.0
吉林	296.9	61.3	105.8	38.0	0.6	69.5	21.7
黑龙江	327.8	148.9	35.7	86.1	0.7	33.1	23.3
上海	398.6	206.2	8.6	0	0	183.5	0.4
江苏	2063.3	471.9	317.0	77.3	1.0	945.5	250.7
浙江	2091.4	552.0	596.4	40.7	0	599.3	303.0
安徽	858.2	430.6	28.6	16.7	2.3	160.6	219.3
福建	687.7	363.3	65.2	40.7	0	145.5	73.1
江西	800.8	211.6	63.5	37.8	5.0	286.8	196.0
山东	1431.1	266.9	212.5	148.0	4.5	566.5	232.7
河南	866.8	350.7	169.5	43.9	13.4	188.2	101.1
湖北	855.9	191.7	52.3	143.1	0.5	232.2	236.1
湖南	765.9	121.9	12.2	63.8	3.5	347.0	217.6
广东	2271.1	655.1	417.5	126.0	0	130.4	942.1
广西	434.3	139.2	94.6	13.8	0.5	107.7	78.5
海南	82.7	37.8	12.5	9.6	0	1.9	20.9
重庆	1304.7	548.7	351.6	114.4	0	139.5	150.5
四川	1468.8	260.6	195.9	92.9	0.1	243.6	675.7
贵州	439.9	21.9	71.6	9.0	0	253.2	84.3
云南	219.5	55.3	40.3	22.4	0	38.3	63.2
西藏	33.9	8.2	0	15.2	0	8.3	2.2
陕西	1106.3	445.6	172.9	24.4	0	361.8	101.7
甘肃	224.5	36.2	72.6	23.0	0.9	31.1	60.7

续表

地区	当年资金来源合计	国家预算资金	国内贷款	债券	利用外资	自筹资金	其他资金
青海	34.8	29.3	1.0	2.3	0	1.8	0.3
宁夏	47.1	11.0	16.8	3.1	0	11.1	5.1
新疆	270.0	88.9	25.0	84.1	1.4	48.0	22.6

资料来源：《中国城市建设统计年鉴》（2021 年）。

第五节　城市基础设施投融资发展的成效

一、市政领域城市基础设施的发展

（一）城市供水基础设施的发展

城市供水作为国民经济发展的重要基础设施，对于社会经济发展和居民生活有重要意义。改革开放以来，伴随着经济发展和城镇化进程的推进，我国城市供水的设施建设和生产供应能力也在不断提高，如图 2-38 所示，截至 2021 年，我国城市供水普及率已经达到 99.38%，比 2020 年提高了约 0.4%。2021 年我国综合供水能力已经达到了 31737.67 万米^3/天。2021 年全国城市供水综合生产能力的省际差异如图 2-39 所示，我国城市供水综合生产能力较高的省份主要集中在东部地区，排名前三位的分别为广东、江苏、浙江，其中广东和江苏的城市供水综合生产能力超过 3500 万米^3/天，广东为 4231.74 万米^3/天，江苏为 3608.17 万米^3/天。排名后三位的分别是海南、青海和西藏，城市供水综合生产能力均低于 200 万米^3/天，分别为 195.88 万米^3/天、139.7 万米^3/天和 56.34 立方米/日，我国东西部地区之间供水综合能力仍存在着较大差距。图 2-39 中还报告了 2021 年我国各省份供水综合生产能力相较 2020 年的变化情况，有 15 个省份较 2020 年有所提升，15 个省份较 2020 年有所下降，上海与 2020 年持平。其中，黑龙江城市供水综合生产能力变化率提升幅度最大，增长了 18.98%，而北京下降幅度最大，下降了 60.89%，其次是新疆和西藏，下降幅度均超过 10%。

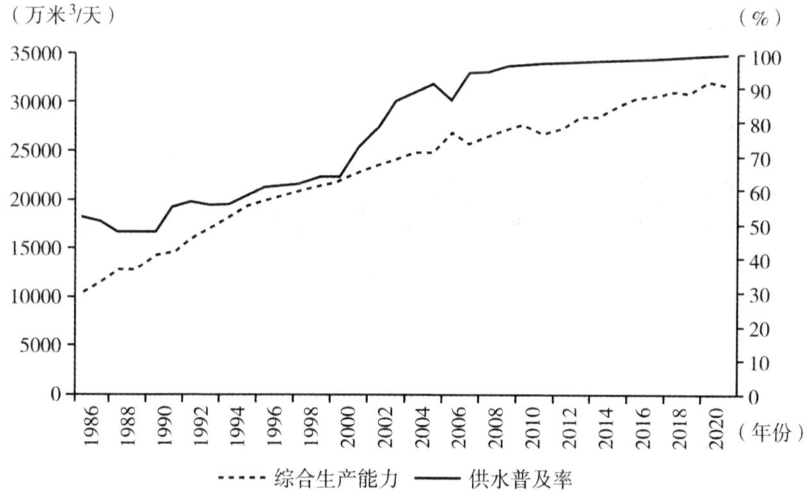

图 2-38　全国历年城市供水行业综合生产能力及供水普及率

资料来源：《中国城市建设统计年鉴》（1986 年-2021 年）。

如图 2-40 所示，改革开放以来我国城市供水总量呈现稳步增长的趋势，2021 年供水总量达到 6733442 万立方米。人均供水量则在 1989 年后开始呈现下降趋势，2021 年人均供水量为 121.15 米³/人，较 2020 年有所上升。图 2-41 进一步比较我国城市供水总量增长率和城市用水人口增长率，可以看出，我国城市供水总量增长率与城市用水人口增长率的变化趋势基本保持一致，但在一些年份中，城市供水总量增长率低于用水人口增长率，城市供水总量的增长滞后于用水人口增长，这也反映出我国城市供水行业的投资和建设在针对城市人口和用水需求的增长方面进行了动态调节。整体来看，虽然我国城市供水总量不断上升，但人均供水量不断下降，体现了我国城市供水行业生产和供应增长乏力与用水人口快速增长之间的不平衡。

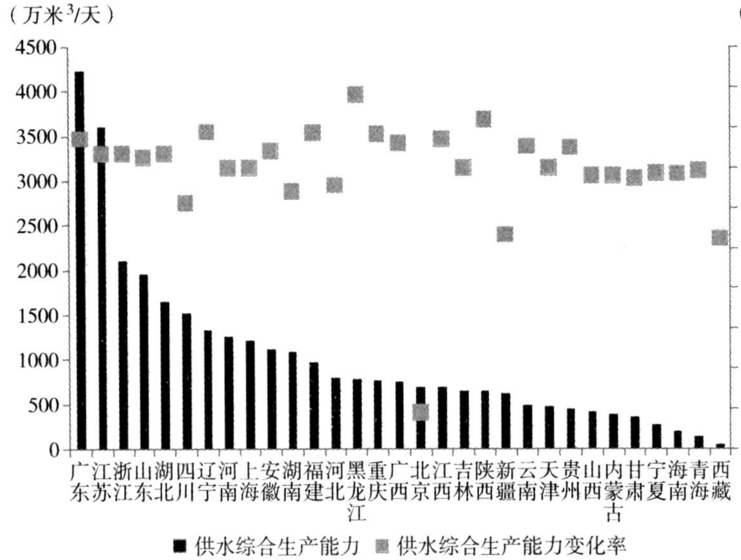

图 2-39　2021 年各地区城市供水行业综合生产能力及变化率

资料来源：《中国城市建设统计年鉴》（2021 年）。

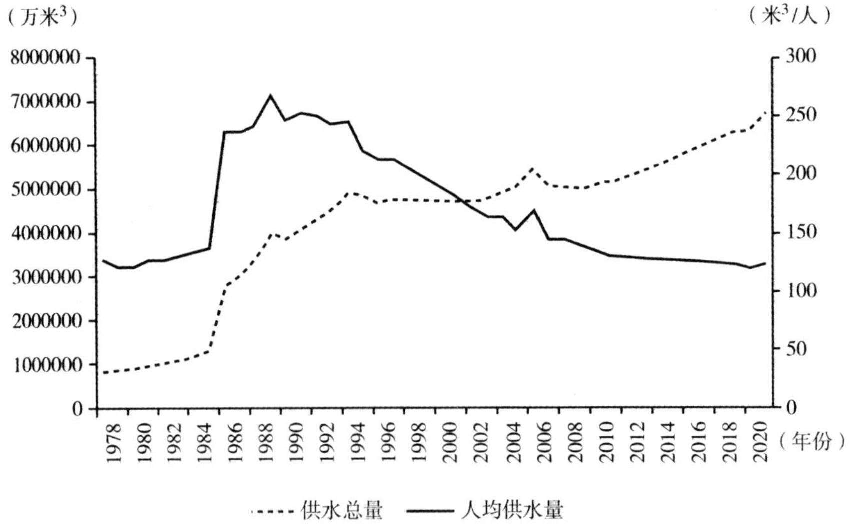

图 2-40　全国历年城市供水总量和人均供水量

资料来源：《中国城市建设统计年鉴》（1978 年-2021 年）。

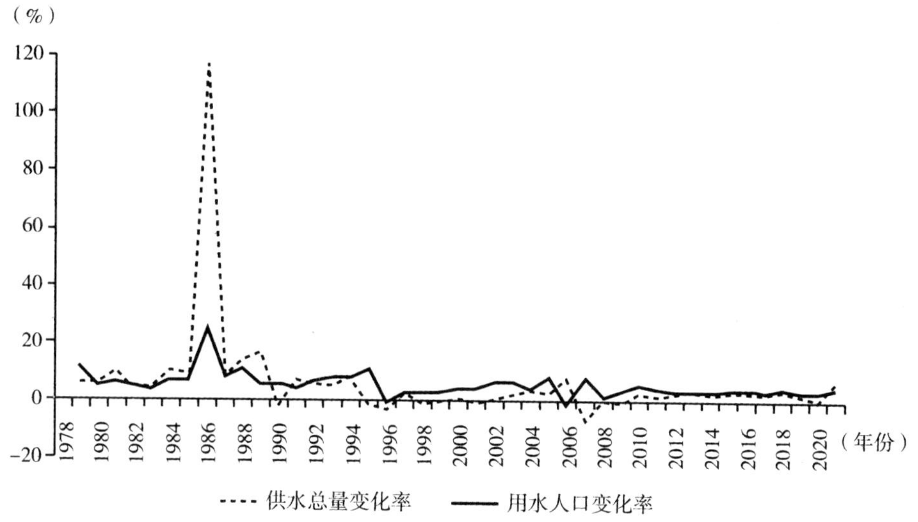

图 2-41 全国历年供水总量变化率及用水人口变化率

资料来源：《中国城市建设统计年鉴》(1978 年-2021 年)。

图 2-42 报告了 2021 年我国各省份的供水总量和人均供水量，供水总量排名前三位的省份全部属于东部地区，分别为广东、江苏、浙江，供水量分别为 1044667.43 万立方米、637701.93 万立方米、467101.58 万立方米；供水量排名最后三位的省份全部属于西部地区，分别为宁夏、青海和西藏，共有 8 个省份供水总量不足 100000 万立方米，我国东部地区与西部地区城市供水总量呈现出明显的区域差异。城市人均供水量排名前三的省份为江苏、西藏、海南，分别为 175.75 米^3/人、165.97 米^3/人、165.43 米^3/人，排名最后的为河北、北京、山西，分别为 82.51 米^3/人、79.31 米^3/人、73.03 米^3/人，共有 11 个省份的城市人均供水量不足 100 米^3/人，分别为北京、天津、河北、陕西、山东、黑龙江、吉林、河南、山西、甘肃、内蒙古，反映出我国人均水资源与经济发展水平之间的不平衡关系。

如图 2-43 所示，城市供水可以分为公共供水和自建供水，2021 年我国城市供水中公共供水的比例远大于自建设施供水，公共供水占比达到 94%，而自建设施供水仅占 6%。图 2-44 进一步分析了我国各省份城市供水的公共供水情况，有15个省份公共供水占比超过95%，说明我国城市供水中公共供水具有绝对的数量优势。

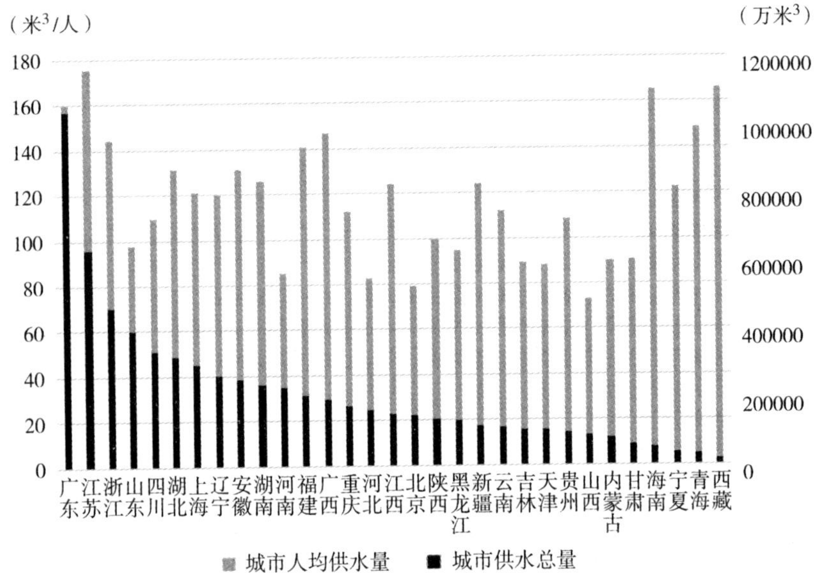

图2-42　2021年各地区城市供水总量和人均供水量

资料来源：《中国城市建设统计年鉴》（2021年）。

（二）城市燃气基础设施的发展

经过二十多年的发展，我国城市燃气行业已经取得了很大的成效。从供气总量来看，2010~2021年，我国人工煤气供气总量呈下降趋势，2021年人工煤气供气总量为18.72亿立方米，较2020年下降19.1%；液化石油气供气总量较为稳定，2021年供气总量为860.68万吨；天然气供气总量呈上升趋势，2021年供气总量为1721.06亿立方米，较2020年增长10.06%，如表2-15所示。

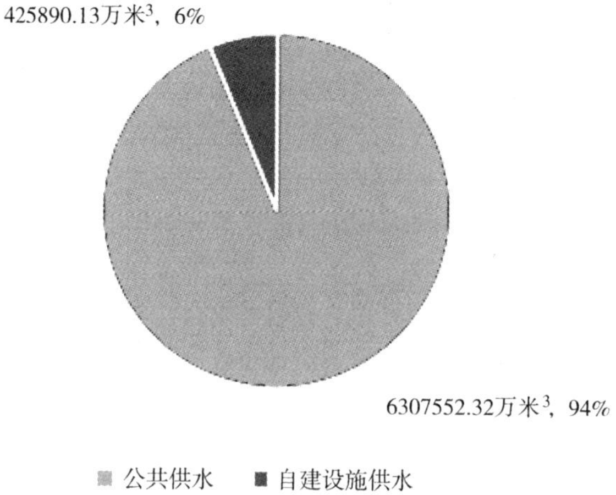

图 2-43　2021 年城市公共供水与自建设施供水

资料来源：《中国城市建设统计年鉴》（2021 年）。

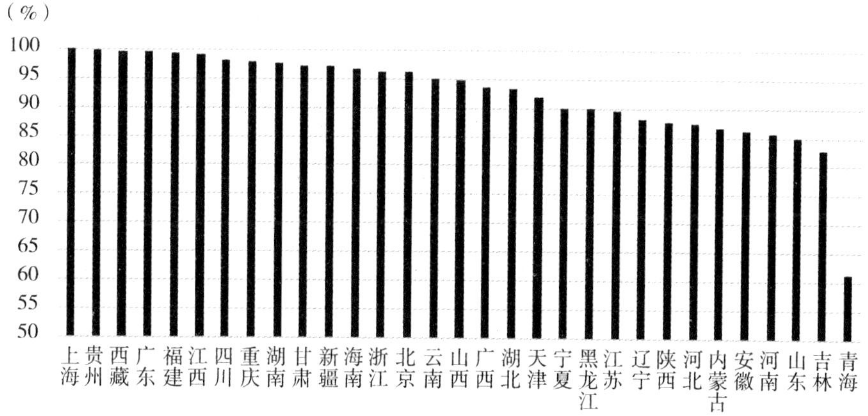

图 2-44　2021 年各地区城市公共供水情况

资料来源：《中国城市建设统计年鉴》（2021 年）。

表 2-15　全国历年城市燃气分类供气总量变化

年份	人工煤气供气总量（亿米³）	天然气供气总量（亿米³）	液化石油气供气总量（万吨）
2011	84.70	678.80	1165.80
2012	77.00	795.00	1114.80
2013	62.80	901.00	1109.70
2014	56.00	964.40	1082.80
2015	47.10	1040.80	1039.20
2016	44.10	1171.70	1078.80
2017	27.09	1263.75	998.81
2018	29.79	1444.00	1015.30
2019	27.68	1527.94	922.72
2020	23.14	1563.70	833.71
2021	18.72	1721.06	860.68

资料来源：《中国城市建设统计年鉴》（2011 年-2021 年）。

从终端城市燃气来看，普及率逐年提高，天然气覆盖面更广。随着中国城市化进程不断加快，促使城市人口的快速增加，扩大了用气人口的基数，2021 年全国人工煤气、天然气和液化石油气用气总人口约为 5.49 亿人，燃气普及率达 98.04%，比 2020 年提高 0.17 个百分点。其中，天然气作为城市燃气的第一大气源，已经远超人工煤气和液化石油气，2021 年使用天然气总人口为 4.42 亿人，占全国用气总人口的 80.6%；液化石油气用气人口继续萎缩，使用液化石油气总人口为 1.02 亿人，占全国用气总人口的 18.57%；人工煤气用气人口也继续萎缩，使用人工煤气总人口为 0.046 亿人，占全国用气总人口的 0.83%，具体如图 2-45、图 2-46、表 2-16 所示。

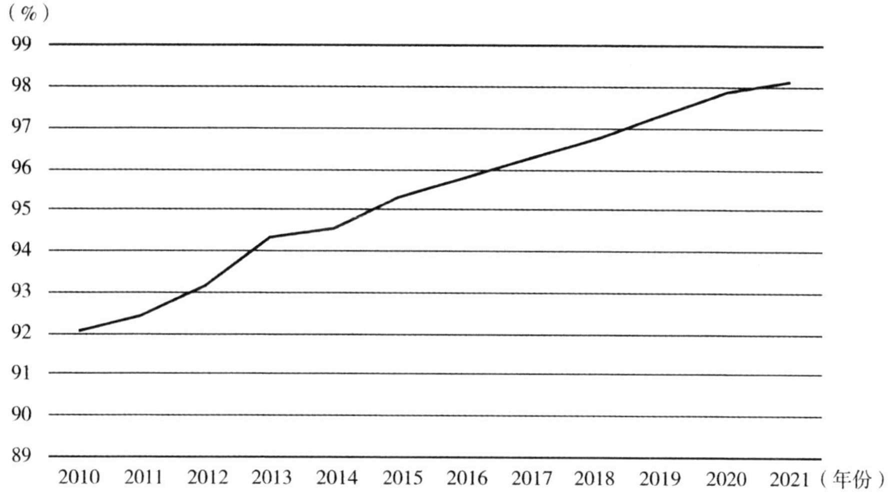

图 2-45　全国历年燃气普及率

资料来源:《中国城市建设统计年鉴》(2010 年-2021 年)。

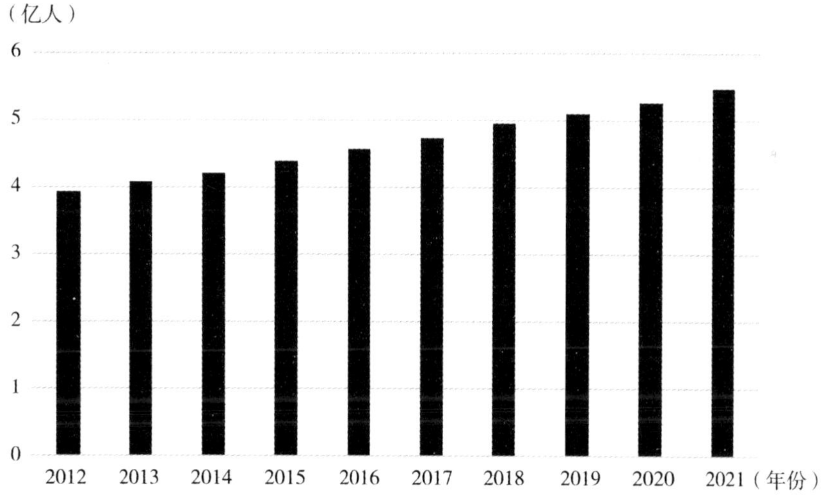

图 2-46　全国历年城市燃气用气人口规模

资料来源:《中国城市建设统计年鉴》(2012 年-2021 年)。

表 2-16　历年人工煤气、天然气、液化石油气用气人口走势

年份	人工煤气（亿人）	占比（%）	天然气（亿人）	占比（%）	液化石油气（亿人）	占比（%）
2011	0. 268	7. 08	1. 90	50. 34	1. 61	42. 58
2012	0. 244	6. 21	2. 12	53. 92	1. 57	39. 87
2013	0. 194	4. 76	2. 38	58. 25	1. 51	36. 99
2014	0. 176	4. 17	2. 60	61. 68	1. 44	34. 15
2015	0. 132	3. 02	2. 86	65. 16	1. 40	31. 83
2016	0. 109	2. 37	3. 09	67. 54	1. 37	30. 08
2017	0. 075	1. 59	3. 39	71. 74	1. 26	26. 67
2018	0. 078	1. 57	3. 69	74. 60	1. 18	23. 82
2019	0. 068	1. 32	3. 90	76. 52	1. 13	22. 15
2020	0. 055	1. 04	4. 13	78. 49	1. 08	20. 46
2021	0. 046	0. 83	4. 42	80. 60	1. 02	18. 57

资料来源：《中国城市建设统计年鉴》（2011 年-2021 年）。

图 2-47 报告了 2021 年各省天然气供气量占供气总量的比例，全国所有省份中，天然气供气量占供气总量比例最高的是青海，其次是新疆、重庆，天然气供气比例都在 90%以上，最低的是西藏、海南、云南，天然气供气比例不到 50%，呈现出明显的地域差异。图 2-48 报告了 2021 年各省天然气储气能力，储气能力最强的是上海市，以 72900 万立方米遥遥领先，北京、江苏、新疆次之，储气能力均超过了 10000 万立方米，最低的是西藏、青海、海南、甘肃，储气能力不到 300 万立方米。

二、环保领域城市基础设施的发展

（一）城市排水和污水处理基础设施的发展

改革开放以来，我国国民经济建设和社会发展，城市化和工业化进程加速，对排水和污水处理的需求日益增加，党中央、国务院高度重视城镇生活污水处理设施等环境城市基础设施建设，我国排水与污水处理行业快速发展。

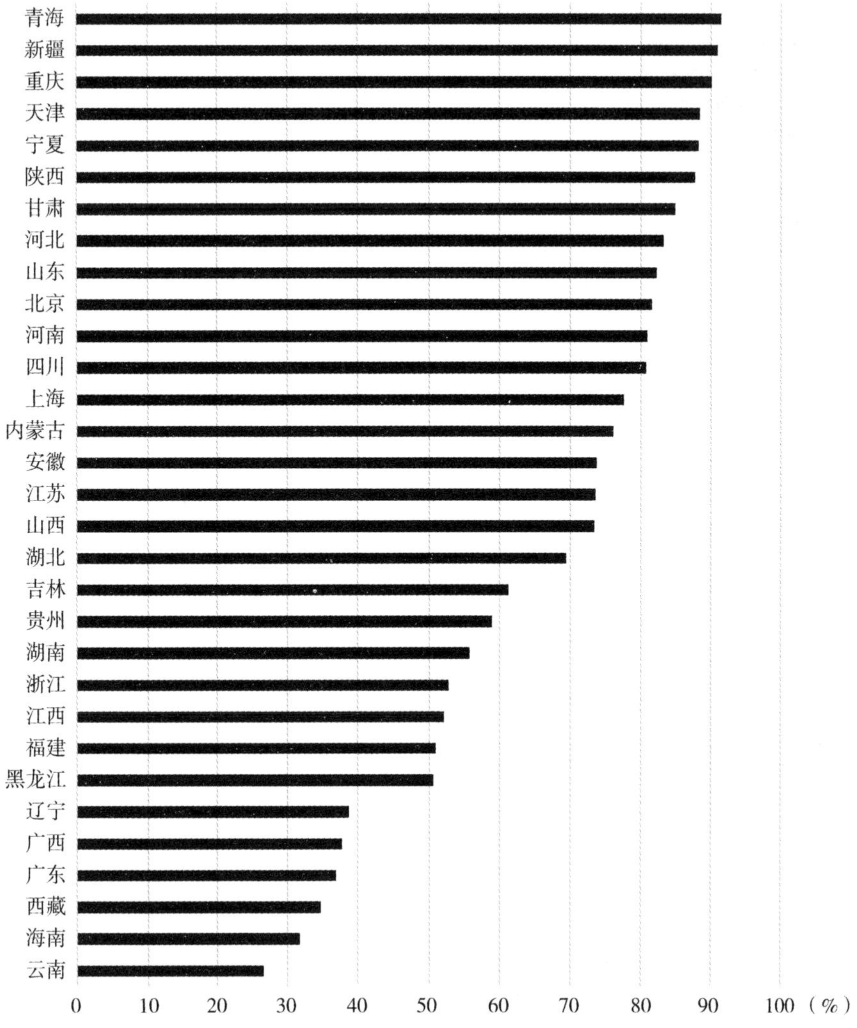

图 2-47　2021 年各地区天然气供气量占供气总量的比例

资料来源：《中国城市建设统计年鉴》（2021 年）。

如图 2-49 所示，截至 2021 年我国污水年处理总量达到 6118956 万立方米，污水处理率达到 97.92%。

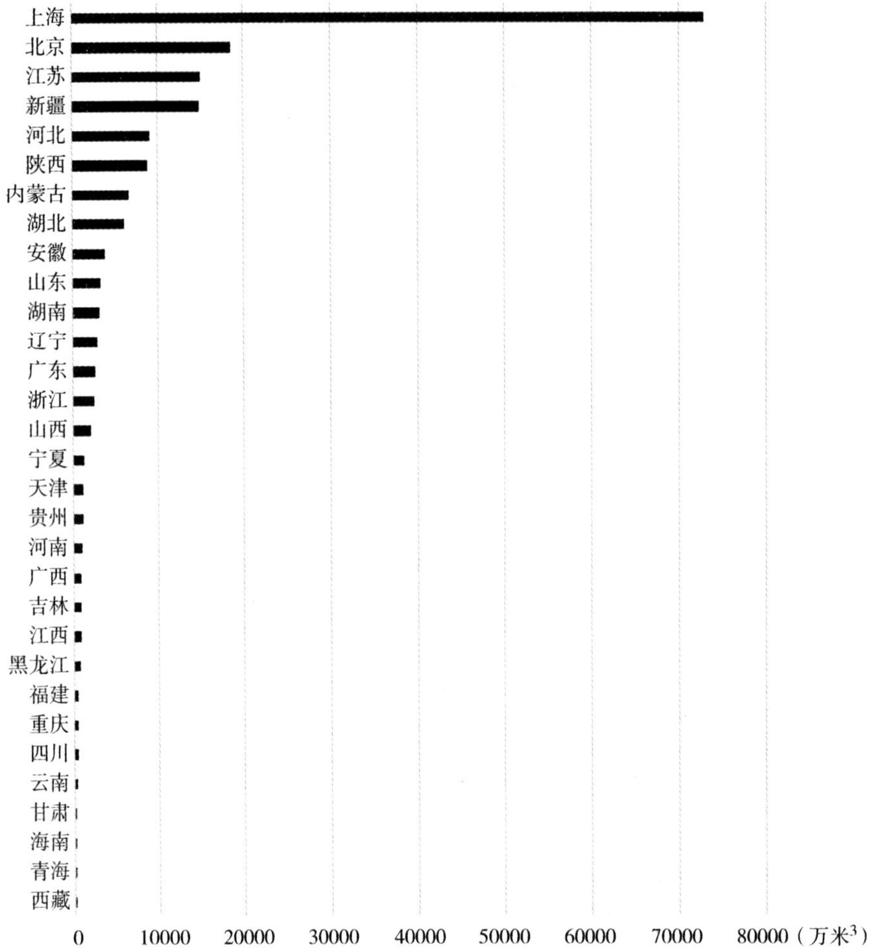

图 2-48　2021 年各地区天然气储气能力

资料来源：《中国城市建设统计年鉴》（2021 年）。

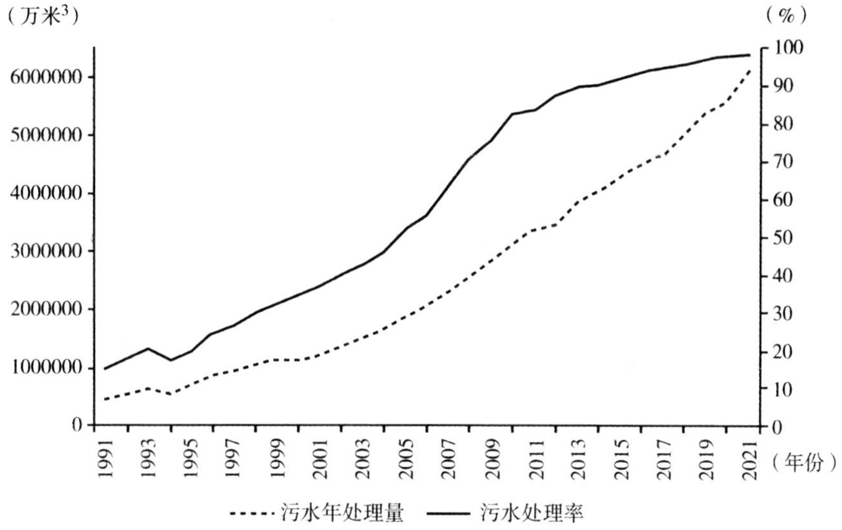

图 2-49　全国历年污水处理情况

资料来源：《中国城市建设统计年鉴》（1991 年-2021 年）。

比较 2021 年各个省份的污水处理情况，如图 2-50 所示，从图中可知，广东、江苏、浙江、山东、辽宁、湖北的污水处理总量均超过 300000 万立方米，位于全国前列，其中广东以 908773 万立方米居全国之首。人均污水处理能力方面（图 2-51、图 2-52 所示），2021 年全国人均污水处理能力为 0. 18 米³/（人·天），北京、辽宁、上海、天津、广东、吉林、湖北、浙江和江苏地区的人均污水处理能力超过 0. 2 米³/（人·天），位于全国前列，其中北京以 0. 29 米³/（人·天）居全国之首，除了甘肃、河北的人均污水处理能力分别为 0. 1 米³/（人·天）、0. 09 米³/（人·天），其他省份的人均污水处理能力均位于 0. 1~0. 2 米³/（人·天）之间。

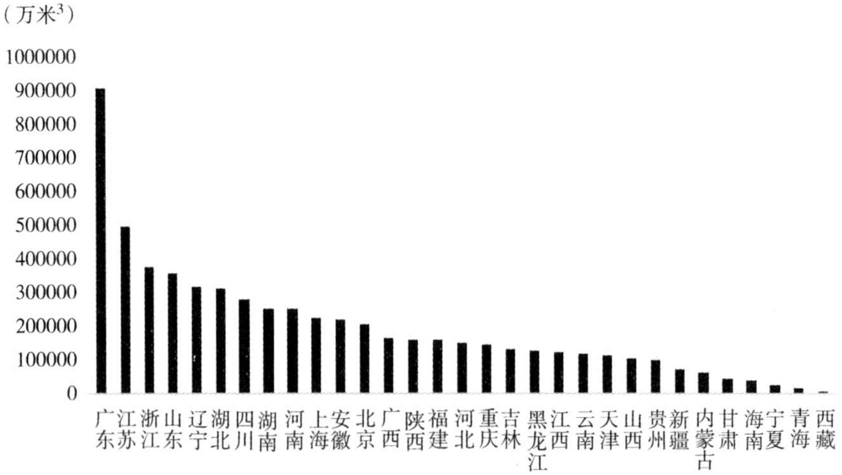

图 2-50　2021 年各地区污水处理总量

资料来源：《中国城市建设统计年鉴》（2021 年）。

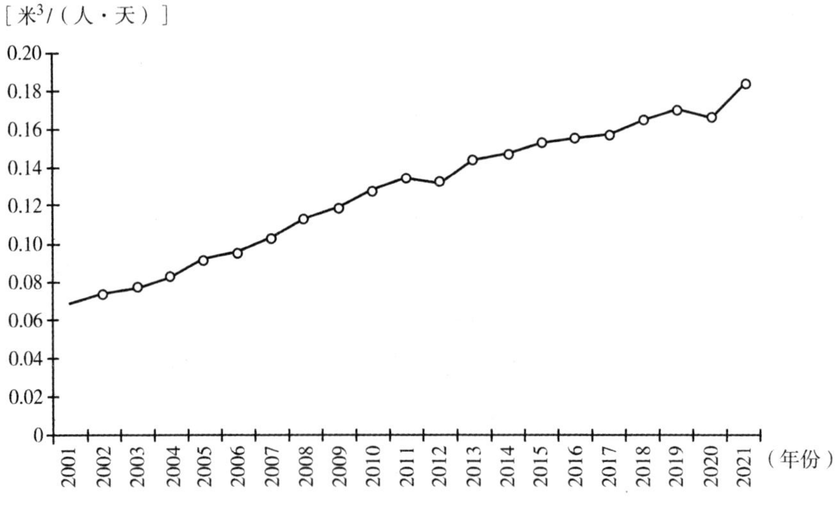

图 2-51　全国历年人均污水处理能力

资料来源：《中国城市建设统计年鉴》（2001 年-2021 年）。

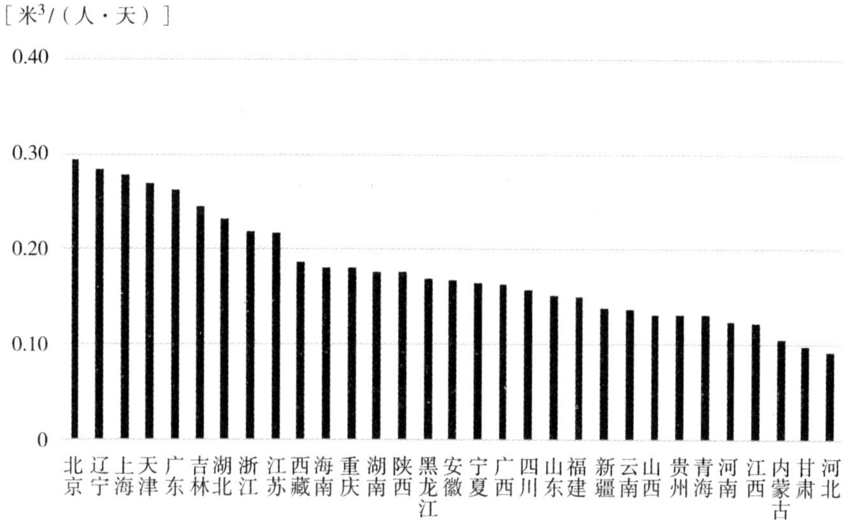

图 2-52　2021 年各地区人均污水处理能力

资料来源：《中国城市建设统计年鉴》（2021 年）。

2010 年以来，我国污水处理厂采用二、三级处理技术占比逐渐增加，特别是一些水环境敏感地区和经济发达地区，加强了对部分已建污水处理设施进行升级改造。目前，我国九成左右污水处理厂是二、三级污水处理厂，九成左右污水处理厂出水水质达到一级以上标准。根据图 2-53，2021 年二、三级污水处理厂比例达到 93.39%，二、三级污水处理量和污水处理能力较 2020 年小幅下降，分别为 95.10%和 95.02%。

根据《中国城市建设统计年鉴》，2006～2021 年，中国二、三级污水处理厂的座数和处理能力双双大幅增长，二、三级污水处理厂的座数从 2006 年的 689 座增加到 2021 年的 2640 座，增幅达 283.16%，污水处理能力也相应地从 2006 年的 5424.9 万米³/天增长至 2021 年的 19733.21 万米³/天，增幅达 263.75%。比较 2021 年全国各个省份的二、三级污水处理厂的污水处理能力来看，广东的二、三级污水处理厂的污水处理能力远超其他省份，以 2790.17 万米³/天位居全国第一；江苏、山东、浙江、河南、四川、湖北、

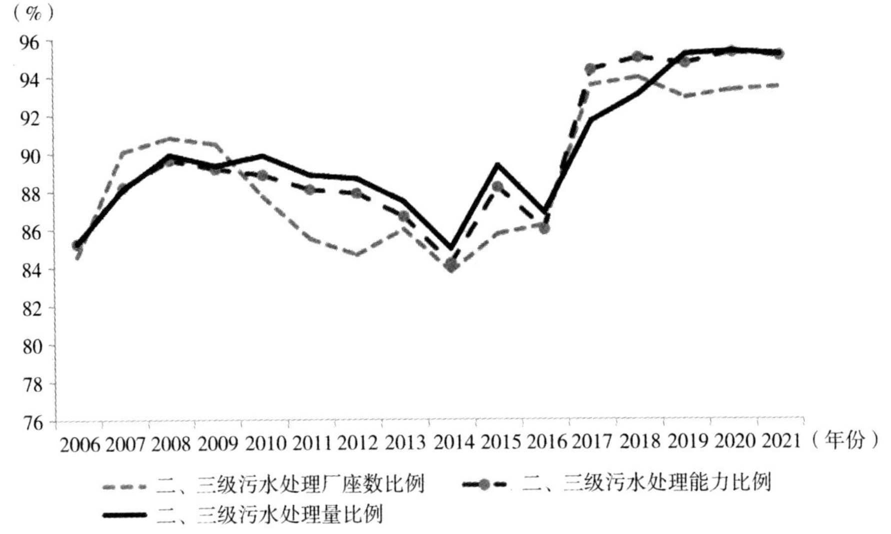

图 2-53　2006~2021 年中国城市二、三级污水处理厂分布

资料来源：《中国城市建设统计年鉴》（2006 年-2021 年）。

上海和辽宁地区的二、三级污水处理厂的污水处理能力均超过 800 万米³/天，位于全国前列；新疆、甘肃、海南、宁夏、青海和西藏地区的二、三级污水处理厂的污水处理能力较弱，低于 200 万米³/天；其余省份的二、三级污水处理厂的污水处理能力在 200~800 万米³/天之间，处于全国中等水平，具体如图 2-54、图 2-55 所示。

（二）城市垃圾处理基础设施的发展

作为城市公共服务的重要组成部分，我国城市垃圾治理需求量不断增大，垃圾处理行业的生产与供应能力随之提高。如图 2-56 所示，我国城市垃圾无害化处理能力和处理量逐年提升，截至 2021 年，垃圾无害化处理能力达到 1067064 吨/天，垃圾无害化处理量为 24839 万吨。图 2-57 报告了各省份生活垃圾无害化处理能力情况，广东以 176736 吨/天居全国首位，随后是江苏、浙江、山东，处理能力超过 70000 吨/天，而宁夏、西藏、青海居于最末，处理能力不超过 10000 吨/天。图 2-58 报告了各省份生活垃圾无害化处理量情况，广东依然遥遥领先，达到 3288.59 万吨，宁夏、青海、西藏居于最末，处理量不足 200 万吨。整体来看，东部地区垃圾无害化处理能力较强、处理量较大，中西部地区处理能力较弱、处理量较小。

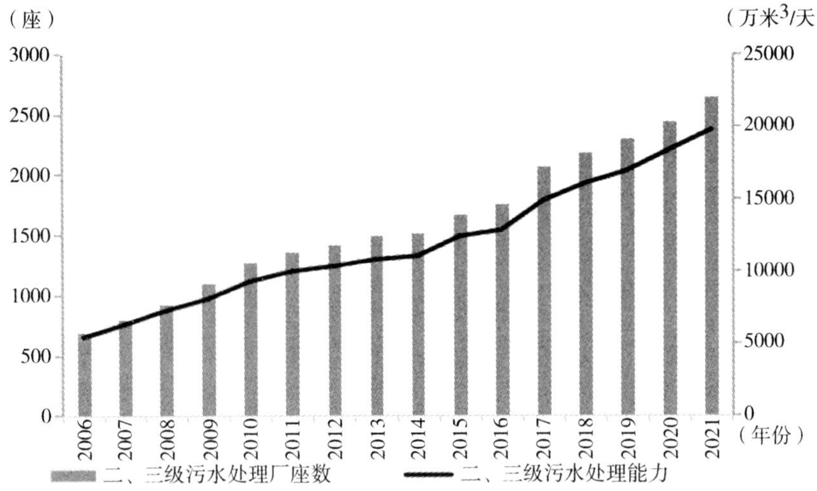

图 2-54　2006~2021 年中国城市二、三级污水处理厂及其处理能力

资料来源：《中国城市建设统计年鉴》（2006 年-2021 年）。

如图 2-59 所示，2021 年我国城市生活垃圾卫生填埋无害化处理能力为 261555 吨/天，占城市生活垃圾无害化处理能力的 25%；生活垃圾焚烧无害化处理能力为 719533 吨/天，占城市生活垃圾无害化处理能力的 68%。生活垃圾卫生填埋无害化处理量为 5208.51 万吨，占城市生活垃圾无害化处理量的 21%；生活垃圾焚烧无害化处理量为 18019.67 万吨，占城市生活垃圾无害化处理量的 73%。

图 2-60 报告了历年城市垃圾卫生填埋无害化处理能力和处理量，可以看出，从 2017 年开始，卫生填埋无害化处理量开始呈现下降趋势；2018 年开始，卫生填埋无害化处理能力也呈现下降趋势。图 2-61 报告了历年城市垃圾焚烧无害化处理能力和处理量，两者始终保持增长趋势，焚烧无害化处理量从 2012 年的 3584.06 万吨增长到了 2021 年的 18019.67 万吨，增长了 4 倍；焚烧无害化

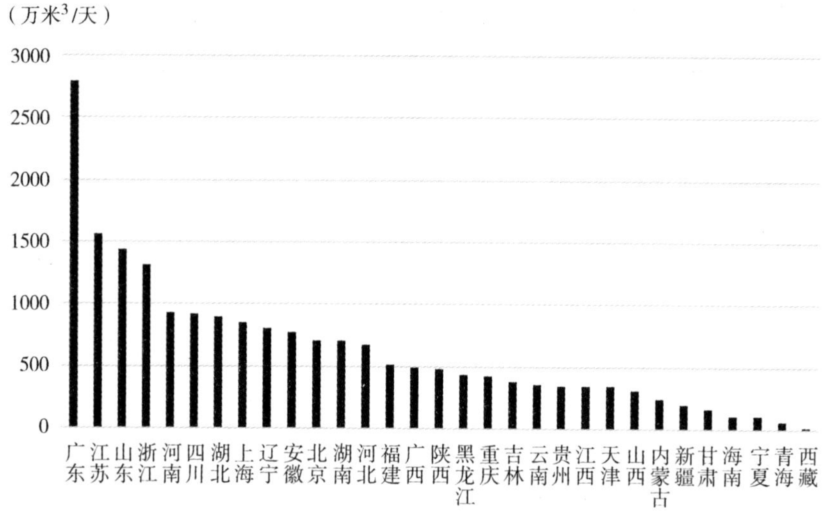

图 2-55　2021 年各地区二、三级污水处理厂处理能力

资料来源：《中国城市建设统计年鉴》（2021 年）。

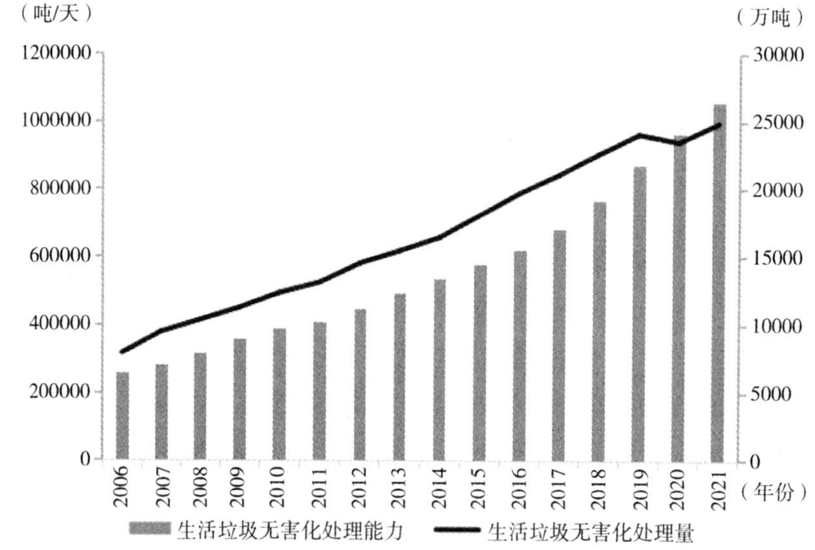

图 2-56　全国历年城市生活垃圾无害化处理能力和处理量

资料来源：《中国城市建设统计年鉴》（2006 年–2021 年）。

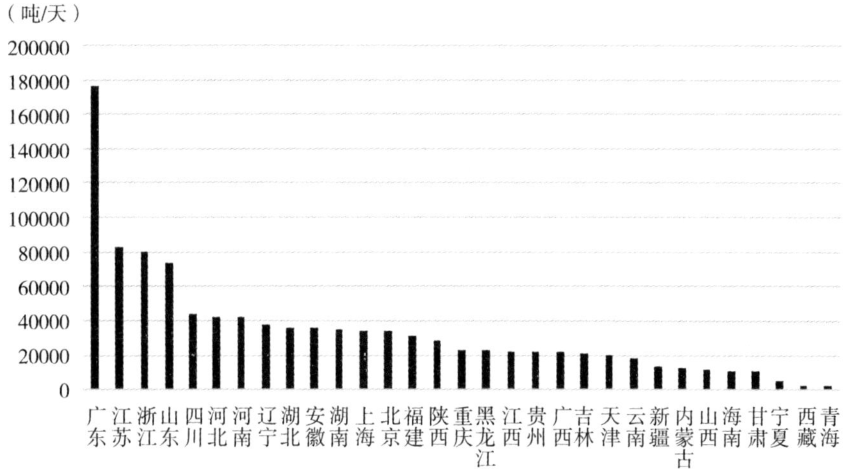

图 2-57　2021 年各地区城市生活垃圾无害化处理能力

资料来源：《中国城市建设统计年鉴》（2021 年）。

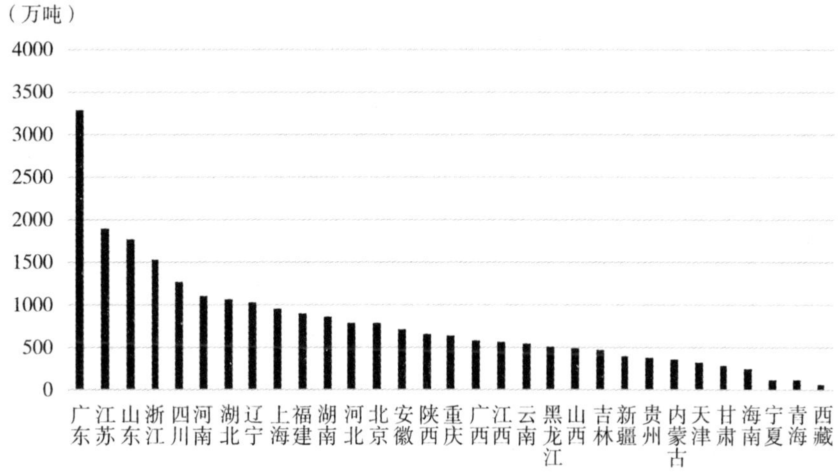

图 2-58　2021 年各地区城市生活垃圾无害化处理量

资料来源：《中国城市建设统计年鉴》（2021 年）。

处理能力从 2012 年的 122649 吨/天增长到了 2021 年的 719533 吨/天，增长了近 5 倍。随着我国垃圾焚烧技术水平的提升，城市生活垃圾焚烧量在无害化处理垃圾总量中的占比越来越高，具体如图 2-62 所示。

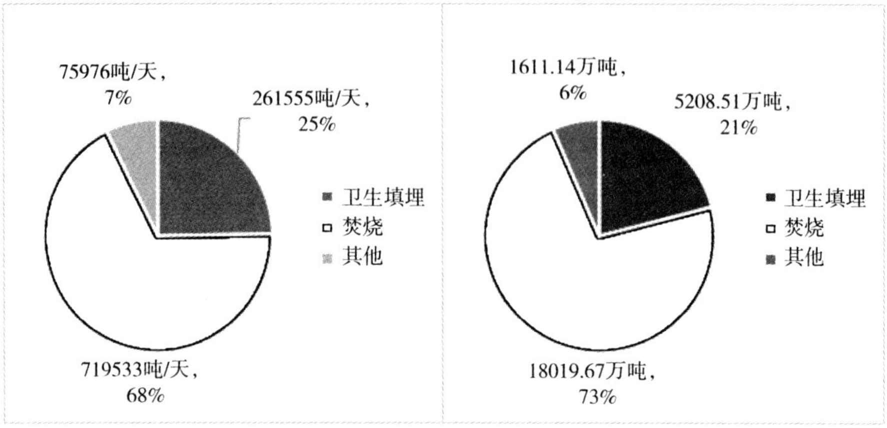

（a）生活垃圾无害化处理能力　　（b）生活垃圾无害化处理量

图 2-59　2021 年各类型垃圾处理能力及处理量占比情况

资料来源：《中国城市建设统计年鉴》（2021 年）。

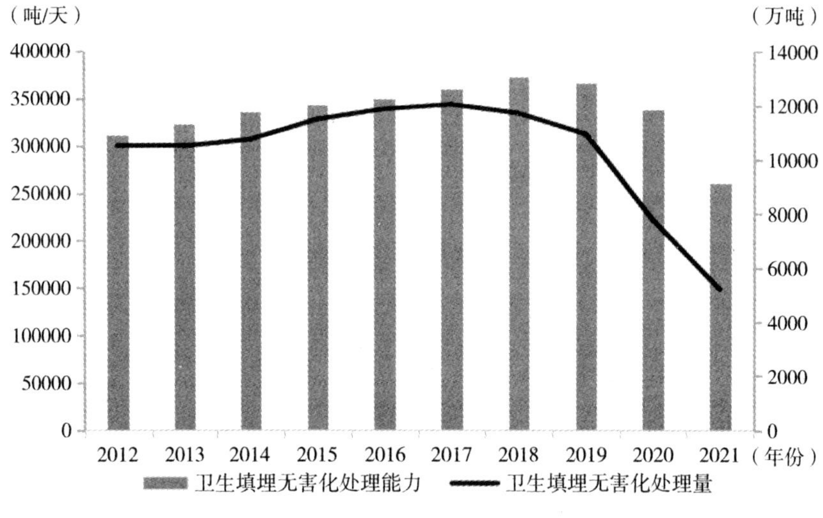

图 2-60　全国历年生活垃圾卫生填埋无害化处理能力及处理量

资料来源：《中国城市建设统计年鉴》（2012 年–2021 年）。

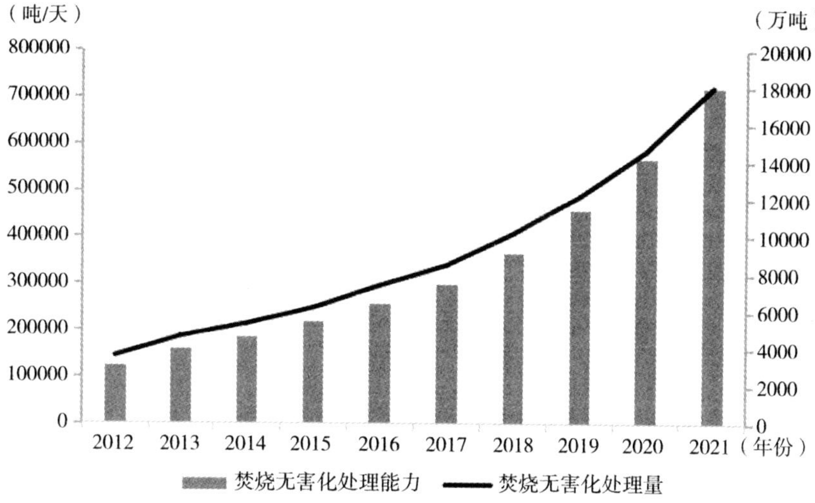

图 2-61　全国历年生活垃圾焚烧无害化处理能力及处理量

资料来源：《中国城市建设统计年鉴》（2012 年-2021 年）。

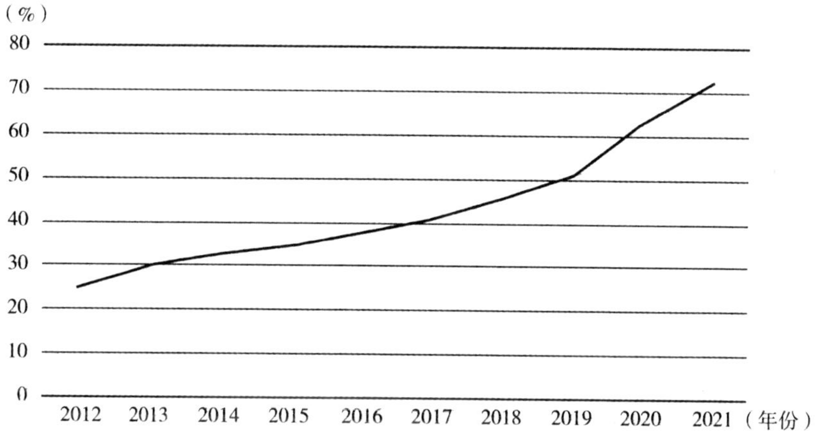

图 2-62　全国历年城市生活垃圾焚烧量在无害化处理垃圾总量中的占比

资料来源：《中国城市建设统计年鉴》（2012 年-2021 年）。

全国各省份垃圾卫生填埋处理能力和焚烧处理能力分布情况如图 2-63、图 2-64 所示。与 2020 年相比，有 25 个省份的卫生填埋处理能力逐步萎缩，符合国家逐步减少垃圾填埋处理规模的要求，有 26 个省份的焚烧处理能力呈正增长，可见焚烧越来越成为主要的生活垃圾无害化处理方式。

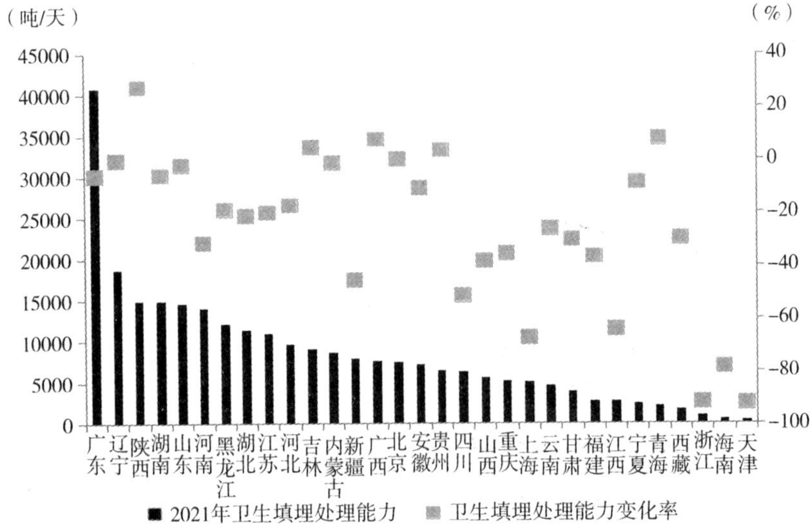

图 2-63　2021 年各地区生活垃圾卫生填埋处理能力及变化率

资料来源：《中国城市建设统计年鉴》（2020 年-2021 年）。

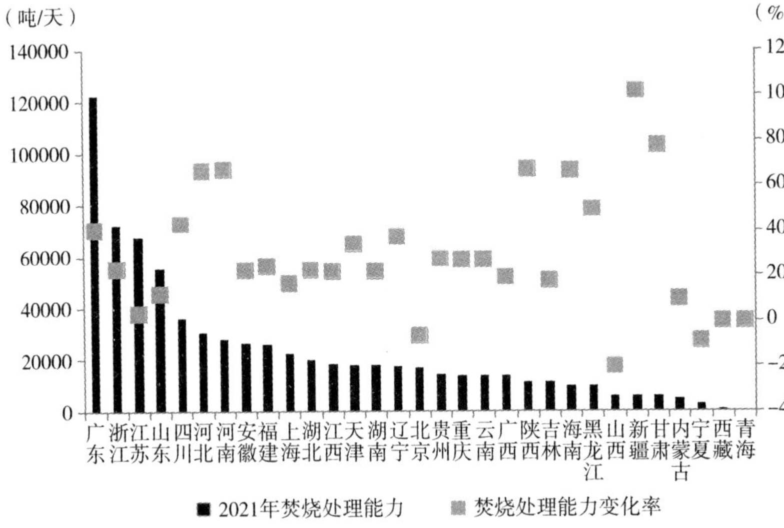

图 2-64　2021 年各地区生活垃圾焚烧处理能力及变化率

资料来源：《中国城市建设统计年鉴》（2020 年-2021 年）。

三、交通领域城市基础设施的发展

道路和桥梁是城市交通基础设施建设的重要组成部分，能够促进人员和物资的流动，提高城市交通的流畅度，我国持续加大城市道路基础设施建设力度，城市路网不断完善。如图 2-65、图 2-66 可知，2006~2021 年我国道路面积和道路长度均保持逐年增长的趋势，2021 年全国道路面积 1053655 万平方米，较 2006 年增长了 1.5 倍，年均增长率为 6.5%；人均道路面积也呈增长趋势，从 2006 年的 11.04 米^2/人增长到 2021 年的 18.84 米^2/人，年均复合增长率为 3.6%；此外，2021 年全国道路长度为 532476 千米，较 2006 年增长了 1.2 倍，年均增长率为 5.4%。近年来，全国道路长度和道路面积均实现了快速发展，极大地改变了路网结构，提高了人民获得感。

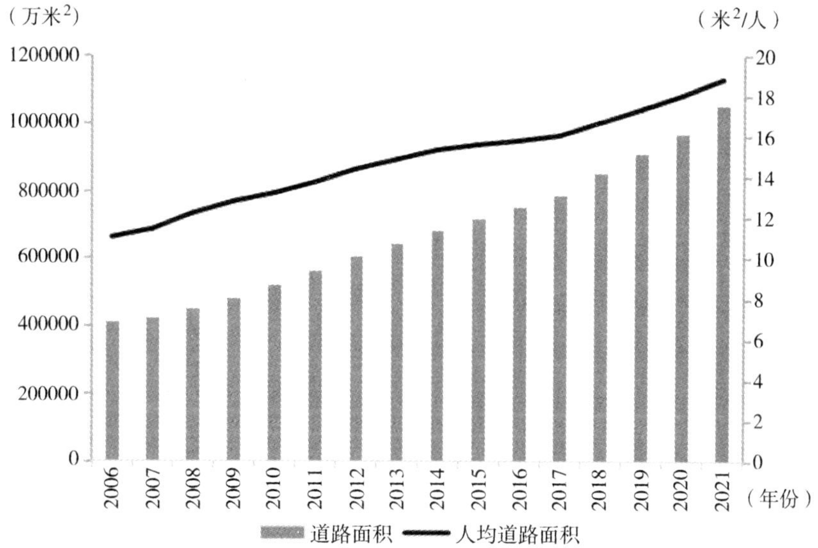

图 2-65　全国历年城市道路面积及人均道路面积

资料来源：《中国城市建设统计年鉴》（2006 年-2021 年）。

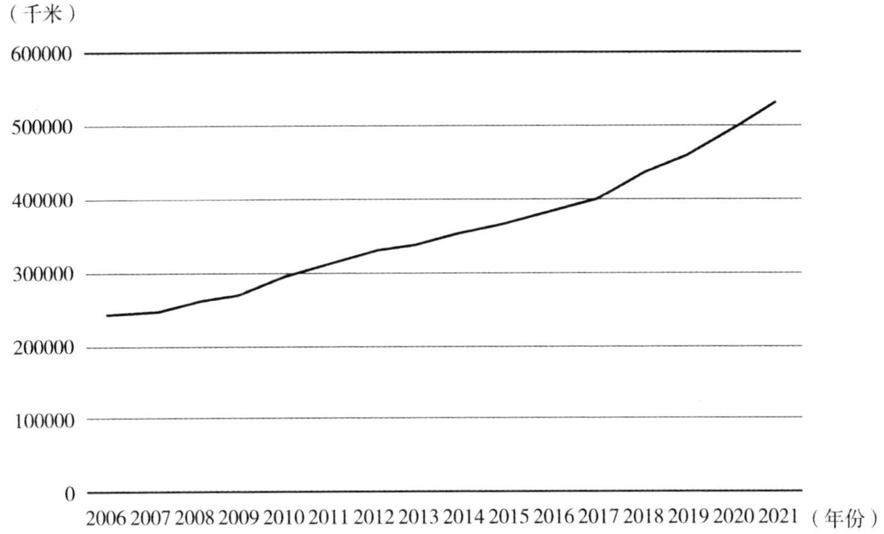

图 2-66　全国历年城市道路长度

资料来源：《中国城市建设统计年鉴》（2006 年-2021 年）。

进一步地，分析 2021 年各省份的道路和桥梁情况。江苏以桥梁数 14330 座居全国首位（见图 2-69），其次是浙江，桥梁数达到 14110 座，西藏居于末尾，桥梁数仅 63 座。山东以道路面积 108259.43 万平方米居全国首位，其次是广东，道路面积都超过了 100000 万平方米，而海南、宁夏、青海、西藏道路面积不足 10000 万平方米（见图 2-68）。广东以道路长度 57663.79 千米居全国首位，其次是江苏、山东，排名靠后的是宁夏、青海、西藏，长度不足 5000 千米；相应地，各省道路照明系统覆盖长度也是以广东为首，安装路灯道路长度达到 48432.15 千米，占道路总长的 83.99%，其中，上海安装路灯道路长度占道路总长的比例达到了 100%（见图 2-67）。江苏是安装照明灯数量最多的省份，达到 3849271 盏，其次是广东，拥有 3655775 盏（见图 2-70），实现了路灯照明的覆盖，为城市居民的夜间出行提供了重要的基础设施保障。总体来看，我国东部地区道路和桥梁基础设施建设领先于西部地区。

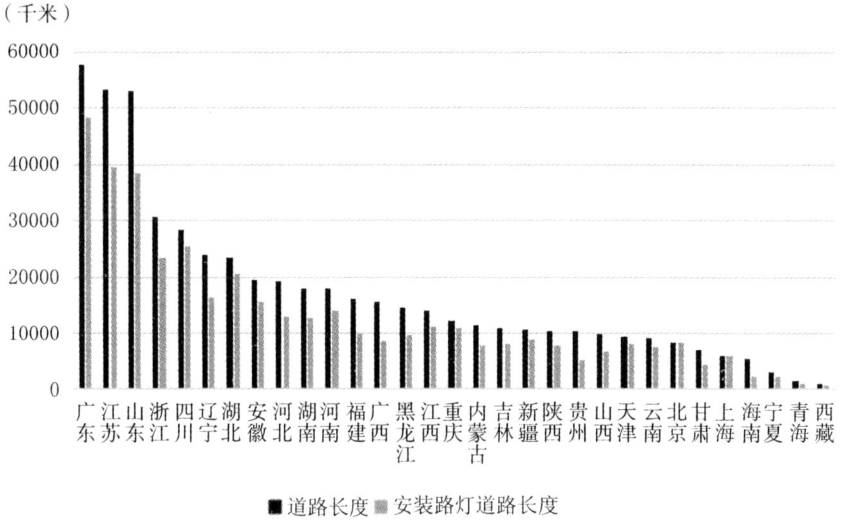

图 2-67　2021 年各地区城市道路长度和安装路灯道路长度

资料来源：《中国城市建设统计年鉴》（2021 年）。

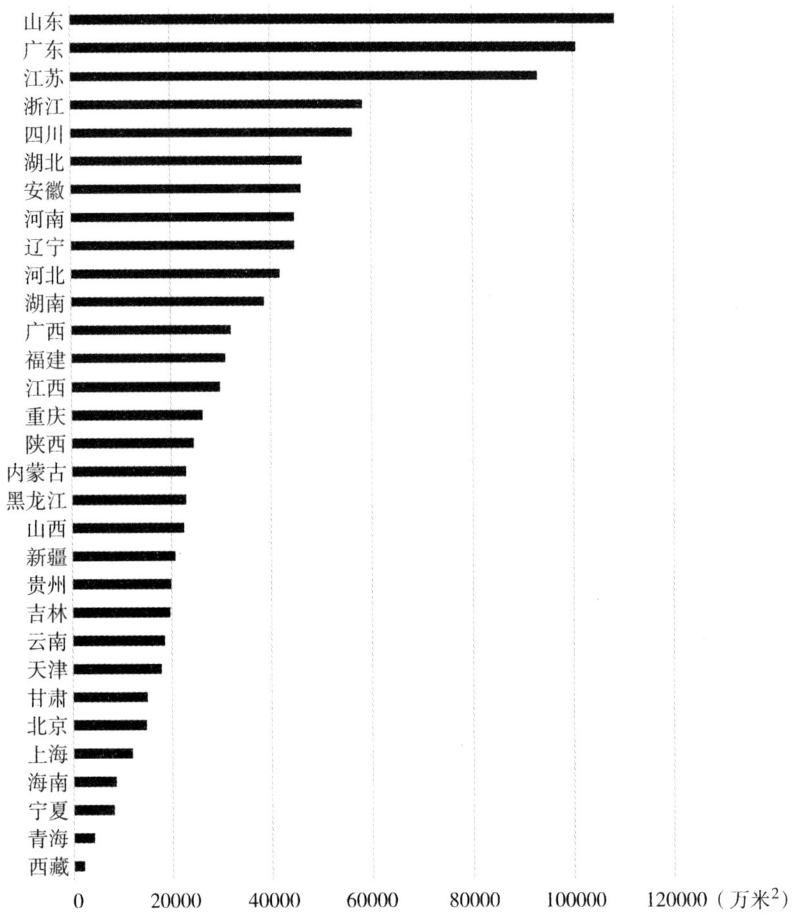

图 2-68　2021 年各地区城市道路面积

资料来源：《中国城市建设统计年鉴》（2021 年）。

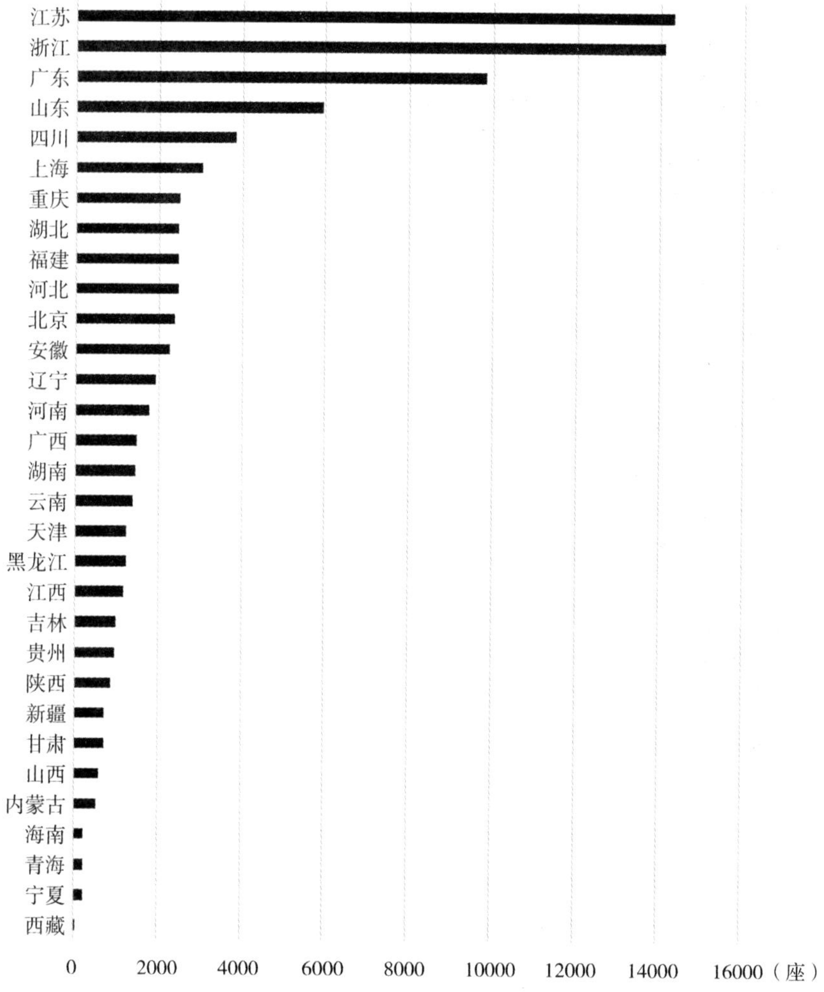

图 2-69　2021 年各地区城市桥梁数

资料来源：《中国城市建设统计年鉴》（2021 年）。

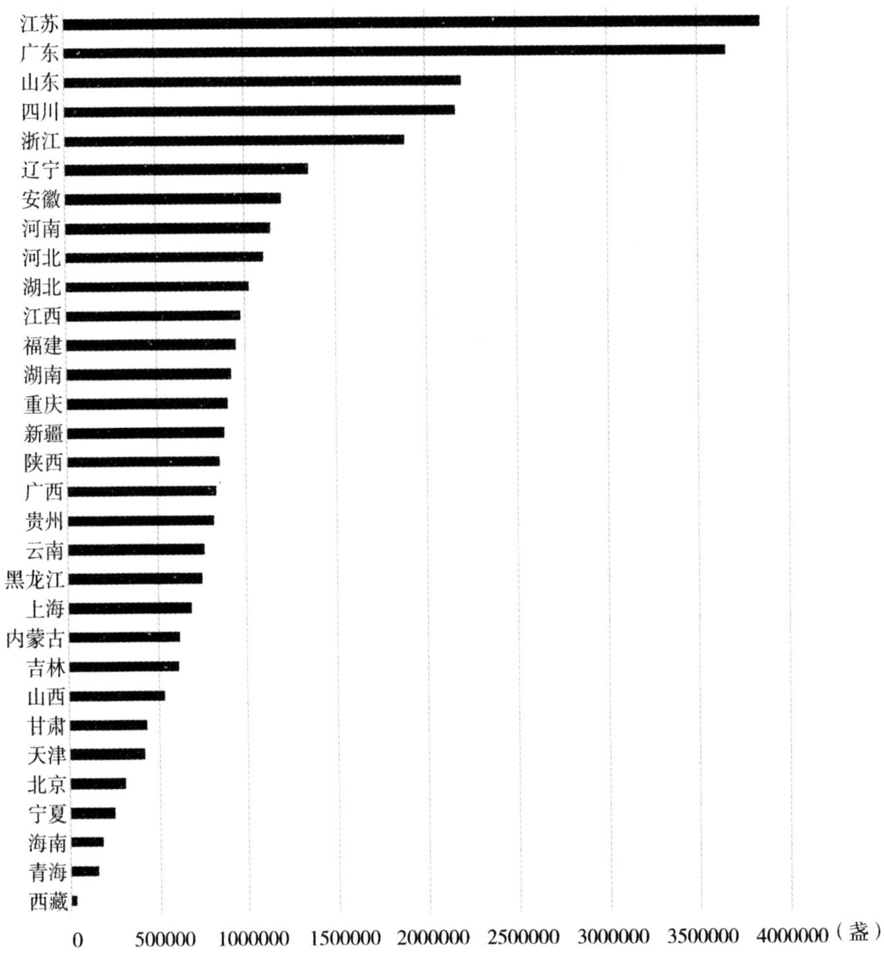

图 2-70　2021 年各地区城市道路照明灯盏数

资料来源：《中国城市建设统计年鉴》（2021 年）。

第三章　城市基础设施投融资的国际比较

他山之石，可以攻玉。本章从城市基础设施投融资的规模、体制、模式等方面总结了国际城市基础设施投融资的发展经验和教训，梳理了市场主导模式、政府主导模式、特许经营模式和社会市场经济模式等城市基础设施投融资模式的特征，为我国构建社会主义市场经济体制下的城市基础设施投融资制度提供参考。

第一节　城市基础设施投融资规模的国际比较

一、典型国家城市基础设施建设背景

（一）经济发展情况

2005~2021 年法国、德国、日本、英国、美国 5 个国家的 GDP 水平如图 3-1 和表 3-1 所示。相较于法国、德国、日本、英国这四个国家，美国的 GDP 水平遥遥领先且始终保持增长态势，GDP 总量增长了 102758.82 亿美元，增长了约 78.81%，是 5 个国家中增速最快的国家。日本的 GDP 整体水平略高于法国、德国和英国，2005~2021 年，日本 GDP 总量仅增长了 1740.70 亿美元，增幅为 3.60%。日本的 GDP 水平在 2012 年达到最高点，为

62723.63 亿美元，随后开始下滑，最终维持在 5 万亿美元左右。德国是法、德、英三个国家中 GDP 增长最快的国家，由 2005 年的 28468.64 亿美元增长到了 2021 年的 42599.35 亿美元，GDP 增长量为 14130.71 亿美元，增速高达 49.64%。法国和英国 2021 年的 GDP 总量分别为 29578.80 亿美元和 31224.80 亿美元，分别是 2005 年的 1.35 倍和 1.23 倍，总量分别增长了 7609.35 亿美元和 5776.67 亿美元。

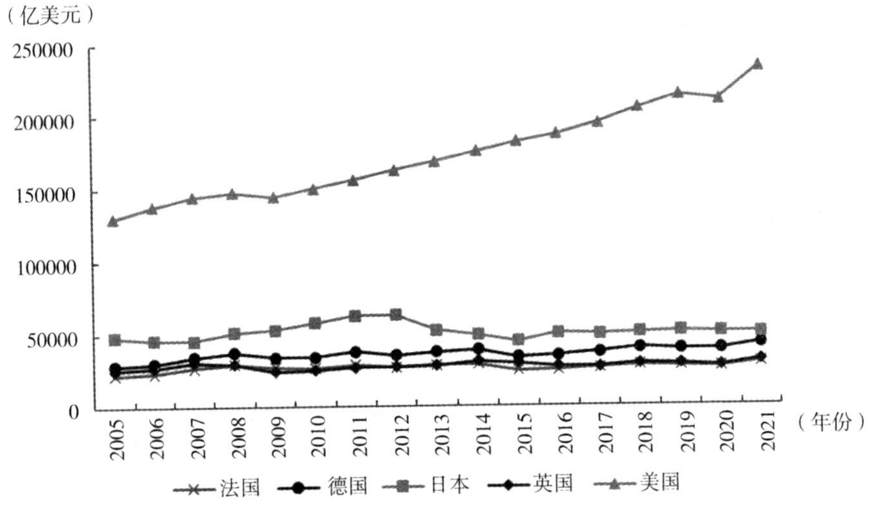

图 3-1　2005~2021 年部分 OECD 国家的 GDP

资料来源：世界银行。

表 3-1　2005~2021 年部分 OECD 国家的 GDP

单位：亿美元

年份	法国	德国	日本	英国	美国
2005	21969.45	28468.64	48314.67	25448.13	130391.99
2006	23205.36	29947.04	46016.63	27099.78	138155.87
2007	26605.91	34255.78	45797.50	30929.96	144742.27
2008	29303.04	37452.64	51066.79	29316.84	147698.58
2009	27008.87	34112.61	52894.94	24175.66	144780.65

续表

年份	法国	德国	日本	英国	美国
2010	26451. 88	33996. 68	57590. 72	24913. 97	150489. 64
2011	28651. 58	37493. 15	62331. 47	26664. 03	155997. 28
2012	26836. 72	35271. 43	62723. 63	27063. 41	162539. 72
2013	28118. 77	37338. 05	52123. 28	27863. 15	168431. 91
2014	28559. 64	38890. 93	48969. 94	30652. 23	175506. 80
2015	24391. 89	33575. 86	44449. 31	29348. 58	182060. 21
2016	24729. 64	34698. 53	50036. 78	26996. 60	186951. 11
2017	25951. 51	36908. 49	49308. 37	26834. 89	194773. 37
2018	27909. 57	39744. 43	50408. 81	28781. 52	205330. 57
2019	27288. 70	38882. 26	51179. 94	28570. 58	213809. 76
2020	26390. 09	38896. 69	50487. 90	27046. 09	210604. 74
2021	29578. 80	42599. 35	50055. 37	31224. 80	233150. 81

资料来源：世界银行。

（二）城市发展情况

如图 3-2 和表 3-2 所示，2005~2021 年法国、德国、日本、英国、美国 5 个国家的城镇化率均在 70%以上，其中，日本的城镇化率始终保持领先地位，德国的城镇化率最低，法国、英国、美国的城镇化率均保持匀速增长的趋势，并且英国的城镇化发展速度高于美国。

2005~2021 年，5 个国家的城镇化率均有所提高，法国的城镇化率由 2005 年的 77. 13%提高到了 2021 年的 81. 24%，德国的城镇化率由 75. 98%提高到了 77. 54%，日本的城镇化率由 85. 98%提高到了 91. 87%，英国的城镇化率由 79. 92%提高到了 84. 15%，美国的城镇化率则由 79. 93%提高到了 82. 87%。城镇化率的增长幅度从高到低依次为日本、英国、法国、美国和德国，分别增长了 5. 89%、4. 23%、4. 11%、2. 94%和 1. 56%。

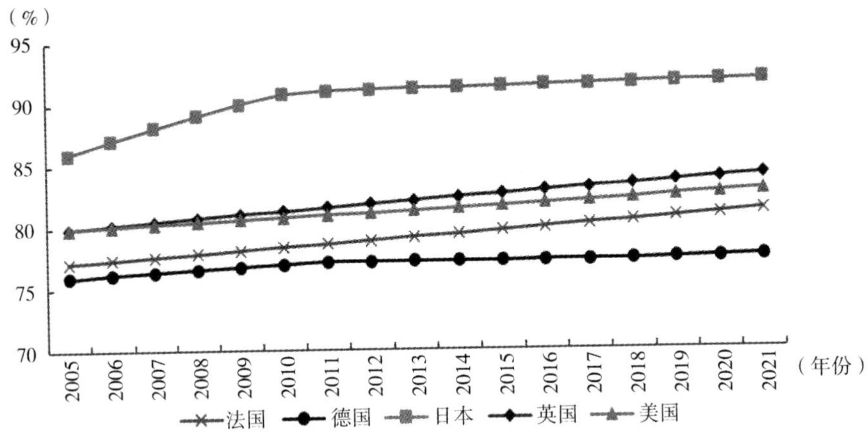

图 3-2 2005~2021 年部分 OECD 国家的城镇化率

资料来源：世界银行。

表 3-2 2005~2021 年部分 OECD 国家的城镇化率

年份	法国	德国	日本	英国	美国
2005	77.13	75.98	85.98	79.92	79.93
2006	77.38	76.18	87.12	80.20	80.10
2007	77.62	76.38	88.15	80.48	80.27
2008	77.87	76.58	89.10	80.76	80.44
2009	78.12	76.77	89.99	81.03	80.61
2010	78.37	76.97	90.81	81.30	80.77
2011	78.62	77.16	91.07	81.57	80.94
2012	78.88	77.17	91.15	81.84	81.12
2013	79.14	77.18	91.23	82.10	81.30
2014	79.39	77.19	91.30	82.37	81.48
2015	79.66	77.20	91.38	82.63	81.67
2016	79.92	77.22	91.46	82.89	81.86
2017	80.18	77.26	91.54	83.14	82.06
2018	80.44	77.31	91.62	83.40	82.26
2019	80.71	77.38	91.70	83.65	82.46

续表

年份	法国	德国	日本	英国	美国
2020	80.98	77.45	91.78	83.90	82.66
2021	81.24	77.54	91.87	84.15	82.87

资料来源：世界银行。

二、基础设施投融资情况

图 3-3 显示了 2005~2021 年以法国、德国、日本、英国、美国为例的政府投融资情况，运用了“政府支出占 GDP 的比重”这一指标进行衡量。其中，法国政府支出占 GDP 的比重均超过 50%，并且长期高于其他四个国家，表明在这 5 个国家中，法国政府在社会投资方面发挥的作用最大，是法国基础设施投融资领域的重要力量。

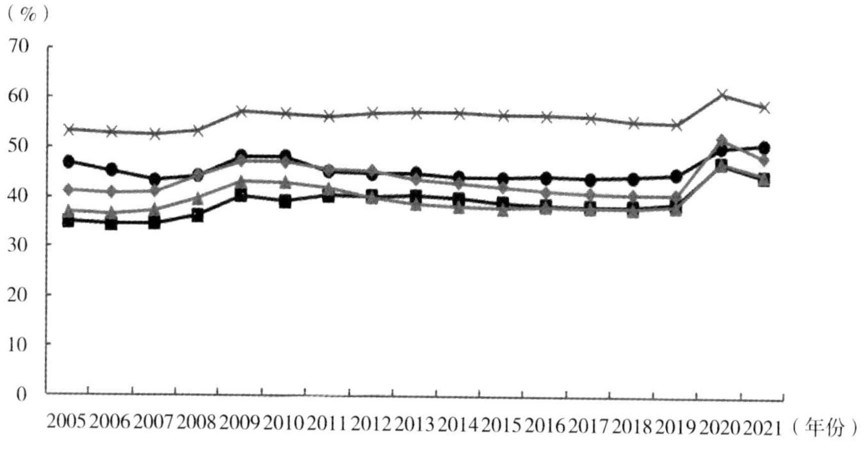

图 3-3　2005~2021 年部分 OECD 国家政府支出占 GDP 的比重

资料来源：OECD 数据库。

如表 3-3 所示，2005~2021 年，法国住房和社区设施支出占政府总支出的比重平均为 2.14%，在法、德、日、英、美 5 个国家中居于首位，即法国政府对基础设施的投资占比最高。英国、日本、美国的住房和社区设施支出占比分别为第二、三、四位，其平均值依次为 2.04%、1.84%和 1.67%。德国政府用于住房和社区设施的支出占政府总支出的比例平均为 1.20%，是 5 个国家中占比最低的国家，一定程度上说明德国政府对基础设施领域的投资较少。

表 3-3　2005~2021 年部分 OECD 国家住房和社区设施支出占政府总支出的比重

单位：%

年份	法国	德国	日本	英国	美国
2005	2.00	2.10	2.36	2.59	2.15
2006	2.14	2.01	2.29	2.79	1.59
2007	2.19	1.84	2.20	2.94	1.67
2008	2.28	1.63	2.03	2.68	1.68
2009	2.57	1.38	2.18	3.09	2.98
2010	2.47	1.21	2.00	2.61	2.23
2011	2.49	1.14	1.76	2.12	2.01
2012	2.32	1.02	1.58	1.72	1.68
2013	2.22	0.95	1.78	1.42	1.40
2014	2.10	0.90	1.85	1.41	1.38
2015	1.97	0.87	1.70	1.56	1.35
2016	1.91	0.84	1.73	1.44	1.34
2017	1.81	0.85	1.66	1.64	1.47
2018	1.86	0.90	1.66	1.65	1.32
2019	1.91	0.93	1.61	1.92	1.27
2020	1.94	0.95	1.47	1.46	1.10
2021	2.13	0.88	1.43	1.72	1.70

资料来源：OECD 数据库。

第二节　城市基础设施投融资体制的国际比较

一、典型国家城市基础设施投融资机构设置

（一）美国

1. 设立经济发展公司

随着20世纪70年代公私合营的城市基础设施建设模式的兴起，美国成立了以汇集资源、推进城市基础设施项目为目标的公私合作发展机构，分为半公有化公司和独立非营利性公司两类。半公有化公司是联邦、州和地方政府运用公共权力的特殊财务工具，而独立非营利性公司基于一般非营利公司法成立的机构，由公共部门和私人部门的代表共同组建董事会，以实现公共目的为主要任务。

经济发展公司是半公有化公司的典型机构，这类机构可以成为城市基础设施项目的发起人和执行人，在没有竞争性招标时承包建设城市基础设施项目。经济发展公司具有员工专业性强、机构运作灵活等特点，同时它具有单独的预算体系，相对独立于地方政府，并在当地政府的授权下获得一定的特权，如土地征收、税收减免等。此外，这类机构还可以提供城市基础设施项目融资、借贷、物业租赁等服务，为民营资本参与城市基础设施项目提供更多的资源和扶持。

2. 建设政府投融资机构

美国独创了适应美国投融资业务特点的政府投融资机构建设模式，如美国农业信贷机构等投融资机构均由政府出资建立，并通过立法收回这些机构的政府资本，逐步转化为民间合作性质的投融资机构。同时，美国独创了复合式银行机构。美国政府将全国划分成12个农业信贷区和住房信贷区，在信

贷区内设置合作社银行、土地银行、中期信贷银行、住房贷款银行等银行机构，建立了政府投资横向复式并列与纵向层次隶属相联系的立体结构，虽然一定程度上增加了综合管理的难度和复杂性，但该结构能够很好地适应各信贷区的发展情况，根据地区发展情况开展相应的业务，从而形成规模经济优势，保证银行机构的稳定运营。

3. 设置独立的城市基础设施项目监管机构

美国城市基础设施项目的监管机构包括联邦管制委员会和州管制委员会。联邦管制委员会主要负责跨州服务事业的监管，其组委会一般由 5~7 名中立的委员组成，委员会下设秘书处和听证会等组织。其中，秘书处承担了行政事务处理的工作，听证会负责收集反映消费者意见的工作，典型的联邦管制机构包括联邦能源管制委员会、联邦通信委员会等。州管制委员会主要负责本区域内服务事业的监管，具体组织形式与联邦管制机构相类似。这类机构拥有经营许可证核发的权力、价格管制的权力、企业组织内部规章核准的权力等。

（二）英国

1. 设立城市开发公司

1980 年，英国政府成立城市开发公司（Urban Development Corporation, UDC），该机构由中央政府拨款成立，属于半公有化的企业性质，资金来源于政府的财政拨款和转让土地的收益。城市开发公司拥有英国部分城市的土地及相应的规划许可权、区域管理权，负责推动这些地区的城市更新，挖掘土地的最大潜力，协调区域经济发展。由于机构半公有化和独立运作的性质，城市开发公司具有审批开发商规划申请的权力，并且地方政府无权干涉机构的经营活动。随着城市开发公司的建设和发展，中央政府与私人部门的联系不断加深，但地方政府和社区组织不在其合作关系之中。

2. 成立城市基础设施和项目管理局

英国城市基础设施和项目管理局是由隶属于财政部的基础设施局（IUK）和隶属于内阁的重大项目局（MPA）合并形成的机构，承担了大型城市基础设施项目的规划、审批、招投标、投融资、监督管理等工作。同时，该机构还负责对公私合营（如 PPP 项目和 PFI 项目）的城市基础设施项目实施监督，披露项目的数量、投资金额等汇总数据。此外，该机构还与许多国家就 PPP 项目规划、推动等方面展开了合作。

（三）日本

日本政府通过成立都市再生机构推动城市基础设施建设。随着日本都市再生政策的推进和城市更新的深化，公共部门和私人部门的利益矛盾持续激化，同时城市更新的资金筹集不足、效率低下等问题日益凸显，2004 年 7 月，日本政府成立了都市再生机构（Urban Renaissance，UR），是介于政府与民间部门之间的独立行政法人，目的是协调公私部门关系，推进城市更新和城市基础设施项目的实施。都市再生机构成立的资本总额高达 10006 亿日元，其中，中央政府认缴 9986 亿日元，地方政府认缴 20 亿日元。该机构的最高主管由政府任免，同时机构的预算也由政府分配，但其享有独立的人事权，采取市场化运作方式，自负盈亏。

都市再生机构主要承担了城市更新的规划及相关工作。机构通过获得土地所有权、土地的重新规划、协调民间资本等方式，获得了部分合署办公旧址区域的土地，作为都市再生的种子基地；同时通过改善城市基础设施和公共服务、规范民间资本参与城市更新的职责和权益等方式，带动周边地区参与城市更新，实现城市"连锁型"更新改造。

（四）法国

1. 成立审计法院

法国审计院承担着监控中央基础设施投资资金及其使用情况的工作，地方审计法院在授权情况下负责城市基础设施项目的审查，欧洲审计法院则承担了监控欧盟拨款和补助资金的使用情况。一旦发现问题，审计法院可以直接进行行政处罚，若问题较严重，则需要向检察官报告，由检察官判断是否需要向行政法院或刑事法院提起诉讼。

2. 成立行政法院

在城市基础设施领域，行政法院依法独立地对城市基础设施项目采购程序合法性进行监控。当参与城市基础设施项目招投标的利益相关方权益受到侵害时，可以向行政法院提起诉讼并寻求救济。当存在贪污受贿等腐败现象时，由行政法院依法提交刑事法院进行审判。

3. 设立财政稽查总署

法国财政稽查总署隶属于法国经济财政部，主要通过财政监察专员制度对各地区城市基础设施项目进行监督。财政监察专员受经济财政部部长直接领导，进驻到中央政府各个部门及全国所有大区，负责监督政府投资与财政支出。

财政监察专员的工作内容包括以下三个方面：一是核查支出是否依法合规；二是核查支出是否列入预算；三是核查项目的决策程序是否符合要求，是否存在不属于决策程序的环节。若在核查中发现问题，财政监察专员可以拒绝在检查报告上签字，并视情况冻结财政资金和账目。财政监察专员获得的检查报告需要以书面的形式提交给经济财政部部长，并由部长决定如何处理存在严重问题的项目及其责任人。此外，财政稽查总署需要每年向经济财政部报告工作情况，并将报告提交到议会。

（五）德国

德国政府设立了联邦交通、建设与城市发展部监管政府的投资项目，该机构能够代替政府行使业主的权责，对政府投资项目的全过程进行管理和监督，主要包括以下四个方面的内容：

第一，项目的考核与决策。机构需要确定项目投资考核的目标，包括经济、环保、政府和社会利益、技术等多方面目标。经济目标是最为重要的因素之一，项目的投资收益率较好，则该项目更容易被各方接受并顺利通过投资考核；反之，该项目很难通过投资考核。

第二，项目的论证与审批。该机构需要管理项目的论证和审批程序，这一过程有严格的要求和规范。其中，提交的项目申请报告应当包括三方面内容，即开工日期、竣工日期等项目的基本情况，项目投资金额、资金来源、资金到位时间等项目投融资情况，项目的经济效益、社会效益、技术含量等项目的必要程度和优势所在。

第三，项目的组织和实施。项目的组织和实施程序受到该机构的监管。德国法律规定，大中型城市基础设施项目需要采用无标底的方式进行公开招标，确定项目的施工建设单位，参与招投标的公司需要参考项目对外公布的参考价格等信息撰写投标书。

第四，项目的预算管理。该机构还负责监督项目预算和资金使用情况。项目设立后需要保证其资金供应，特别是投资期较长的项目，需要把每年度的投资金额纳入各级政府的财政年度预算中。如果项目的投资规模超过了预算，则需要由各级政府根据投资权限和归属进行追加投资。

二、典型国家城市基础设施投融资中的政府职能

（一）美国

在美国，政府可以分为联邦政府、州政府和地方政府三个层级，各级政府之间无行政隶属关系，都是自主治理单位。其中，联邦政府在进行城市基础设施投资时更侧重国防、外交等方面，州和地方政府则更倾向于投资本地区的治安、消防等公共服务领域。其中，州政府主要负责投资区域内的公路、由州政府管理的福利设施和文化设施等，市政府主要负责投资城市范围内的交通、消防、供水和污水处理设施等，县政府则负责投资县域内的学校和福利设施。美国政府在城市基础设施投融资方面主要发挥了三大作用。

1. 实施差异化的投融资管理措施

在非经营性城市基础设施领域，政府主要采取发行市政债券的方式进行融资，提供相关的城市基础设施服务。在经营性城市基础设施领域，政府不直接参与经营性项目和准经营性项目的投资，其主要承担了建立健全投融资法规、制定投融资优惠政策、完善投融资服务、提供城市基础设施投融资补贴等工作，进一步优化城市基础设施投融资的环境。

2. 创新城市基础设施投融资方式

为了充裕城市基础设施资金、弥补资金供需之间的缺口，美国各级政府积极创新城市基础设施投融资方式，如PPP模式等，同时运用新的政策工具鼓励和引导民营资本的参与，如在交通基础设施领域实施交通设施融资创新法案、私人活动债券、收费授权、特殊实验项目等。此外，美国政府制定和完善了相关法规政策，以推动新型城市基础设施投融资方式的运用。

3. 有限度的政府干预

美国政府对宏观经济采取有限度的管理措施，调节和影响经济发展，不直接运用行政手段干预企业的生产经营活动，而是通过完善法律法规、优化财政金融等间接调控手段引导企业进行投融资。例如，政府采取土地低收费制、简化登记手续等方式鼓励企业投融资活动，通过划设企业区、实行差异化税收制度等措施引导企业积极参与城市基础设施的投融资，并向小企业提供贷款担保，建立专业的企业救急制度，帮助企业有序推进城市基础设施的投融资活动。在此基础上，美国政府通过放松市场准入、实行自主定价等措施，优化城市基础设施投融资领域的市场环境，给予企业自主发展、公平竞争的空间，保证城市基础设施投融资市场有序运行。

（二）英国

英国是典型的中央集权型单一制国家，实施君主立宪制。英国政府可划分为中央联邦政府、省政府、大区政府和小区政府四个层级，各级政府长期坚持自治传统，实行立法与行政相结合的议政合一制度，由议会管理地方事务。

英国的财政管理制度明确了各级政府的权力和职责。中央联邦政府负责规划、管理那些涉及国家利益、影响范围广、外溢效应明显的项目，如外交、国家安全、全国范围的交通运输、能源安全、教育、卫生、社会保障、环境保护、科技研发等。其余各级地方政府主要提供与公众生活密切相关的公共服务和产品，包括市镇公路桥梁、居民卫生、垃圾处置、消防、文化等地方性公共事务的管理职责，拥有一定的自由裁量权，但仍需要服从中央意志，依据中央政府的规定和要求提供地方公共服务。

（三）日本

日本对各级政府机构的职能进行了严格的划分，实现中央政府对经济的全局控制，主要包括以下方面：

第一，中央政府承担了国家安全、外交、国家道路、国立医院、养老设施、气象、邮政、通信等国家事务，同时负责对市场进行宏观调控，以保障经济稳定发展。

第二，地方政府（又称地方公共团体）包括普通地方团体和特别地方团体，承担社会治安、消费、警察、土木振兴、卫生保健等事务。其中，普通地方团体分为两级，都（东京都）、道（北海道）、府、县为广义自治团体，管理范围更广，能够实现更大范围的服务共享，因此负责收入分配工作，以保障收入分配相对公平。基层政府（市、町、村）承担了资源配置工作，提供与人民生活密切相关的基本公共物品和服务，以满足人民基本生活诉求。

（四）法国

法国的经济体制是有计划调节的市场经济体制，市场与计划手段共同发挥作用调节资源配置。因此，法国政府在城市基础设施投融资领域采取直接投资与间接投资相结合的方式，一方面将国家财政预算直接投资给国有企业或地方企业，另一方面通过价格、税收等政策影响民营资本的投资行为，实现间接投资。

根据法国的财税体制，法国政府可以分为四个层级，包括中央政府、大区政府、省政府和市政府。法国采取分级管理制度规范政府投资，中央政府和地方政府有着明确的投资范围，中央政府承担全国性、跨区域、涉及国家利益的城市基础设施投资，地方政府承担区域性、与地方经济社会发展密切相关的城市基础设施投资。以道路建设为例，中央政府主要投资建设连接全国各大城市的道路、重要经济干线和国防公路，大区政府主要投资建设连接大区内各省城的道路，省政府主要投资建设连接省内各城市的道路，市政府主要投资建设城市内的道路。在自身的职权范围内，各级政府享有自主决定权和投资的支配权，涉及中央与地方共同利益的项目或毗邻地区的项目，可以经由协商后共同投资建设。此外，中央政府需要平衡各地区发展，当地区发展不平衡和结构性问题出现且地方政府财力拮据时，地方政府可以向中央政府申请财政补贴。

（五）德国

社会市场经济制度是德国长期坚持的经济体制，该经济模式在强调市场竞争的同时，也高度重视政府干预的作用。在市场自由竞争的作用下，民营资本往往倾向于向进入门槛低、高收益率、投资风险小的行业集中，而如交通运输等城市基础设施产业一般很难吸引到民营资本，需要政府参与投资。

德国政府可以分为联邦、州、市镇三个层级，各级政府拥有各自的投资范围：邮电、高速公路、国道等大型城市基础设施项目一般由联邦政府投资建设，各州的医疗、教育等公共服务由州政府投资，涉及社会福利方面的项目由市镇级政府投资。德国政府的投资方式包括直接投资和间接投资，直接投资方式主要用于城市基础设施项目的投资，间接投资主要是通过补助、津贴的方式支持企业进行投融资。为了促进德国经济社会进步、推动地区快速发展，德国政府在城市基础设施领域更多地采取直接投资的方式，由此形成了大量政府投资的城市基础设施项目。

三、典型国家城市基础设施投融资的制度变迁

（一）美国

在20世纪30年代发生经济大萧条之前，美国主要推行自由放任的经济政策，高度重视和强调自由竞争，坚持保护私有制，政府仅依靠法律手段来维护和保障市场运作。但随着经济周期性波动、经济结构不协调和社会不公平等矛盾日益凸显，美国政府为克服市场失灵，制定了与城市基础设施产业相关的法律法规，并陆续成立了联邦航空管理局、联邦海事委员会、联邦铁路局、联邦公路局、民航委员会、邮资委员会、联邦通信委员会等机构，对

具有自然垄断特征的城市基础设施产业进行管制。

美国城市基础设施长期由以家族或公司为单位的民营资本所垄断，同时政府对相关产业采取了一定的管制措施，因此不利于企业高效经营与产业竞争。自 1978 年起，美国政府对城市基础设施产业进行了一系列改革，鼓励、引导民营资本进入城市基础设施领域，逐步实现城市基础设施企业自主定价，促进行业实现最大限度的竞争，实现资源的有效配置。1978~1989 年，美国政府撤销了民用航空局，放松了对航空、铁路等运输业及天然气行业的管制，并取消了通信产业与有线电视行业的市场准入限制。目前，美国实现了交通运输、电信、航空、能源等领域的城市基础设施服务供给私人化。

在城市基础设施领域改革的过程中，美国始终坚持以市场为主，政府主要发挥其辅助作用，逐步放松对城市基础设施产业的管制，完全或部分取消对城市基础设施产业投资、价格、进入、服务等方面的限制。

（二）英国

20 世纪 40 年代末，英国为解决自然垄断城市基础设施产业的规模不经济与市场失灵问题，推动城市基础设施产业大规模国有化，形成国有企业，由政府直接垄断经营，以政府投资为主的财政支出大幅度提高。

城市基础设施产业的国有化导致了国有部门效率低下、政府财政负担加重等问题，因此，在 20 世纪 80 年代初，英国对部分城市基础设施产业进行了民营化改革，如电信业、铁路运输业、水电煤气行业。改革主要有以下三种方式：一是通过向公众发行股票的方式出售国有资产，对国有企业进行股份制改革；二是逐步放松政府管制，取消部分城市基础设施产业的进入管制和行政法规壁垒，鼓励新企业进入产业，打破国有企业对城市基础设施产业的垄断；三是通过合同承包、特许投标等方式，吸纳民营资本，由私人部门提供部分城市基础设施产品和服务。

至 1992 年，除铁路、公路和邮政等城市基础设施产业外，英国约有 2/3 的国有企业实现产权所有制的变更，成为民营企业，从而更好地发挥市场机制作用，提高城市基础设施运营效率，也极大地缓解了政府的财政压力。

（三）日本

“二战”后，日本政府考虑到基本国情和经济发展的需要，选择了政府主导型市场经济模式，即由政府干预和调节经济发展，通过产业政策引导产业结构转型升级，发展基础产业和支柱性产业，并配合相应的财政政策，实现国家发展目标，形成了“政、官、财一体化”模式。基于这种经济管理体制，日本城市基础设施领域基本由政府直接垄断经营，城市基础设施企业基本采取国有化的形式或受到政府控制，一定程度上导致了城市基础设施产业效率低下。

20 世纪 80 年代中期，日本从电话电报公司、日本航空公司、国有铁路等企业开始推动城市基础设施企业市场化改革。其方式与英国类似，即通过政府政策和法律的引导，变更城市基础设施企业的产权所有制，将国有企业民营化，以充分发挥市场的作用。主要方式包括以下两种：一是拆分国有的城市基础设施企业，如在 1987 年 4 月，日本国有铁道公社拆分成了 11 个单位，将其中 6 个客运公司和 1 个货运公司以股份制的形式实现民营化；二是出售国有城市基础设施企业中政府所持有的股份，通过招投标、认购、证券公司包销等方式转让国有股份，实现企业的所有权改革。

当然，日本政府在推动城市基础设施改革的同时，也制定了一系列法律法规，对城市基础设施领域的投融资、建设、经营等方面进行管制，如《电气事业法》《铁道事业法》《电气通信事业法》等。

（四）法国

作为一个长期采取计划手段管理经济发展的国家，法国拥有大量的国有企业，国有企业根据与政府签订的计划合同确定企业的经营发展目标和方向。截至 2001 年，多达半数以上的国有企业与政府签订了计划合同。

法国城市基础设施市场化改革并不是以实现民营化为目标，而是以优化特许经营制度背景下的公私合营方式为重点，在坚持以政府为主导的前提下，运用合理有效的行政手段、财政政策和产业政策，实现城市基础设施相关资源的有效配置，进一步促进市场开放、加强市场竞争、优化市场管理。例如，

1977 年法国特许经营协会为了明确特许经营企业和政府的权利和义务，颁布了《特许经营行为准则》，1998 年通过《萨班法》规范特许经营项目的招投标环节，并要求特许经营项目必须进行公开招标，等等。

（五）德国

德国的经济体制实质上是以国家调节为基础的市场经济体制，在最大限度地发挥市场作用调节经济活动的同时，保持政府对经济发展的适当干预，以克服“市场失灵”问题。

受到德国经济体制的影响，德国城市基础设施领域的公有化程度较高，因此在对城市基础设施领域进行市场化改革的过程中主要采取了三大措施。

1. 引入市场竞争

首先，德国政府通过公开招标的方法，将污水处理、绿化、建筑物维护、道路维护、公共交通维护等城市基础设施产业转交给市场主体，实现市场化经营。其次，德国政府进一步放开市场、加强市场竞争，促使城市基础设施企业提高运营效率、降低城市基础设施服务价格与使用成本。

2. 对城市基础设施产业实行管制

在推动城市基础设施产业市场化改革的同时，德国政府颁布了大量法律法规，对城市基础设施产业进行管制，确保市场公平竞争。在城市基础设施服务价格方面，德国政府对如能源、通信、邮政、交通、供水等具有高度垄断性的城市基础设施产业实行直接的价格管制。例如，德国将法兰克福、慕尼黑地区的自来水实施差别定价，以区分净水成本，保证供水的销售价格能够实现保本微利。

3. 限制私人部门进入部分城市基础设施产业

德国政府倡导在某些必须存在自然垄断的行业或环节实行政府公有制，由国有企业经营，限制民营资本进入这些城市基础设施产业。

四、典型国家城市基础设施投融资的运行机制

（一）美国

1. 发行市政债券

发行市政债券是美国地方政府筹集城市基础设施投资资金的重要渠道。市政债券是由地方政府及其代理机构发行的、用于筹措城市基础设施投资资金的有价证券。

（1）市政债券的发行主体。

市政债券的发行主体主要包括政府、政府代理机构及参与债券市场运营的相关机构，如债券托管人、债券承销商、债券法律顾问和债券评级机构等。

政府一般会通过制定规章政策的方式明确债券的发行权力与发行规模。政府机构发行市政债券一般有两种用途：一是为维持自身运营而筹措资金；二是本身没有需要经营的业务，但可以作为其他企业的融资渠道，为一个或多个工程项目提供资金。

（2）市政债券的分类。

根据城市基础设施项目有无固定收益的标准，美国市镇债券可以分为两大类：一类是以发行者的征税权力（主要是财产税）为偿债保障的普通义务债券或税收支持债券，适用于无固定收益的城市基础设施项目，是市政债券中最值得信任的形式；另一类是以城市基础设施有偿使用所产生的收益为偿债保障的收益债券，适用于有固定收益的城市基础设施项目，如机场、收费公路、港口等。

市政债券一般有公募和私募两种发行方式，而公募方式又包括竞标方式和协议方式。基于美国法律的规定，普通义务债券通常采用竞标方式发行，收益债券则可以采用多样的发行方式。

（3）市政债券的特点。

市政债券是以地方财政或城市基础设施项目的现金流为支撑而发行的债券，本质是借助地方政府的信用，解决债券的还款和担保问题。

市政债券收益率的最大影响因素是债券的基础信用评级。市政债券主要通过保险公司保险、信用担保机构提供金融担保的方式实现信用增级，美国约有50%的市政债券是通过这两种方式提高信用评级，同时商业银行也可以采取发行短期信用证的方式为市政债券担保。

市政债券可以享有利息收入免税的优惠，即对债券持有人获得的总收入中利息收入部分免征所得税。这不仅可以帮助地方政府以较低的利率进行融资，减少融资成本，还可以提高投资人对这种低利率债券的持有意愿。

2. 创新投融资方式

税收增量融资（Tax Increment Financing，TIF）是美国创新性的城市基础设施投融资方式。该模式利用了存量土地的增值收益，即政府通过投资城市更新和城市基础设施建设改善城市发展环境，从而提高地区房地产的价值、吸引更多的民营资本，最终实现税收的增加，反哺初始的公共投资。TIF实现了“政府—社会—市场”的良性循环，是促进城市更新、城市基础设施发展的有效手段。

不动产投资信托基金（Real Estate Investment Trust，REIT）也是起源于美国的新型融资方式，是资产证券化ABS的演化。资产证券化即将具有稳定现金流的资产汇集形成资产池出售给SPV后，将资产池分割为资产支持证券，投资者基于证券的信用评级和自身的风险偏好进行选择和购买，以获得稳定的利息收入。当资产池中的资产为不动产时，由此形成的资产支持证券被称为REITs。美国拥有世界上规模最大、运作最成熟的REITs市场，其中基础设施类REITs的市值已超过2500亿美元。

3. 灵活的宏观调控

美国政府运用灵活的宏观调控手段，实现财政政策与货币政策的有力配合，进而调节消费和投资的有效需求，影响城市基础设施的投融资活动。

一方面，美国政府通过财政政策对投融资活动进行宏观调控，主要方式是变动税率实现对税收的调节，影响企业的投融资行为和政府对城市基础设施的采购量，从而增加或减少社会城市基础设施的投融资总量。另一方面，美国政府对银行贷款利率、法定准备金率、贴现率等进行调整，利用货币政策调节全社会的货币量，从而影响城市基础设施的投融资总量。

美国主要采用相机抉择的财政政策和货币政策，在经济周期的高涨阶段，美国政府会通过减少采购、提高税收和贴现率等方式抑制投资，以防经济过热；在经济周期的危机阶段，美国政府会通过增加采购、降低税收和贴现率等方式刺激投融资，促进经济回暖。

（二）英国

1. 成立城市发展基金

英国政府为改善城市环境、优化城市基础设施，成立了英国城市发展基金。该基金的目的是对旧城区基础设施的更新改造工程进行资助，并优化旧城区的投资环境。城市发展基金的资金全部来源于财政拨款，发放方式包括无偿资助、利润分成和低息贷款。无偿资助方式适用于部分城市更新必不可少的非营利性项目。利润分成和低息贷款方式适用于具有稳定现金流的营利性项目。其中，利润分成是由城市发展基金提供一定的资本金，并按出资比例分享项目利润；低息贷款是由城市发展基金提供低于同期银行贷款利率的贷款，以支持项目建设。

城市发展基金由环境部管理，运作流程包括两个环节：一是由基金申请者采取投标的方式申请资助；二是由地方政府向环境部提交投资计划，并由评估小组对投资计划进行审议。评估小组须充分考虑投资项目的可行性、投资计划对城市更新的贡献、民营资本拟投资金额等多方面内容，确定中标的投资计划。

城市发展基金是对民营资本的补贴，能够弥补实际投资收益与预期平均投资收益之间的差距，从而刺激民营资本投资的积极性。该基金能够加强政府与民营资本的合作，选择更具经济效益和社会效益的城市更新项目，从而实现城市的更新和发展。

2. 采取竞争方式分配资本

为推动城市更新和城市基础设施建设，英国政府创新了资本分配方式，即竞争性资本分配方式。这种方式能够加强地方政府和社区在城市更新方面的权力，提高城市更新的社会参与度。

“城市挑战”计划是竞争性资本分配方式的典型案例。1991 年，英国中央政府宣布成立“城市挑战”计划，即由地方政府、社区、民营资本等组织合作组建地方伙伴团体并开展竞争，在竞争中获胜的团体可以获得一定的资金支持。这种方式推动了中央权力的下放，由地方政府和社区对本地区城市更新规划进行决策，使社区成为城市更新决策的重要一环，加强社区组织和公共部门、私人部门的合作。

3. 实施 PFI 投融资方式

20 世纪 90 年代以来，英国政府在城市基础设施投融资领域积极推广私人融资优先权（Private Finance Initiative，PFI）方式，进一步拓宽融资渠道。PFI 方式是公共私营合作制的一种，政府是城市基础设施的购买者，私人部门是提供者，由政府与私人部门签署长期合同，私人部门必须按照政府要求提供城市基础设施的设计、投融资、建设、运营等服务，并接受政府对全过程的监督。私人部门成为项目的发起人并组建专门的项目公司，由项目公司与建设承包商、保险公司建立合同关系并承担项目的建设工作，当项目建成后，私人部门以特许经营的方式运营城市基础设施项目。对于成本高、收益低、无法实现盈利的项目，政府则按绩效向私人部门付费，对项目公司提供的公共服务进行效果评估，并根据评估结果向项目公司支付现金作为项目回报，项目公司则按照受偿顺序进行还本付息与分红。

与政府主导建设和运营城市基础设施项目相比，PFI 模式的特点在于以下三个方面：一是政府的角色定位发生变化，由城市基础设施的提供者向项目参与者转变；二是城市基础设施项目的建设风险和运营风险向私人部门转移，实现了风险分担；三是城市基础设施项目的投资资金由项目公司通过银行贷款或发债等方式解决，政府无需为城市基础设施项目投入大量的财政资金。PFI 模式将政府短期资本支出转换为未来长期开支，有助于财政现金流的分配和调动，降低政府的负债规模，同时也充分调动了私人资本参与城市基础设施项目的积极性，促进项目按期按预算完工。目前，PFI 方式已被广泛应用于英国城市交通、垃圾处理等二十多个领域，是英国城市基础设施投融资领域中的一种重要方式。

（三）日本

“财政投融资”制度是日本城市基础设施投融资领域重要的制度之一。“财政投融资”制度是为了使国家能够更好地集中资金，将资金长期投入城市基础设施产业与骨干产业当中。该制度提供的资金为有偿使用，资金的使用者必须还本付息，其利率低于银行贷款的利率。该制度是日本通过计划手段干预市场经济的重要方式；同时，政府可以决定财政投资的方向，充分考虑城市基础设施项目的收益性和公共性，实现城市基础设施快速发展。

2000 年以来，日本对“财政投融资”制度进行了一系列改革，主要包括以下四个方面：

（1）依据市场规则，发行财政投融资机构债券，并接受市场监督。财政投融资机构应当自行筹集资金、发行城市基础设施建设投融资机构债券，重要的投融资机构及超长期投资项目可以将国家信用作为担保发行政府保证债券，实现在资本市场上筹集资金，再贷款给资金使用者。对于缺失政府担保或债券发行困难的投融资机构，可以在严格审查后限定债券的发行额度。

（2）依据市场规则，废除利率优惠政策。取消为保护资金预先委托者利益而实行的利率优惠政策，依据市场利率进行筹资。贷款利率以国债利率为基准，每 10 年进行利率的重新核定。

（3）由国会监督城市基础设施投融资计划。财政投融资计划需要根据投资、融资和担保的分类制定，兼具概括性和统一性，由国会监督，同时城市基础设施投融资的规模和额度需要由国会讨论批准。

（4）实施财政投融资计划披露制度。运用政策成本分析法定量把握投资对象的政策成本，并公开特殊法人的政策成本和投资计划，以改善特殊法人的财务状况和项目投融资经验。

以日本地铁建设为例，日本地铁建设和经营的主体主要包括政府、私营企业、政府与企业合作成立的第三部门、政府设立的特殊法人四种，项目可以分为公营项目和私营项目两类。公营项目的资金来源主要是经营主体的自有资金、发行债券收入、政府补助、财政投融资资金和日本开发银行投资等。私营项目的资金来源主要是经营主体的自有资金、银行贷款、发行债券收入、政府补助、针对特定项目的低息贷款和使用者付费等。

（四）法国

1. 制定国家投资计划

“二战”后，法国政府开始推行国民经济计划，以加强政府对经济活动的控制。国家投资计划经历了由强制性计划向指导性计划的转变，在战后恢复期制定的计划及个别调整期的计划规定了资源分配的指标，具有一定的强制性，但随着经济社会的发展，政策性内容成为国家投资计划的重点。

国家投资计划的编制由法国计划总署负责，主要有三个阶段：一是根据对现实情况的分析和对未来的预测，制定计划的一般目标；二是广泛征求政府和社会意见，完善和协调计划各部分的内容；三是总结计划的最终方案，再次向政府和社会征求意见，最后提交国会批准。

国家投资计划不是战略计划，而是一种需要践行的实施计划，与政府的财政预算方案和投融资方案密切相关。中央政府的投资计划是政府年度预算的重要组成部分，包含了政府各部门的投资分配数、中央政府直接投资的大型城市基础设施项目表和向地方政府提供的投资补助等内容。地方政府的投资计划则是为了解决本地区各项目投资分配的问题。

2. 投资和管理国有企业

国家财政投资、社会筹资、企业自有资金是法国国有企业基础设施投资资金的主要来源。近年来，公路、电信、电力等自然垄断产业的国有企业发展迅速，经济效益不断提高，已基本具备自我发展的能力，但是政府仍然是企业的所有者，需要为它们提供贷款担保，若这些自然垄断性国有企业产生了亏损，需要政府承担一定的债务责任，因此，这些企业仍然需要政府投资的支持。

法国政府对国有企业的投资需要经过以下四个部门的审批和管理：一是成立于“二战”后的社会经济发展基金会，主要负责为国有企业提供资助，并指导国有企业的投融资活动；二是部际领导委员会，该机构由财政部部长牵头组成，主要负责指导和批准国有企业的投融资行为，下设临时的专业委员会，涉及通信、交通运输、能源等部门；三是成立于 1916 年的国家计划署，主要承担了项目的投资管理工作，为地方政府和国有企业的大规模投资项目进行可行性评价和项目审查，并协调各部门在投资方面产生的分歧；四是行业主管部门，是由国家任命的董事长组成的企业董事会，主要负责行业具体任务的执行。

（五）德国

在城市基础设施领域，德国政府拥有较为完备的项目监督管理制度，对政府投资的项目进行管理，主要包括了三个方面。

1. 专业化的项目管理单位

德国拥有大量专业性较强的项目管理公司，以及集项目设计咨询、监督管理为一体的综合性项目管理公司，政府投资项目必须由专业的项目管理单位负责管理。

2. 市场化的项目运作方式

在城市基础设施领域，德国政府一般不直接参与项目的管理，而是通过招投标方式，由市场选择合适的项目中介管理公司全权代理项目管理，并根据市场原则实施监管。德国重大城市基础设施项目必须采用公开招标的方式，并由专业部门负责招投标业务的管理和项目报价的评定。

3. 严格的设计审核制度

德国的项目设计审核由独立的第三方负责，审核内容主要包括方案设计、初步设计、技术设计、审批设计和施工图设计五个方面。此外，德国政府还建立了审核工程师制度，由审核局组织审核工程师对项目的设计，并采取谁设计谁负责的项目质量管理方式。

第三节　城市基础设施投融资模式的国际比较

一、市场主导模式

市场主导的城市基础设施投融资模式是以市场竞争的方式决定城市基础设施的供给，城市基础设施行业的企业主要是私有制企业，政府一般不会或者极少会通过设立国有企业的方式直接参与城市基础设施项目，主要运用法律、税收、补贴等工具间接调控城市基础设施市场，引导城市基础设施领域发展。

美国是市场主导型城市基础设施投融资模式的代表。作为典型的自由主义市场经济国家，美国长期坚持自由主义传统，高度重视市场力量和自由竞争在配置资源、促进经济发展等方面的作用，政府很少介入国民经济的发展过程，影响经济的行为和作用较弱。美国的市场经济体制以私有制为基础，市场经济的活动主体是私营企业，政府一般不会直接拥有企业并参与企业经营，其作用主要是利用财政政策和货币政策等间接调控手段对国民经济进行有限制的宏观调控，达到维护市场自由竞争的目的，计划等直接调控手段是美国政府在干预经济过程中几乎不会采用的方式。美国的自由市场经济体制决定了民营企业是美国城市基础设施领域的运作主体，形成了以市场为主导的城市基础设施投融资模式，在城市基础设施投融资主体、投资方式、融资方式等方面具有四大典型特征。

（一）私人部门是城市基础设施投融资主体

美国拥有较为完善的市场体系和高度发达的金融市场，孕育出了实力雄厚的民间资本。因此，在城市基础设施领域，美国民间资本参与范围非常广泛，参与程度也很高，美国城市基础设施的投资、建设、经营和服务很大程度上都来自于民间资本。美国政府仅参与部分民营资本无法或无力涉足的城市基础设施领域，如国防建设、基础教育、科学研究等全国性城市基础设施项目，而如铁路、供水、电信等具有盈利能力的城市基础设施项目往往以市场竞争的方式提供，政府对这些城市基础设施行业的管制也较少。

（二）州和地方政府是政府城市基础设施投融资的主角

州和地方政府的投资是美国政府城市基础设施投资中的主要部分，从表3-4中可以看出，2005~2017年，美国联邦政府在交通和水利基础设施方面的投资占比仅为25%左右，州和地方政府的投资占比高达75%左右。

表3-4　2005~2017年美国政府交通和水利基础设施投资情况

（10亿美元，2017年价）

年份	总额（10亿美元）	联邦政府		州和地方政府	
		总额（10亿美元）	比例（%）	总额（10亿美元）	比例（%）
2005	456.265	111.936	24.53	344.329	75.47
2006	453.452	108.469	23.92	344.983	76.08
2007	450.380	101.094	22.45	349.286	77.55
2008	448.900	99.189	22.10	349.711	77.90
2009	464.416	103.639	22.32	360.777	77.68
2010	465.091	116.922	25.14	348.170	74.86
2011	447.279	111.880	25.01	335.399	74.99
2012	437.705	106.812	24.40	330.894	75.60
2013	427.708	100.735	23.55	326.973	76.45
2014	433.085	99.769	23.04	333.315	76.96
2015	447.065	97.428	21.79	349.636	78.21
2016	448.309	98.959	22.07	349.350	77.93
2017	440.503	98.393	22.34	342.110	77.66

资料来源：Congressional Budget Office。

美国联邦政府城市基础设施的投资情况如表3-5所示。可以看出，美国联邦政府对公路基础设施的投资占比最高，长期保持在45%~50%，对轨道交通的投资呈逐年上升趋势，到2017年已达到17.30%，而对航空的投资则基本保持在16%~19%，对水资源的投资大体上保持在10%左右，对水路运输、供水和污水处理设施的投资占比最低。

表3-5　2005~2017年美国联邦政府城市基础设施投资情况

单位：%

年份	公路	轨道交通	航空	水路运输	水资源	供水和污水处理设施
2005	49.41	13.59	18.73	3.55	9.41	5.31
2006	49.59	13.38	18.67	3.56	9.51	5.30
2007	48.67	13.80	18.52	4.12	9.46	5.44
2008	48.17	14.09	18.67	4.22	9.63	5.22
2009	47.37	15.17	18.45	4.20	10.18	4.63
2010	45.51	15.80	16.45	3.83	12.03	6.37
2011	47.08	14.68	16.35	4.11	11.73	6.05
2012	46.72	15.27	16.91	4.30	10.82	5.98
2013	47.56	15.14	17.22	4.41	10.26	5.42
2014	47.85	16.02	16.76	4.45	10.28	4.64
2015	46.65	15.68	17.42	4.75	10.54	4.96
2016	47.35	16.95	16.99	4.24	10.02	4.45
2017	46.59	17.30	17.05	4.52	10.24	4.30

资料来源：Congressional Budget Office。

美国州和地方政府城市基础设施的投资情况如表3-6所示。可以看出，公路、供水和污水处理设施是州和地方政府的主要投资对象。其中，州和地方政府对公路基础设施的投资总体上呈逐年下降趋势，由2005年的41.78%下降到了2017年的38.31%，对供水和污水处理设施和轨道交通的投资较为稳定，分别保持在30%~35%之间和13%~18%。州和地方政府对航空和水资源的投资均基本保持在6%左右，对水路运输的投资占比最低。

表 3-6 2005~2017 年美国州和地方政府城市基础设施投资情况

单位:%

年份	公路	轨道交通	航空	水路运输	水资源	供水和污水处理设施
2005	41.78	14.55	6.33	1.62	4.91	30.81
2006	41.88	14.16	5.93	1.69	5.12	31.24
2007	40.85	13.53	6.01	1.73	5.48	32.40
2008	40.08	14.04	6.11	1.74	5.41	32.62
2009	37.63	15.09	6.29	1.77	5.19	34.03
2010	37.05	15.02	6.67	1.76	5.00	34.50
2011	36.46	15.28	6.42	1.73	5.27	34.84
2012	37.09	15.84	6.08	1.71	5.99	33.29
2013	36.61	16.76	5.79	1.77	5.73	33.35
2014	36.69	17.19	5.78	1.90	5.40	33.04
2015	38.05	16.99	5.85	1.73	5.34	32.06
2016	38.40	16.84	5.71	1.70	5.36	32.00
2017	38.31	16.83	5.94	1.68	5.44	31.80

资料来源：Congressional Budget Office。

（三）间接投资是政府参与城市基础设施投资的主要方式

美国政府的投资方式包括直接投资、财政补助、税收抵免等。在城市基础设施领域，美国政府主要采取间接投资的方式，通过扶持和资助私有企业进行垄断经营，或给予民营资本一定的政府补贴等，即使在以政府投资为主导的城市基础设施领域，也主要采取政府购买方式参与投资，很少会直接投资建设国有企业，因而美国的国有企业比重极小。

（四）融资方式多元化

在城市基础设施领域，美国的融资方式主要包括政府融资、企业融资和项目融资三种方式。

1. 政府融资

美国政府的城市基础设施投资资金主要来源于财政收入、储蓄吸纳的资金、社保基金、公债收入等，作为美国城市基础设施的重要投资者之一，美国州政府和地方政府的投资资金包括了上级政府的转移支付、税收、市政债券、城市基础设施相关企业的收入等。其中，发行市政债券是政府筹集资金的重要渠道，由美国州政府、地方政府及政府代理机构发行，用于筹集交通、供水、供气、污水处理等市政公用设施项目的资金。根据不同的担保来源，市政债券可以分为以下三类：一是政府担保债券，包括一般责任债券和特种税收债券，前者将政府的征税权利作为担保，后者将政府某种特定的收入作为担保；二是收益债券，主要是将城市基础设施项目的未来收入作为偿还债务的方式，政府不需要承担还本付息的责任；三是统一债券，是兼具政府担保债券和收益债券部分特征的一种混合型债券，同时又具有独特的结构，这种债券由商业保险公司或银行作为担保机构，当债券发行人无法按照合同约定支付债券的本金和利息时，将由担保机构代为支付。

2. 企业融资

城市基础设施行业中的企业在融资方式上与其他行业的企业一致，美国高度发达的金融市场孕育了发展良好的股票市场、市政债券市场、企业债券市场和国债市场，能够为企业提供多元化的融资方式。城市基础设施企业可以通过在股票市场发行股票、在债券市场发行债券和银行贷款等方式，筹集企业经营发展所需要的资金。

3. 项目融资

随着经济的发展和城市基础设施服务需求的增加，美国财政负担逐渐加重，传统的使用者付费融资方式和负债融资方式已经无法弥补城市基础设施项目的资金缺口。因此，美国政府采用了一种新型的融资模式——PPP 融资模式，鼓励民营资本参与城市基础设施项目的投融资、设计、建设、运营和服务。随着 PPP 模式在美国的推广，目前已被广泛运用于多种城市基础设施领域，如公路、桥梁、水利、管道、学校、国防设施等。同时，PPP 模式的运用区域也不断扩展，已有过半数的州政府正在推进 PPP 法律法规的建设与完善。

二、政府主导模式

政府主导的城市基础设施投融资模式高度重视政府在城市基础设施领域的作用，政府会运用多种手段干预城市基础设施的建设和经营。即使在城市基础设施产业引入民营资本的过程中，政府也始终发挥着主导作用，对私有企业进行一定的管制，以达到政府的目的。英国和日本是政府主导模式的代表国家。

（一）英国

英国政府主导型投融资制度突出了政府与民营资本的良性合作，在引入市场化机制的同时，强调政府宏观调控的关键作用，从而实现城市基础设施服务的高质量、高效率，满足公众的多元化城市基础设施服务需求，在投融资主体、方式和管理等方面形成了四大特点。

1. 城市基础设施投融资以政府为主导，辅以私人投资

英国现行的公共管理模式中，中央政府授权地方政府作为公共服务决策的代理者，在所辖范围内贯彻执行中央政府的公共政策。在城市基础设施领域，中央政府负责对城市基础设施项目的投资做出决策，地方政府成为城市基础设施投融资的主体，负责实际操作城市基础设施项目的投资。同时，英国积极引入民营资本参与城市基础设施投资，20 世纪 90 年代起，英国政府逐步将公共服务的部分权力转移到民间，形成了私人融资活动 PFI 模式（Private Finance Initiative，PFI），目前 PFI 模式几乎涵盖了所有城市基础设施部门。

2. 严格控制地方政府的资本性投资

中央政府、省政府、大区政府和小区政府构成了英国的行政体系，在财政体制中，英国建立了地方政府资本性开支控制体系，对地方政府以借贷方式进行资本性投资的行为进行控制。在城市基础设施项目融资过程中，省政府受到资本性开支控制体系的约束，省政府的借贷行为必须由中央政府批准。同时，省政府控制了下级政府的借贷行为，由于大区政府和小区政府不具有

独立性，其借贷总量、类型和偿债能力均由省政府决策。因此，在地方城市基础设施投融资时，往往以省级政府为主导，大区政府和小区政府仅能投资一些小项目。

3. 推行 PFI 等新型城市基础设施投融资模式

英国是首个推行 PFI 融资模式的国家，拥有相对规范的项目运作体系，吸引了许多民营资本积极参与城市基础设施的项目当中。世界上第一个 PFI 项目就是 1986 年 3 月的伦敦泰晤士河的 Dart Ford 大桥项目，自此 PFI 模式在英国其他城市广泛推行。在推进 PFI 的过程中，英国政府制定了一系列优惠政策吸引民营资本，并围绕政策制定、资金支持和项目监督管理这三个方面建立了完整的 PFI 项目管理体系，确保 PFI 投融资模式的有效性。

表 3-7 展示了部分年份英国 PFI 项目数量。1996 年前，英国城市基础设施发展不足，无法满足群众的需求，因此，为缓和城市基础设施公益性和私人资本逐利性之间的矛盾，在城市基础设施领域充分运用私人资本的资金、技术和运营能力等，英国政府小范围地推行了 PFI 模式。自 1997 年英国工党执政后，英国政府认为 PFI 模式能够很好地缓解政府城市基础设施建设压力，实现城市基础设施领域的公私合作，从而开始大规模地推广 PFI 模式，并逐步完善了 PFI 相关的法律，建立专门的政府机构负责 PFI 项目推进，地方政府也积极与私人资本合作成立项目公司推进城市基础设施建设，PFI 模式得到高速发展。但 2008 年全球性金融危机爆发后，英国许多 PFI 项目面临资金链断裂、私人资本退出等问题，导致项目推进过程停滞不前。由于私人资本把控了城市基础设施项目的建设进度，政府的参与程度不足，在面临危机时政府为维持 PFI 项目的建设和运行，需要投入更多的资金，财政压力空前加大。因此，为了提高政府的参与度、提高政府对私人资本的监督能力，在 2012 年，英国政府在 PFI 的基础上提出了 PF2 模式，提高城市基础设施项目中政府的股东占比，减少部分无用融资，同时优化项目的采购招标流程，缩短项目周期，此外，凡是项目中不涉及商业机密的信息均要求透明公开，以便于政府监督。

表 3-7　2000~2018 年英国 PFI 项目数量

年份	项目签署数量（个）	项目资金价值（百万英镑）
2000	58	3017.36
2001	44	1553.30
2002	49	2258.31
2003	49	4213.29
2004	67	4167.57
2005	48	3000.28
2006	56	7229.14
2007	58	5292.02
2008	32	4508.00
2009	34	3373.30
2010	36	2713.59
2011	21	1740.98
2012	17	1479.86
2013	8	724.57
2014	6	939.44
2015	5	661.66
2016	1	123.51
2017	0	0
2018	1	33.38

资料来源：英国基础设施和项目管理局。

4. 政府积极管理城市基础设施投融资

英国沿袭了中央集权制，中央政府对城市基础设施投融资的决策具有主导作用，2001 年还成立了由首相办公室直属的公共服务送达专职，负责管理各公共服务部门，对其提供公共服务进行有效的指导。同时，英国政府采用“金边股”的形式控制民营化的城市基础设施企业，即由政府持有部分特殊股份，对企业的重大决策具有特别否决权。此外，在公私合营的过程中，政府始终对城市基础设施项目的方案、资金、监督等各方面进行严格的管理。

（二）日本

“二战”以后，日本面临着城市基础设施需求量大与政府财政资金有限的矛盾，因此日本政府十分注重民营资本对城市基础设施建设和发展的作用，建立了完善的投融资制度。同时，日本政府重视经济发展的长期性，坚持以政府的行政手段和投融资行为促进产业结构调整、引导民营资本的流向，进一步调动私人投资的积极性，开拓民间资本市场，实现资源的合理配置。日本的政府主导型投融资模式具有四大典型特征。

1. 建立独特的财政投融资制度

1953年，日本政府创立了独特的财政投融资制度，即政府通过公共金融机构支持城市基础设施建设，根据有效利用有偿使用资金的原则，为公共服务和需要扶持的产业筹措资金，实现直接投资。日本的城市基础设施投融资资金主要来源于储蓄、保险、国民年金、厚生年金等，这些资金通过日本开发银行、道路公团、电信电话公社等机构转化为城市基础设施建设的长期资金，在城市基础设施建设和重点产业发展的过程中，可以以较低的利率有偿使用这些资金，从而实现政府的经济计划。

2. 实行城市基础设施建设投资分担制

日本城市基础设施项目的投资主体包括政府、官方代理机构、企业、受益人等，政府采取“分担制”的方式，根据收益程度将城市基础设施的投资资金在各投资主体之间按比例进行分摊，以缓解城市基础设施投资的资金压力。

3. 运用多样化的融资方式

日本城市基础设施项目的资金除了财政支持外，还来源于以下多个渠道：一是电信业“加入者债券”，依据日本电话债法规定，电话用户必须认购一定数额的债券；二是市政债券，是由各级政府和特殊团体发行的、用于城市基础设施建设筹资的债券，分为普通债和公共企业债两类，普通债的发行者是地方各级政府，公共企业债的发行者是特殊的国营法人，如道路公司等，公共企业债一般由中央政府进行担保；三是财投机构债券，由特殊法人在金融市场个别发行的、无政府担保的公开募集债券；四是长期金融债券筹资，发行者一般是政府性金融机构。此外，日本政府自 1997 年起开始广泛运用 PFI 模式等新型城市基础设施项目融资方式，以吸引更多的民营资本参与城市基础设施建设。

4. 坚持政府在城市基础设施领域的主导地位

日本政府长期在城市基础设施领域居于主导地位。一方面，日本中央政府利用独特的财政投融资制度干预市场经济，通过财政资金和政府性金融机构引导和扶持城市基础设施产业发展。另一方面，日本政府在城市基础设施领域实施了许多优惠政策，如提供长期的低息贷款、降低城市基础设施企业的税率、提供债券担保等，还设立了“民间资本主导型公共项目开发研究会”，从事引入民间资本开发城市基础设施项目的研究工作。

三、特许经营模式

特许经营模式即政府与私人机构共同合作的模式。政府与私人机构达成特许经营协议，明确政府与私人机构就城市基础设施项目方面的权责，在特许经营期内，私人机构需要参与城市基础设施项目的筹资、建设、经营、产品与服务供应等过程。

特许经营模式在法国十分流行。随着经济社会的逐步发展，法国城市基础设施的需求量不断增加，为了缓解由此产生的财政压力，满足公众对城市基础设施服务数量和品质的要求，同时提高城市基础设施服务的效率、降低服务成本，特许经营模式应运而生。法国特许经营型城市基础设施投融资模式的特征有两点。

（一）投资主体根据项目属性和重要性决定

法国的中央政府在城市基础设施投融资过程中居于主导地位，常以设立国有企业的方式直接投资影响重大的城市基础设施领域，如公路、铁路、航运等。在城市基础设施中，地方性的非经营性项目或社会效益明显的项目往往由地方政府进行投资，对于经营性的城市基础设施项目，地方政府往往通过特许经营的方式引导民间资本进入，进行公私合营，由政府保留城市基础设施项目的所有权，给予私人企业项目的经营权。

（二）特许经营是城市基础设施投资建设的主要模式

特许经营是指政府作为经营权的发租方，保留城市基础设施项目的所有权，将城市基础设施项目的经营权移交承租方，如国有企业或私营企业，由相关企业参与开发管理，并享有项目的收益权。法国中央和地方的各级政府及其下属的公共部门可以单独或联合发租。

法国特许经营模式相当普及，不仅包括铁路运营等全国性城市基础设施项目，还包括城市污水处理等城市公用事业项目。同时，特许经营模式的运用对象也十分广泛，政府部门、国有企业、民营资本均可参与到特许经营的模式当中。

四、社会市场经济模式

社会市场经济模式是一种以实现社会福利为基础的市场经济体制，这种模式主张将市场竞争与社会利益相结合，推动两者的均衡发展。该模式下，政府的主要工作是实现国民利益和促进社会进步，因此，政府可以使用行政手段对国民经济进行适度的干预，纠正市场失灵问题。

德国是社会市场经济模式的代表国家。德国在坚持私有制为主体、发展市场经济的同时，也十分重视政府宏观调控的作用，主张政府对经济发展进行干预和引导。德国的经济体制决定了德国城市基础设施产业在引入市场竞争的同时，仍然坚持政府的主导地位，形成了社会市场经济型的城市基础设施投融资模式，该模式具有三大特征。

（一）城市基础设施的投融资主体以政府为主，各级政府分工明确

德国政府的投资方式可以分为直接投资和间接投资，在城市基础设施和公共服务领域，德国政府一般运用直接投资的方式。联邦政府以国家持股的方式投资部分重要的城市基础设施部门，目前在交通、水电、通信、教育等

领域，德国政府均占据主导地位。

德国联邦政府、州政府、县政府三级政府分别有不同的城市基础设施投资领域，分工明确。其中，联邦政府承担了重要城市基础设施项目或跨区域城市基础设施项目的投资，而城市公共服务设施则以社区公有为主。近年来，联邦政府直接投资的占比较少，主要以补贴的方式支持地方城市基础设施建设。

（二）多种城市基础设施投融资方式并存

德国城市基础设施项目进行投融资的方式包括银行贷款、发行政府债券等，银行贷款是主要方式。德国金融市场以间接融资为代表，在城市基础设施领域，就是向银行进行保证贷款，然后银行可以将这些贷款作为标的资产，发行贷款抵押债券。在城镇公共服务领域，德国也逐步减少了地方政府的参股，采取特许经营方式筹集项目资金。同时，德国在坚持以政府公有为主的基础上，也开始运用PPP等新型城市基础设施项目融资模式。

（三）政府对城市基础设施项目进行综合管理

德国建立了城市基础设施项目的综合规划机构，对城市基础设施的规划、建设、经营进行统一的监督和管理。同时，德国政府直接对供水、邮政、交通、能源等多个领域的价格实施了管制。

第四节　国外城市基础设施投融资的启示

美国、英国、日本、德国和法国在城市基础设施领域已形成了一套完善、有效的管理和运行机制，有着丰富的城市基础设施项目投融资、建设、经营等经验。尽管我国与这些典型国家在社会制度、经济发展水平、具体国情等方面存在差异，但比较各国成熟的城市基础设施投融资制度，总结不同国家的投融资经验，对于我国建设社会主义市场经济体制下的城市基础设施投融资制度具有重要的借鉴意义。因此，基于上述对国际城市基础设施投融资的研究和比较，可以得到四点启示。

第一，明确政府在城市基础设施投融资领域的职责和分工。城市基础设施拥有部分公共物品的特征，需要政府给予一定的资金支持，但是在实际的投资中，政府无须也无法对所有城市基础设施项目进行投资。同时，不同层次的政府参与城市基础设施项目时有着不同的职责范围，其投资效率也存在差异。因此，需要明晰各级政府在城市基础设施项目中的投融资边界，建立合理的政府分工体系，这是建设城市基础设施投融资制度的先决条件。以美国为例，美国政府可以对全部公共物品和部分准公共物品进行投资，而私人部门可以对准公共物品进行投资和经营，并且美国联邦、州和各级政府的城市基础设施投融资分工十分明确。由此形成了三种城市基础设施投融资形式：一是政府与私人联合参与城市基础设施的投融资、建设与经营；二是社区与私人联合投资城市基础设施项目并提供服务；三是由私人部门完全参与城市基础设施项目的投资并提供服务。德国则按照是否有收费机制的标准，将城市基础设施项目划分为了两类，一类是允许民营资本参与的经营性项目，另一类是完全由政府投资的非经营性项目或具有大规模社会效益的项目。同时，德国各级政府在城市基础设施投融资领域的分工也较为明晰，如德国地方政府是港口建设领域的投资主体，负责对港口内所有城市基础设施进行投资，联邦政府不参与港口建设的投资，但会承担进港航道和河流航道的建设资金和维护费用。

第二，限制地方政府在城市基础设施领域的融资规模。法、德、日、英、美 5 个典型国家均对各级地方政府的融资规模实行了严格控制。美国采取了制度约束模式，并由同级立法部门控制地方政府的负债规模。美国地方政府要求对本级立法机构负责，在采取发行市政债券的方式筹集城市基础设施建设资金时，美国地方政府不需要经由上级政府的审批，但需要由辖区内的选民投票赞成或由本级立法机构批准。英国、日本、法国、德国则采取行政控制模式，地方政府的负债规模由上级相关机构进行控制。在英国严格的地方政府资本开支控制体系下，英国地方政府的借债行为必须获得中央政府的认可。日本地方政府的贷款计划和财政计划需要由中央政府拟定，由中央政府规定每年的地方债券发行总额、发行方式、具体用途和债券的债务额度，并且地方政府需要在中央政府的批准下才能举债。在法国，地方政府可以通过银行贷款、发行地方债券等方式进行融资，中央政府会通过审计部门、财政部、法院和派驻的财政监督机构掌握、监管地方政府的财政运行情况和负债情况。

第三，采取创新的城市基础设施投融资方式吸引民营资本。城市基础设施投融资方式经历多次创新，已形成如 PPP、PFI 等多样化的新型城市基础设施投融资方式。美国地方政府逐渐放权给私人部门，引导民间资本参与城市基础设施投资，以弥补政府投资的资金缺口、提高城市基础设施运营效率。截至 2006 年，美国已有超过半数的州政府制定了 PPP 相关法律，推广 PPP 模式。同时，TIF（税款增量融资）融资方式也在美国开始盛行。英国和日本政府则积极促进 PFI 投融资方式发展，大力开展 PFI 城市基础设施项目。德国和法国在完善和推广特许经营制度的同时，也开始逐步尝试 PPP 等新型城市基础设施投融资方式。

第四，充分发挥政府在城市基础设施投融资领域的积极作用。鉴于城市基础设施的特殊性质，在城市基础设施领域仅依靠市场机制容易产生“市场失灵”问题，需要政府对该领域进行适当干预。政府可以通过对城市基础设施投融资、建设、运营等过程进行管制，从而对城市基础设施领域产生影响。例如，美国政府在坚持市场主导型投融资模式的基础上，会通过提供制度激励等方式吸引民营资本进入城市基础设施领域，并对其提供的城市基础设施服务进行监管。英国和日本政府则不断推进城市基础设施民营化，积极推广 PFI 事业。在法国和德国，政府及其代理机构是城市基础设施特许经营项目的发起人，同时政府拥有城市基础设施项目的所有权。此外，德国政府还进一步完善了法律法规，推动了城市基础设施行业改革，明确了城市基础设施市场的开放规则并制定相应的市场开放时间表。

第四章　城市基础设施投融资发展的路径

第一节　城市基础设施投融资发展的需求

一、传统基础设施建设需求

（一）历史发展情况

“十三五”时期，我国基础设施领域在网络布局、服务质量和效率、体制改革等方面取得了一定的成效，形成了超大规模的基础设施网络，为经济社会发展提供了有力支撑。

1. 基础设施网络布局形成了规模优势

“十三五”时期，我国综合交通网络规模增长了47万千米，发电装机容量增长了4.8亿千瓦，220千伏及以上输电线路增长了14.6万千米，输油（气）管道里程增长了4.1万千米，高速铁路、高速公路、城市轨道交通等运营里程位居世界第一。

2. 基础设施服务能力大幅提升

“十三五”时期，我国铁路、公路客运周转量位居世界第一，铁路、公路和水路货运量同样居于世界首位。天然气主干管网里程增长了3万千米，由 2015 年的 6.4 万千米增长到 2019 年的 9.4 万千米。城市公共供水和燃气普及率、污水处理率等普遍超过 90%。

3. 基础设施体制改革取得了明显成效

“十三五”时期，多个基础设施领域进行了体制改革，在铁路方面，原中国铁路总公司通过股份制改革组建为中国国家铁路集团有限公司，在油气管网和水务方面，国家石油天然气管网集团有限公司和中国南水北调集团有限公司挂牌成立。同时，我国基础设施投融资改革持续推进，中央和地方财政事权和责任分工日益明确，PPP 模式得到广泛应用。

但是，我国基础设施领域仍未达到高质量发展要求。例如，我国基础设施存在系统性和协同性缺乏、服务效能和安全保障能力不足等问题，基础设施的智能化、绿色化发展有待加快。同时，我国基础设施发展还面临了一些难题：一是基础设施传统发展方式难以适应未来发展的需要，亟需加快转变；二是民营资本参与基础设施的意愿不强，基础设施建设的要素保障难度加大；三是基础设施体制改革仍需深入推进，投融资制度有待完善和创新。

（二）未来发展方向

2021 年 3 月，《中华人民共和国国民经济和社会发展第十四个五年规划和 2035 年远景目标纲要》（以下简称“十四五”规划）正式发布，其中提出要从传统基础设施和新型基础设施两个方面着手，建设系统完备、高效实用、智能绿色、安全可靠的现代化基础设施体系。基于“十四五”规划，我国需要从交通、能源和水利等方面推进传统基础设施建设和发展。

1. 加快建设“交通强国”

构建多种运输方式一体化发展的、极具网络效应和运营效率的综合性现代化交通运输体系。其中包括加快战略骨干通道建设、构建和完善快速网和干线网、深化邮政设施建设、推进交通领域基础设施体制改革等，形成一体化、通达深度高的城市交通网和多层级、一体化的综合交通枢纽体系。

2. 构建现代能源体系

加快能源革命，在保障能源供给能力的同时着力构建清洁低碳、安全高效的能源体系。一方面要拓展包括非化石能源、煤炭、油气等能源的规模，另一方面要提高能源的利用，如开发利用地热能、提高特高压输电通道利用率等，同时优化和改造电力、煤炭、天然气等运输和配送体系。

3. 加强水利基础设施建设

以实现流域整体和水资源空间均衡配置、提高水旱灾害防御能力为目标，促进跨区域河流水系治理保护。一是以节水优先为原则优化水资源配置体系，加强重点水源和城市应急备用水源工程的建设；二是加强防洪防汛工程建设和改造；三是加强水源涵养和保护治理工作。

2022 年 8 月，国家发展和改革委员会、住房和城乡建设部基于“十四五”规划纲要，提出了《“十四五”全国城市基础设施建设规划》，系统规划和安排了我国“十四五”期间的城市基础设施建设和发展工作。坚持绿色低碳、安全韧性、民生优先、智能高效、科学统筹、补足短板、系统协调、开放共享的工作原则，通过城市交通设施体系化与绿色化提升行动、城市水系统体系化建设行动、城市能源系统安全保障和绿色化提升行动、城市环境卫生提升行动、城市园林绿化提升行动、城市基础设施智能化建设行动、城市居住区市政配套基础设施补短板行动和城市燃气管道等老化更新改造行动等，力争到 2025 年，在城市基础设施体系化水平、运行效率质量、防风险能力等方面得到显著提升，城市建设和生产生活方式实现有效的绿色转型，到 2035 年，我国需要全面建成系统完备、高效实用、智能绿色、安全可靠的现代化城市基础设施体系，同时基本实现绿色化的基础设施建设方式，并在基础设施质量、效率、服务管理等方面位居世界前列。此外，在“十四五”期间，我国城市基础设施建设的重点任务包括以下内容：一是从城市基础设施的统筹规划、供给能力、安全韧性能力、运行效率和协同性等方面推进我国城市基础设施体系化建设；二是推动城市基础设施共建共享，实现基础设施在区域内的互联互通和在都市圈城市群的一体化，促进城乡基础设施协调发展；三是加速构建完善的城市生态基础设施、城市水系统和城市绿地系统，转型发展城市生产生活方式，以完善城市生态基础设施体系；四是从推进城市基础设施智能化和信息通信网络基础设施建设着手，加快新型城市基础设施建设。

二、新型基础设施建设需求

（一）历史发展情况

“十三五”时期，我国信息基础设施高速发展，光纤网络和4G网络规模位居世界第一，截至2020年底，我国网民规模达9.89亿人，互联网普及率达70.4%，5G基站已建成71.8万个，5G终端连接数超过2亿。同时，传统基础设施逐步实现数字化、智能化，城市的感知能力得到飞速提升，为提高城市服务水平和管理效能奠定了基础。

与传统基础设施相比，新型基础设施具有技术含量高、应用赋能强、折旧速度快等特点。其中，技术含量高体现在新型基础设施主要依托大数据、云计算、物联网等新型信息技术，信息技术的进入壁垒较高。应用赋能强体现在新型基础设施能够充分发挥数据生产要素对经济发展的放大、叠加和倍增作用，实现“数字产业化、产业数字化”，形成新的产业形态和经济增长优势。折旧速度快体现在新型基础设施所依托的信息技术更新迭代速度快，每隔几年就面临着换代需求。因此，根据上述新型基础设施的三个特点，我国在建设新型基础设施的过程中，需要更加合理地进行规划，切忌为追求短期经济目标或跟随潮流而盲目冲动地投资建设新型基础设施，导致与实际需求和发展需要相背离，不仅会挤压其他领域的投资金额，更严重者可能导致债务危机的发生。

（二）未来发展方向

随着信息技术的广泛应用，数字经济蓬勃发展，新型基础设施的投资建设成为新热点，由新型基础设施赋能的新产业蒸蒸日上，有助于稳定投资、扩大内需、增加就业、促进经济增长。同时，新型基础设施推动了我国社会服务的便利化和普惠化，城市治理体系和治理能力逐步向现代化转型。新型基础设施的建设和发展必然会成为提高城市未来核心竞争力的关键因素。

在“十四五”规划中，新型基础设施也是我国构建现代化基础设施体系的重点内容，其中对新型基础设施建设提出了三点要求。

1. 加快建设新型基础设施

在加强新型基础设施建设方面：一是要坚持数字转型、智能升级、融合创新，强化信息基础设施、融合基础设施、创新基础设施等新型基础设施的建设；二是要建设具有高速泛在、天地一体、集成互联、安全高效等特点的信息基础设施，提高数据的感知、传输、存储和运算能力；三是要加快实现5G的网络规模化、千兆光纤网络的升级和互联网协议第六版（IPv6）的商用范围，全力实现56%的5G用户普及率，同时布局6G网络技术储备，扩容骨干网互联节点和新设一批国际通信出入口。在推广新型基础设施应用方面：一是要完善中西部地区的中小城市基础网络；二是要加快构建通信、导航、遥感空间基础设施体系，推动传统基础设施数字化改造。在促进新型基础设施投资方面，全力发挥市场的主导作用，拓宽投融资渠道，构建新型基础设施标准体系。

2. 加快数字社会建设

促进数字技术与社会交往和日常生活相融合，推动公共服务和社会运行方式创新。一是以教育、医疗、养老、抚幼等领域为重点，提供智慧便捷的公共服务；二是将信息技术与公共基础设施建设相融合，推动城市基础设施智能化；三是在购物、生活、旅游、交通等多方面推动数字化改造，促进智慧社区建设，构建智慧共享、和睦共治的新型数字生活。

3. 营造良好数字生态

坚持放管并重、发展与规范管理相统一的原则，构建数字规则体系，营造开放、健康、安全的数字生态。一是要建立健全数据要素市场规则，包括数据资源使用的相关制度、数据市场运营体系、数据分类分级保护制度等；二是要营造规范有序的政策环境，健全能够与数字经济发展相适应的政策法规体系，对不合法现象进行打击和处罚；三是要加强网络安全保护，建设新型基础设施的安全保护体系，重视网络安全法律的制定和网络安全的保障；四是要推动构建网络空间命运共同体，推动网络空间中的国际交流与合作。

“十四五”规划中还列出了我国需要构建和完善的数字化应用场景，包括智能交通、智慧能源、智能制造、智慧农业及水利、智慧教育、智慧医疗、智慧文旅、智慧社区、智慧家居和智慧政务十大场景。

在《“十四五”全国城市基础设施建设规划》中，也提出了新型城市基础设施建设的相关要求：一是推动城市基础设施智能化建设与改造，加快传统基础设施数字化智能化改造、城市基础设施智能化管理、智慧城市基础设施建设和新型网络设施建设；二是构建信息通信网络基础设施系统，包括建设信息基础设施、第五代移动通信技术（5G）网络设施、千兆光纤网络设施等。

三、城市更新需求

城市更新是指从房屋、市政设施、公共配套设施等方面进行改造和优化，改善城市建成区内的城市空间和功能，使城市在产业结构、环境品质、文化传承等多个方面实现提升。城市更新方式可以分为再开发、整治改善和保护三种，其中再开发是指当某个区域范围内城市生活质量全面恶化时，对该范围内的建筑物、公共服务设施、市政设施等进行拆除并改建，以适应当前城市生活的需要。整治改善的对象是存在设施老化、建筑破损等问题，但建筑物、城市基础设施尚可使用的地区，相较于再开发，整治改善的时间更短，投入资金更少，安置居民的压力也更低，适用于仍可恢复的地区或建筑。保护适用于历史城市或历史建筑，以保存真实历史遗迹、传统风貌和环境为目标，是一种预防性措施。

在“十四五”规划中，国家提出要以优化城市空间结构和提升城市品质为目标，加快转变城市发展方式，统筹城市规划建设管理，实施城市更新行动：一是要转变城市发展方式，以资源环境承载能力为基准确定城市的空间结构和发展规模，确定城市生产生活方式和功能，如推广集约紧凑型城市发展模式、推行城市设计和风貌管控、加快老旧小区改造等；二是要推进新型城市建设，顺应城市发展的新理念和新趋势，从推动城市智慧化、促进城市生态化和低碳化、保护城市历史文化传统、提高城市防范风险能力等多个方面着手，建设宜居、创新、智慧、绿色、人文、韧性城市；三是要提高城市治理水平，坚持党建引领、重心下移、科技赋能，完善城市管理体制，以实现城市治理的科学化、精细化、智能化和现代化；四是要完善住房市场体系和住房保障体系，建立多主体供给、多渠道保障、租购并举的住房制度，确保城市居民实现住有所居、职住平衡。

2021 年 8 月，中华人民共和国住房和城乡建设部提出了《关于在实施城市更新行动中防止大拆大建问题的通知》（建科〔2021〕63 号），其中对部分地方过度房地产化、大拆大建、急功近利等现象进行了制止，并就防止城市大拆大建问题提出了如下要求：一是坚持划定底线，防止城市更新变形走样，要求对大规模拆除、大规模增建和大规模搬迁等行为进行严格控制，并要确保住房租赁市场供需平稳；二是坚持应留尽留，全力保留城市记忆，要求对城市既有建筑、老城格局尺度、特色风貌等进行保留和延续；三是坚持量力而行，稳妥推进改造提升，要求加强对城市更新统筹谋划，探索城市更新的可持续模式，补全城市功能短板，提升城市的安全和韧性。

2023 年 7 月，中华人民共和国住房和城乡建设部继续出台了《关于扎实有序推进城市更新工作的通知》（建科〔2023〕30 号），对全国城市更新工作进行了部署，总结了既往城市更新行动的经验做法，要求全国各地区在城市更新过程中建立城市体检机制，坚持先进行城市体检后推动城市更新，依据城市体检的结果规划统筹城市更新计划。同时要将城市设计作为城市更新的重要手段，发挥城市设计的精细化引导作用，以可持续发展为目标创新城市更新的模式，并始终坚守城市更新的底线和要求。

第二节　城市基础设施投融资体制的确定

一、城市基础设施投资的主体

基础设施是城市经济社会发展的重要基础，能够为居民和企业的生存与发展提供物资保障。根据城市基础设施的行业属性、技术经济特征和性质等因素，可以将城市基础设施项目划分为经营性项目、准经营性项目和非经营性项目三类。城市基础设施的项目属性决定了项目投融资主体的差异。

经营性城市基础设施项目一般是市场机制健全、可以向使用者收费从而获得经营性收入的项目，如货运铁路、收费公路、供水、供电、燃气等传统城市基础设施项目。这类项目需要在实现社会效益和环境效益的基础上，发挥其经济或财务效益，给城市居民带来正外部性。经营性城市基础设施项目由于具有较高的经营性收入和投资回报水平，实现成本与收益的平衡，对民营资本的吸引力较大，项目的投资主体也最为广泛，国有企业、民营企业、外资企业都可能参与到经营性项目的投资建设之中。

非经营性城市基础设施项目是指为社会提供产品和服务但不收费或收取少量费用的项目，这类项目不以营利为目标，旨在实现社会效益和环境效益等公益性目标，如普通公路、市政道路、园林绿化、防洪等项目。非经营性城市基础设施项目由于自身没有或很少有经营收入，难以利用市场活动进行投融资，但考虑到非经营性项目的正外部性，这类项目的投资主体往往以政府为主，其资金来源主要是政府财政收入和债券融资，产权一般归政府及相关机构所有。

准经营性城市基础设施项目是介于经营性城市基础设施项目和非经营性城市基础设施项目之间，这类项目一般具有一定的经营性收入，但难以实现盈利或获得合理的投资回报，无法完全弥补项目的建设经营成本，如城市轨道交通、高速客运铁路、体育场馆、污水和垃圾处理等。准经营性城市基础设施项目存在显著的正外部性，能够带来明显的经济、社会和环境效益，但由于其投资回报水平有限，不足以吸引民营资本参与项目投资，通常需要政府提供长期的资金援助和政策支持以维持项目运营，包括提供财政补助、贷款贴息、专项债（转）贷款、特许经营权等措施。

基于上述城市基础设施项目的特点，政府有责任参与城市基础设施的规划、投融资、建设和维护，从而为城市居民、企业、各类社会组织提供生活、生产和发展环境。对于非经营性城市基础设施项目，如果项目的投资回报率低、民营资本投资意愿不足，则需要政府承担这类项目的投融资主体责任，提供公共资金支持。如果项目的市场机制相对健全、目标和产出较为明确、边界条件比较清晰，或者政府存在专业能力不足、难以有效经营项目的问题，可以运用政府付费等方式，鼓励和吸引民营资本参与投资。对于经营性城市基础设施项目，可以采取民营资本自主投资为主、政府与民营资本合作投资为辅的方式，优先让民营资本参与经营性项目的投资，国有企业原则上不能采取行政性手段阻碍民营资本的投资。对于准经营性城市基础设施项目，可以采取以政府投融资平台或国有企业投资为主、引入 PPP 模式为辅的方式，政府可以向 PPP 项目提供适当的投资补助或运营补贴。

二、城市基础设施投融资方式

（一）传统城市基础设施投融资方式

1. 利用政府权力投融资

政府对城市基础设施进行投资的资金来源主要包括财政拨款、特种税费、政策性收费和专项基金等。其中，财政拨款包括了中央政府和地方政府的拨款，其用途主要是投资铁路、电力、邮政等城市基础设施。特种税费是以促进城市基础设施建设而设立的税费，如城市建设维护税、公用事业附加费等。政策性收费涵盖了城市基础设施的配套建设费、使用费、增容费等。专项基金一般是以城市基础设施的类别为依据而专门设立的基金，如铁路基金、邮电基金、电力基金等。

2. 国内债务融资

国内债务融资主要依靠发行债券、国内银行贷款等途径实现。在城市基础设施领域，政策性银行贷款起到了至关重要的作用，而近年来，由地方政府设立的城市基础设施投融资平台逐渐成为商业性融资的主要力量。债券是国内债务融资的另一种重要方式，分为企业债券和政府债券两类。其中，企业债券包括公司债券和特定城市基础设施项目法人发行的债券，前者是由符合《中华人民共和国公司法》规定的有限责任公司或股份有限公司发行的债券，往往不针对特定的城市基础设施项目，后者是由某一项城市基础设施项目的法人所发行的、仅用于该城市基础设施项目投融资的债券，债券信用来源于发行人或城市基础设施项目稳定的收益。政府债券则是由中央政府和地方政府发行的债券。

3. 国外资金投融资

国际金融机构、外国政府贷款、外国企业投资等都属于国外资金的投融资。其中，国际金融机构的资金主要来源于世界银行和亚洲开发银行等机构提供的贷款，这些贷款以低利率、期限长为特点。外国政府贷款的用途主要集中于城市基础设施、环境保护等。外国企业投资主要是通过收购城市基础设施企业的部分股权或存量资产实现的。

4. 股权融资

我国城市基础设施项目进行股权融资的方式主要包括首次公开募股（IPO）、“买壳”与“借壳”上市融资等。IPO 融资方式需要先设立城市基础设施企业或对城市基础设施企业进行股份制改造，以股份有限责任公司的模式申请上市融资，这一过程往往比较烦琐且限制较多。相较于 IPO，“买壳”与“借壳”上市融资的方式更为容易，可以通过再融资筹集城市基础设施项目的投资资金。

（二）新型城市基础设施投融资方式

项目融资是一种新型的城市基础设施投融资方式。由于部分城市基础设施不属于纯公共物品，可以适当地引入民营资本参与城市基础设施项目的投资建设，项目融资的方式应运而生。

目前，我国对项目融资的定义存在不同的理解。一种理解认为项目融资包括建设新项目、收购已有项目或对项目进行债务重组等活动，即“为了项目而融资”，所有以开发建设项目为目的的融资活动都能被称为项目融资，这属于广义的项目融资定义。另一种理解是狭义的项目融资定义，仅指融资主体利用项目本身的资产与现金流量作为还款来源进行融资，即“通过项目来融资”。

项目融资通常拥有以下特征：一是项目融资通常依赖于项目的资产和现金流量，放贷方对项目的发起人没有完全的追索权；二是在提供贷款前，放贷方需要对项目的经济效益、技术效益、项目发起者和经营者的实力等内容进行评估，正在建设运营中的项目也需要进行监控；三是由于贷款和担保程序较为复杂，需要经常创新和调整融资结构；四是由于城市基础设施项目可能存在政治风险等，放贷方一般对项目的资金回报和费用有较高的要求。

三、政府财政管理制度

提供公共品和准公共品是政府的职责所在，而政府的投融资行为是政府提供公共品和准公共品时必经的过程。政府财政管理制度对政府的投融资行为存在至关重要的影响。

（一）政府财政管理制度的定义

财政管理制度实质上是对各级政府之间的财政收支范围、财政资金和管理权力进行划分，使各级政府的财权与其事权相匹配，确保各级政府拥有足够的财力实现其职能。其中，事权是中央和地方各级政府基于自身的职能和地位，所具有的提供公共物品和管理公共事务的权力与职责，事权的划分需要以政府职能明确为前提，只有当各级政府的职能界定清晰的条件下，政府的事权才能够实现科学合理的划分。财权是各级政府为满足政府支出筹集财政收入的权力，包括税权、费权和债权三大权力，税权是政府财权中最重要的，主要涵盖了税收立法权、征收管理权和政策调整权，并且税权的三种权力可以分割并由不同层级政府掌握。财力是政府拥有的、以货币形式呈现的可支配财政资源，它主要受到政府财权大小、地区经济社会发展情况、财政丰裕程度和上级政府转移支付情况的影响。

事权、财权和财力之间存在一定的关联性。财权和财力的划分需要以合理明确的事权划分为基础，财权和财力是保障政府事权的手段，划分政府财权时要充分考虑政府的职能和事权范围，确保政府能够有效提供公共产品和管理公共事务。同时，财权和财力之间也存在联系，一般而言，财权越大的政府财力往往越强，但财力强不代表政府财权大，这是因为财力大小也受到地区财政资源的影响，在经济落后的地方，政府即使拥有强大的财权，其所获得的财政收入也是有限的。

（二）分税制财政管理制度

1993 年，党的十四届三中全会提出了《中共中央关于建立社会主义市场经济体制若干问题的决定》，要求推进我国财税体制改革，由地方财政包干制改为分税制，建立中央税收和地方税收体系。基于此，国务院于 1993 年 12 月 15 日颁布了《关于实行分税制财政管理体制的决定》（国发〔1993〕85 号），规定自 1994 年 1 月 1 日起我国开始实行分税制财政管理制度。

分税制财政管理制度坚持事权与财权相结合的原则，以法律的形式将税种划分为中央税、地方税和中央地方共享税三类，并明确了各级政府的财政收支范围，同时通过转移支付的方式协调政府间的财政收支。

1. 分税制财政管理制度的指导思想

（1）正确处理中央与地方的分配关系，调动两个积极性，促进国家财政收入合理增长。分税制财政管理制度的实施要兼顾中央和地方利益，既要提高地方政府发展经济、增收节支的积极性，又要合理增加中央政府财力，逐步提高中央政府的财政收入比重，以更好地发挥中央宏观调控能力，即中央政府需要适当地从今后财政收入增量中多得一些，确保中央政府的财政收入能够实现稳定增长。

（2）合理调节地区之间财力分配。一方面，分税制需要有利于各地区保持经济快速发展的趋势，并加强地方政府对财政支出的约束。另一方面，需要运用中央对地方政府的税收返还和转移支付，促进经济不发达地区发展及老工业区的改造升级。

（3）坚持统一政策与分级管理相结合的原则。分税制必须同时考虑各级政府的收入分配和税收对经济社会发展的调节作用。中央必须掌握中央税、地方税和共享税三种税收的立法权，确保中央的指导地位和政令统一，以更好地维护全国统一市场、确保企业平等竞争。在征管税收时，中央税务机构负责征收中央税和共享税，地方税务机构负责征收地方税。共享税中归属地方的部分由中央税务机构直接划入地方金库。

（4）坚持整体设计与逐步推进相结合的原则。分税制改革要在借鉴国外经验的基础上结合我国实际，在明确改革目标的基础上紧抓制度重点、逐步推行和完善制度，实现制度的规范化，即通过渐进式改革，先建立分税制的基本框架，再对分税制逐步完善。一是要通过划分税种和分别征管缓解财政收入流失严重的现象，确保财政收入合理增长；二是要在划分好主要税种的前提下，逐步规范财政收入的划分；三是部分财政补助、上解和结算事项先按原制度运转，逐渐向分税制过渡；四是逐步提高中央财政收入占全部财政收入的比例，并逐步调整地方利益格局。

2. 分税制财政管理制度的内容

（1）中央与地方事权和支出的划分。中央主要承担国家安全、外交、维护中央机构运转、协调经济结构和地区发展、实行宏观调控等职责，其财政支出内容涵盖了国防支出、武警经费支出、外交和援外支出、中央级行政管理支出、中央基础设施投资、央企运营支出、支农支出、债务支出、科教文卫支出等。地方主要承担维护本地区机构运转、促进本地区经济社会发展等职责，其财政支出内容涵盖了地方行政管理支出、民兵事业支出、部分武警经费支出、地方基础设施投资、地方国有企业运营支出、支农支出、补贴支出、城市维护和建设支出、地方科教文卫支出等。

（2）中央与地方收入的划分。以事权与财权相结合为原则，对中央与地方的收入按税种进行划分，中央税由维护国家权益和实施宏观调控所必需的税种组成，地方税由适合地方征管的税种组成，中央与地方共享税由与经济发展直接相关的税种组成。基于此，中央的固定收入包括关税、消费税、海关代征的增值税、央企所得税和上缴利润、银行与金融企业所得税、铁道部门收入、银行总行和保险总公司收入（营业税、所得税、利润和城市维护建设税等），同时中央负担外贸企业出口退税，而 1993 年地方已经负担的部分列入地方上交中央基数。地方政府的固定收入包括未上交中央的企业营业税和城市维护建设税、未上交中央的企业所得税、地方企业上缴利润、个人所得税、城镇土地使用税、固定资产投资方向调节税、房产税、车船使用税、印花税、屠宰税、牧业税、农业特产税、耕地占用税、契税、遗产税和赠予税、土地增值税、国有土地使用权有偿使用收入等。共享收入包括增值税（中央分享 75%，地方分享 25%）、资源税（海洋石油资源税归属中央收入，其他归属地方收入）、证券交易税（中央与地方各分享 50%）。

（3）中央财政对地方税收返还数额的确定。1994 年，为了兼顾现有地方利益格局和改革的目标，中央财政对地方税收返还数额以 1993 年为基期年核定，1993 年中央从地方净上划的收入数额＝消费税＋75%的增值税－中央下划收入，并将中央净上划收入全额返还地方，以保证现有地方既得财力，同时将这一数额作为中央对地方税收返还基数。自 1994 年起，税收返还额在基数上逐年递增，按全国增值税和消费税的平均增长率的 1∶0.3 系数计算递增率（全国增值税和消费税平均每增长 1%，中央财政对地方的税收返还增长 0.3%）。如果达不到税收返还基数，则相应扣减税收返还数额。

（4）原体制中央补助、地方上解及有关结算事项的处理。在分税制改革后，原财政管理制度的分配格局暂时不变作为过渡阶段。根据原财政管理制度，中央对地方的补助和拨款继续实施，地方上解仍按不同体制类型执行，其中实行总额分成和分税制试点的地区，按1993年实际上解数及核定的递增率，每年递增上解。1993年地区承担的20%部分出口退税及其他年度结算的上解和补助项目相抵后，确定一个数额，作为一般上解或一般补助处理，以后年度按此定额结算。

3. 分税制财政管理制度的调整

1994年后，国家根据分税制的实施效果和宏观调控的需要，主要对“中央与地方收入划分”的部分进行了调整。

（1）1997年1月1日起，在中央与地方的共享收入中，证券交易税的共享比例由“中央与地方各50%”调整为“中央分享80%，地方分享20%”。1998年6月，比例又调整为“中央分享88%，地方分享12%”。自2000年10月1日起，分三年对证券交易税的分享比例进行调整，即2000年为“中央分享91%，地方分享9%”，2001年为“中央分享94%，地方分享6%”，2003年为“中央分享97%，地方分享3%”。

（2）1997年11月1日至2001年1月1日，金融保险业的营业税税率由5%调整至8%，并且提高税率带来的财政收入归属中央。自2001年1月1日起，分三年将金融保险业营业税税率调整回5%，每年下调1%。

（3）在国有土地有偿使用收入方面，将新批转为非农建设用地所获得的部分收入上缴至中央财政。

（4）2002年1月1日起，中央和地方所得税的划分依据由按企业隶属关系分享调整为按统一比例分享，主要用于向地方政府（特别是中西部地区）的转移支付支出，以平衡地区间的财力差距。除铁路运输、国家邮政、四大国有银行、三大政策性银行和海洋石油天然气企业缴纳的所得税仍然归中央所有外，其他企业和个人所得税由中央与地方按比例分享。2022年比例为“中央和地方各50%”，2023年起为“中央60%，地方40%”。同时，以2001

年为基期，依据改革后的比例，当地方分享的所得税收入小于实际获得的收入时，则差额部分由中央作为基数返还地方；当地方分享的所得税收入大于实际获得的收入时，则差额部分由地方作为基数上解中央。而跨区域经营、集中缴库的央企所得税等收入，按相关因素在有关地区之间进行分配。

四、城市基础设施投融资项目的管理方式

城市基础设施投融资项目的管理主要是对项目投融资、建设、运营和监管四个阶段中的主体、权利、义务、责任等内容进行管理。由于城市基础设施项目存在经营性、非经营性和准经营性的区别，可以选择不同的城市基础设施投资项目管理方式，从而提高项目建设和管理的水平。对于经营性城市基础设施项目，可以采用项目法人招标制，由民营资本参与投资并以市场化的方式运行。对于非经营性城市基础设施项目，可以选择代建制的方式，充分发挥工程管理市场及市场内各企业组织的作用。

（一）项目法人招标制

项目法人招标制是对项目法人责任制的一种创新，该模式能够将城市基础设施项目的建设和运营过程相融合，形成以公共决策为前提、市场竞争为基础、民营资本参与的一种关于风险损失分担的项目管理制度。其过程就是政府及其授权机构首先确定城市基础设施项目的建设目标、规模和政府出资方式等，然后通过公开或邀请招标的方式选择合适的项目投资人，并由中标的项目投资人承担该项目的投融资、建设、经营、决策等工作。项目法人招标制的推广，有助于扩大城市基础设施项目的资金来源、实现投资主体的多元化、打破城市基础设施领域的行政性垄断，同时促进了项目运营效率的提高，推动政府职能的转变。

项目法人招标制的基本组织架构包括投标方、招标方、项目法人、金融保险机构四个部分。其中，投标方就是参与城市基础设施项目投标的市场主体，招标方是政府或政府代表机构，项目法人是在投标人中标后，根据招标文件规定的、由中标人或者中标人与招标人指定机构共同组成的市场主体，

负责项目的投融资、建设、运营等工作，并于招标人签订特许经营协议。金融保险机构是指在项目建设、运营过程中，为项目法人提供资金支持和保险业务的机构。

（二）代建制

代建制是将城市基础设施项目委托给熟悉相关法律和项目建设程序的、具有专业技术或专业资格的机构进行管理。这种模式具有以下特点：一方面，代建制实现了建、管、用分离，有助于对项目预算进行硬约束。代建单位由于无法分享项目运营时的利益，并且受到合同约束和市场竞争的影响，为避免因管理不力而承担赔付责任、损害单位在市场中的评价，代建单位往往在控制项目建设规模和预算、提高项目管理质量方面比项目运营单位更有积极性，减少了项目超出预算的可能。另一方面，代建单位一般是从事项目管理的专业机构，有丰富的项目管理经验和项目管理人才，更能够有效地对项目设计、建设、质量和造价进行监督控制，保证了项目建设与管理的水平，也减少了项目管理不专业、项目预算超支、暗箱操作等腐败行为的发生。

代建制一般运用于非经营性城市基础设施项目，在公有产权的约束下，政府作为业主全部或部分委托市场化、专业化的项目管理单位，按照代建合同约定对城市基础设施项目的全过程或部分阶段进行管理。代建制实质上是为优化代建活动中的委托代理关系而形成的项目管理模式，该模式主要提供的是工程咨询服务而不是工程总承包的生产服务，其基本组织架构涵盖了政府、代建人、承包商、银行等。政府作为业主可以委托代建人提供多元化的代建服务，如项目可行性研究服务、项目设计服务、项目招标代理服务、项目监理服务等。代建人是政府机构的代理人，其权利和地位取决于政府机构的授权。

第三节 城市基础设施投融资模式的确定

一、政府直接投融资模式

政府直接投融资的城市基础设施投融资模式是指政府通过财政手段筹集城市基础设施项目的投资资金，并直接分配给城市基础设施建设部门。目前，我国政府城市基础设施投融资渠道主要包括三个。

（一）财政资金

财政资金包括国家预算内资金和政府的财政拨款。国家预算内资金是国家计划部门每一年度向城市基础设施建设部门提供的财政补助，主要用于电力、公路、铁路等由中央政府负责投资的城市基础设施项目。政府财政拨款是政府向纳入预算管理的机构组织提供的、用于城市基础设施建设的财政资金，是城市基础设施建设的主要资金渠道。

（二）特种税费融资

特种税费融资涉及城市维护建设税、公用事业附加费、市政公用设施配套费和水资源费、燃油税等税费。其中，城市维护建设税和公用事业附加费是为投资城市基础设施而专门设立的资金，已成为城市基础设施建设维护的稳定资金来源。

（三）国债专项资金

1998 年，中央政府为扩大政府投资、拉动内需，实施了积极的财政政策，通过增发国债的方式进行融资，城市基础设施建设是国债资金的重要投资方向，有效推动了城市基础设施水平的提升、城市生活质量的改善。

二、公私合作模式

“公共私营合作”模式又称PPP模式，是指公共部门与民营资本在某个城市基础设施项目方面形成合作关系的一种融资方式。通过该模式，公共部门与民营资本各施所长、共担风险、分享收益，从而达到比单独行动更有利的效果。

在PPP模式下，政府不是项目的直接投资人，而是通过提供项目扶持措施的方式组织民营资本投融资，在满足项目资金需求的同时避免政府直接举债。这一模式适用于社会效益明显而经济效益不足的准经营性项目，由于项目的投资回报率不足，影响了民营资本的投资意愿。采用PPP模式，一方面可以通过政府扶持实现项目经济强度的提高，降低项目的风险，增加融资的成功率，另一方面也使政府能够更灵活地处理债务和预算问题，减轻了政府的财政压力。

PPP模式可以包含所有介于政府单独供给和私人单独供给的投融资方式，如设立合资企业、合同承包、管理者收购等，不同方式下民营资本的参与度和风险程度都存在差异。PPP模式主要包括特许经营模式和PFI模式两类。

（一）特许经营模式

城市基础设施投融资的特许经营模式是指政府与民营资本就城市基础设施项目签订协议，政府授权民营资本特许经营权，允许其在特许经营期内进行城市基础设施项目的投融资、建设和运营。特许经营模式的种类主要包括两类。

1. BOT模式

BOT模式是指由政府向城市基础设施项目的投资主体授予特许权，允许项目的投资主体在一段特定期限内负责项目的建设和经营管理，并在特许权到期后由项目投资主体无偿将城市基础设施项目转让给政府的一种投融资方式。BOT模式本质上是政府提供减让条款或全面服务的合约，吸引民营资本投资兴建城市基础设施项目。完整的 BOT 项目一般需要经历项目规划准备阶段、招投标阶段、特许合同谈判与签订阶段、项目建设运营和移交阶段等。

BOT 模式存在以下三种建设模式：一是 BOT（建设—经营—转让）模式，这是最基本也是最常用的模式，即民营资本自己融资，建设城市基础设施项目，并在特许期内拥有该项目的经营权，然后将项目转让给政府部门；二是 BOOT（建设—拥有—经营—转让）模式，该模式下，民营资本完成项目建设后，在特许期内不仅拥有项目的经营权，还拥有项目的所有权，直到期满后移交给政府部门；三是 BOO（建设—拥有—经营）模式，在特许期内，民营资本负责建设、运营城市基础设施项目，但不用将该项目移交给政府部门。

2. TOT 模式

TOT 模式是 BOT 模式的一种变形，它是指政府将已建成的城市基础设施项目经营权进行转让，以城市基础设施项目未来一定时期内的收益为保证从民营资本方筹集资金，并将资金用于新城市基础设施项目的建设中，当特许期满后，政府收回项目的所有权。

TOT 模式存在以下的优势：一是 TOT 模式仅涉及城市基础设施项目经营权的转让，有助于避免因产权或股权的让渡而产生的纠纷；二是 TOT 模式确保了政府对城市基础设施项目的控制权，能够回避国有资产流失问题，并盘活国有资产存量，推动国有资产保值增值；三是 TOT 模式有利于减轻政府的财政压力，推动城市基础设施投融资体制的转变，吸引民营资本参与城市基础设施投资；四是 TOT 模式的风险低，融资的成功率更高，因为 TOT 模式不存在项目建设环节，能够避免城市基础设施项目建设过程中产生的各种风险，投资者也能够更快速地获得项目的投资回报，大大提高了融资的成功率。

一个完整的 TOT 城市基础设施投融资项目一般包括项目规划和审批、项目发起、项目招投标、项目运营和转让等阶段。首先，TOT 城市基础设施投融资项目必须经过相关部门的批准后才能够实施，在 TOT 项目获批后，项目发起人设立具有特许权的机构，并将项目的所有权转让给特许机构，由该机构负责项目的管理、转让等工作。其次，TOT 项目需要根据国家的招标程序选择合适的中标者，由中标者组建项目公司，与项目发起人签订特许经营协议。最后，项目公司负责城市基础设施项目的运营，获得相应的项目收益，并在特许期满后将项目移交给有关部门。

（二）PFI 模式

PFI 模式又称“私人融资计划”，是指政府部门通过购买服务、收费特许权、合作运营等方式，在城市基础设施、公共服务等领域引入民营资本、技术、经营经验等要素，是一种高效率、高成果的融资方式。在 PFI 模式下，政府负责选择并启动城市基础设施项目，民营资本组建项目公司负责项目的投融资、建设和运营等，并收取一定的服务费用以回收成本、获得利润。

PFI 模式具有以下优点：一是政府不需要直接承担项目的投资费用，在提高财政支出效率的同时也降低了风险。二是该模式也促进了民营资本的整合，将民营资本拥有的技术、经验应用于城市基础设施领域，有助于实现城市基础设施产品和服务质量的提高。三是该模式为民营资本提供了新的发展方向，不仅推动了城市基础设施资源配置效率的提高，也为优化经济结构作出了贡献。

三、市场化投融资模式

（一）ABS 投融资模式

ABS（Asset Backed Securities，ABS）投融资模式即资产证券化模式，是以项目的资产为基础，将项目的预期收益作为保证在资本市场发行债券进行融资的方式。这种模式能够以较低的成本筹集到期限长、规模大的资金，很适合用于城市基础设施项目的融资。

区别于其他投融资模式，ABS 模式典型特点是以发行债券的方式筹资，它将偿还债务的资金仅与项目资产的未来收益相关联，隔断了项目原始权益人自身的风险及项目未来收益的风险，并且债券的购买者往往由众多投资者组成，有效地分摊了投资风险。

ABS 模式运作独特之处在于通过提供担保的方式实现信用增级，使信用等级低的机构也可以进入证券市场通过资产的证券化进行筹资。即使增加了部分用于前期分析、业务构造和信用增级的成本，但它仍具有融资成本低、限制少等优势，是重要的投融资渠道。

不动产投资信托基金（REITs）是资产证券化 ABS 的延伸，当项目的资产为不动产时，由资产证券化形成的证券为 REITs。我国城市基础设施 REITs 主要是“公募基金+基础设施资产支持证券”模式，发行目的是为城市基础设施项目筹措资金。城市基础设施公募 REITs 以城市基础设施为底层资产进行资产证券化，投资者可以购买相关证券份额获得一定的投资回报。城市基础设施 REITs 的投资收益主要包括分红和增值两个部分，兼具债性和股性的两种属性。其中在封闭期内享有的分红较为稳定，其收益分配比例要求在每基金年度不能小于合并后可供分配利润的 90%，体现了 REITs 的债性，而增值受到宏观经济环境和城市基础设施质量等因素的影响，体现了 REITs 的股性。

（二）长期银行贷款融资模式

长期银行贷款融资模式是城市基础设施项目投融资经常采用的模式，与普通商业贷款不同，该模式更关注城市基础设施项目本身的资产和预期收益。银行贷款可以来源于国内贷款和国际贷款。其中，国内贷款包括了商业银行和政策性银行的贷款。商业银行贷款是城市基础设施项目主要的资金来源，政策性银行贷款则是专门为城市建设开发、城市基础设施建设等领域的项目投建而提供的资金。国际贷款一般是由外国政府或国际金融机构为发展中国家提供的一般贷款、长期优惠贷款或混合贷款，通常具有一定的优惠措施，如亚洲开发银行贷款、国际农业发展基金组织贷款、世界银行联合融资贷款等。

（三）股票市场融资模式

城市基础设施领域的股票市场融资模式是指由城市基础设施项目公司进

行股份制改造，利用公司股份进行融资的一种方式。该模式能够较为快速地解决城市基础设施建设资金不足的问题，减轻政府财政负担，同时也推动了城市基础设施企业实现自主经营、自负盈亏，对打破城市基础设施产业的行政垄断、推动城市基础设施产业的市场化发展具有积极作用。

（四）债券市场融资模式

债券市场融资模式就是利用政府信用或城市基础设施项目企业信用发行城市基础设施建设债券，从而获得融资的一种方式。目前，发行市政债券已成为国内外进行城市基础设施项目融资的重要方式。

在长期银行贷款融资、股票市场融资和债券市场融资三种模式中，债券市场融资模式具有独特的优势。长期银行贷款融资的资金来源主要是居民与企业的存款，贷款周期短，对资金的盈利性、安全性和流动性具有较高的要求，而城市基础设施项目存在资金运用和回流难等问题。同时，股票市场融资的风险高，并且项目公司必须是上市公司，增加了融资难度。相比之下，债券市场融资模式在融资时更具自主性，可以根据资金的用途确定债券的期限和利率，风险更低且操作更容易，因此能够更快地筹集城市基础设施项目资金。

第四节　城市基础设施投融资的决策流程

一、城市基础设施项目的规划

城市基础设施的项目规划对城市基础设施投融资具有重要的指导作用，是引导投资方向、优化投资结构、稳定投资运行、规范项目准入的重要手段。在2019年5月发布的《政府投资条例》中明确指出政府机构需要制定政府投资年度计划，并对列入政府投资年度计划的项目做了严格要求：采取直接投资、资本金注入方式投资的项目，其可行性研究报告须已经批准或投资概算已经核定，采取投资补助、贷款贴息等方式投资的项目，必须已经按规定完成相关手续的办理工作。在政府投资年度计划中，需要明确本年度预期投资的项目名称、内容、规模、工期、投资额、资金来源等事项。此外，政府投资年度计划应当和本级预算相衔接，财政部门也需要根据已经通过批准的预算及时、足额地拨付投资资金。

制定政府投资年度计划具有以下作用：

第一，明确政府的投资范围。政府投资年度计划具有约束政府投融资的作用，能够明确政府的投资职责，坚持有所为、有所不为，从而能够将有限的政府投资资金用于合适的地方。

第二，为重大项目的投资决策提供依据。通过政府投资年度计划明确本年度的政府投资建设目标、任务和重点，为政府和企业的投资行为提供决策依据，推动投资决策水平和投资效益的提高，进而优化投资结构、扩大有效投资规模，促进经济社会的发展。

第三，防范地方政府的债务风险。地方政府的债务主要包括自身的显性债务及投融资平台等国有企业的隐性债务，源头上大多来自于项目投资，由于项目投资的规模过大，超出了政府所能承受的范围，引发了政府的债务风险。编制政府投资年度计划有助于统筹安排政府的投资结构、资金总量等内容，使政府投融资需求和政府财力在总量和时序上实现匹配，以防范政府的债务风险。

二、城市基础设施项目的审核与评估

《政府投资条例》要求各级政府在进行投资决策时，应当根据国民经济和社会发展规划、中期财政规划和国家宏观调控政策，结合财政收支状况，安排政府的投资项目、合理规范地使用政府投资资金，并强调要加强政府投资项目的前期工作和投资决策流程，包括编制项目建议书、可行性研究和项目审批等。

对于政府采取直接投资和资本金注入方式投资的项目，应当以保证真实性为前提编制项目建议书、可行性研究报告、初步设计等，并按规定提交投资主管部门或其他部门审批，投资主管部门和其他部门通过投资项目在线审批监管平台对政府投资项目进行审批，使用在线平台生成的项目代码办理相关的审批手续。项目的审批内容主要包括：一是项目建设是否必要，审查项目建议书中列示的项目建设的必要性；二是项目的可行性，主要审查可行性研究报告中展现的项目技术经济可行性、社会效益、项目资金等建设条件是否落实到位；三是审查项目的初步设计与投资概算是否符合可行性研究报告批复和国家相关要求。如果是重大政府投资项目，负责审核的部门还需要引入第三方机构先对项目进行初步审查，如中介评估、公众参与、专家评议、风险评估等，在此基础上确定是否批准项目投资。已经在政府相关规划中明确的项目、部分扩改建项目、投资规模小且技术简单的项目和突发公共事件所需的应急项目可以简化项目的审批程序。

三、投资规模的确定

（一）模型构建

本章基于 Barro 的内生增长模型，并考虑城市基础设施的拥挤效应及回归过程中可能存在的多重共线性问题，将城市市政公用设施建设固定资产投资 G 划分为城市基础设施投资 G_J 和其他投资 G_0，代入总量生产函数，得到：

$$Y=F\left(K, N, \frac{G_J}{N}, \frac{G_0}{N}\right) \tag{4-1}$$

其中，Y 为总产出，K 为期初资本存量，N 为从业人口数。假设该函数连续两阶可导（$g_i=G_i/N$，$i=J, 0$），偏导数 $F'>0$，$F''<0$。求式（4-1）关于时间 t 的导数，可得：

$$\frac{dY}{dt}=\frac{dF}{dN}\frac{dN}{dt}+\frac{dF}{dK}\frac{dK}{dt}+\frac{dF}{dg_J}\frac{dg_J}{dt}+\frac{dF}{dg_0}\frac{dg_0}{dt} \tag{4-2}$$

待估系数 $\alpha=\frac{dF}{dN}\frac{N}{Y}$ 为就业产出弹性，$\beta=MPK=\frac{dF}{dK}$ 为资本边际产出，

$MPG_J=\frac{dF}{dG_J}$为城市基础设施边际产出，$MPG_0=\frac{dF}{dG_0}$为其他投资边际产出。假设各变量关于时间 t 的导数分别为$\dot{Y}$、$\dot{N}$、$\dot{K}$、$\dot{g}_J$、$\dot{g}_0$，则式（4-2）可化为：

$$\frac{\dot{Y}}{Y}=\alpha\frac{\dot{N}}{N}+MPK\frac{\dot{K}}{Y}+MPG_J\frac{\dot{g}_J}{g_J}\frac{G_J}{Y}+MPG_0\frac{\dot{g}_0}{g_0}\frac{G_0}{Y} \tag{4-3}$$

式（4-3）可检验各类城市基础设施的边际产出情况，当 $MPG_J=0$ 时，该类城市基础设施无产出贡献，当 $MPG_J>0$ 时，该类城市基础设施有正向的产出贡献。

参考张光南等（2011）的研究，假设城市基础设施的产出弹性为$y_J=\frac{dF}{dG_J}\frac{G_J}{Y}$，城市基础设施固定资产投资占总产出的比例为$S_J=\frac{G_J}{Y}$，则 $MPG_J=\frac{y_J}{S_J}$。根据 Barro 的最优政府规模法则，城市基础设施的最优投资规模与城市基础设施的产出弹性相等，即$y_J=S_J$，因此可以通过估算y_J得到第 J 项城市基础设施的最优规模，$y_J\in[0,1]$，代入式（4-3）可得：

$$\frac{\dot{Y}}{Y}=\alpha\frac{\dot{N}}{N}+MPK\frac{\dot{K}}{Y}+y_J\frac{\dot{g}_J}{g_J}+y_0\frac{\dot{g}_0}{g_0} \tag{4-4}$$

在式（4-3）、式（4-4）右侧同时加上随机误差项 ε 和常数 c，可以得到第 J 项城市基础设施的边际产出估计模型为：

$$\frac{\dot{Y}_{it}}{Y_{it}}=c+\alpha\frac{\dot{N}_{it}}{N_{it}}+\beta\frac{\dot{K}_{it}}{Y_{it}}+MPG_J\frac{\dot{g}_{Jit}}{g_{J_{it}}}\frac{G_{Jit}}{Y_{it}}+MPG_0\frac{\dot{g}_{0it}}{g_{0_{it}}}\frac{G_{0it}}{Y_{it}}+\varepsilon_{it} \tag{4-5}$$

第 J 项城市基础设施投资最优规模的估计模型为：

$$\frac{\dot{Y}_{it}}{Y_{it}}=c+\alpha\frac{\dot{N}_{it}}{N_{it}}+\beta\frac{\dot{K}_{it}}{Y_{it}}+y_J\frac{\dot{g}_{Jit}}{g_{J_{it}}}+y_0\frac{\dot{g}_{0it}}{g_{0_{it}}}+\varepsilon_{it} \tag{4-6}$$

其中，被解释变量$\frac{\dot{Y}_{it}}{Y_{it}}$为实际 GDP 增长率，解释变量$\frac{\dot{N}_{it}}{N_{it}}$、$\frac{\dot{K}_{it}}{Y_{it}}$、$\frac{\dot{g}_{Jit}}{g_{J_{it}}}$、$\frac{\dot{g}_{0it}}{g_{0_{it}}}$分别表示劳动力数量增长率、新增资本占 GDP 的比例、城市基础设施的劳均投资增长率、政府其他投资的劳均增长率，ε_{it}是误差项。

（二）变量及数据说明

本章的数据主要来源于《中国统计年鉴》《中国城市统计年鉴》《中国城市建设统计年鉴》和各地区统计年鉴，同时删除主要变量缺失的样本，最终形成了2001~2021年共147个城市的面板数据，分析城市基础设施的投资规模和边际产出情况。

如表4-1所示，变量Y_{it}是第i个城市在t年的实际地区生产总值，本章以2000年为基期，运用各城市所属省份的地区生产总值指数测算各城市实际地区生产总值，部分缺失省份用国家GDP指数进行补充。

变量K_{it}是第i个城市在t年的资本存量，本章采取永续盘存法测算城市的资本存量，公式为：

$$K_t = K_{t-1}(1-\delta_t) + I_t \tag{4-7}$$

其中，K_t为城市当年的资本存量，I_t是城市当年基础设施投资，δ_t为资本折旧率。在基期资本存量的处理方面，为降低初始年份对资本存量大小的影响，本章选取1990年的基础设施投资数据来推算城市基础设施资本存量，参考金戈（2012）对基期资本存量的处理方法，将1990年的基础设施投资额除以10%作为1990年城市基础设施资本存量，并通过式（4-8）转换成每个城市2000年的资本存量。

$$K_{i,2000} = \frac{I_{i,2000} \times K_{2000}}{I_{2000}} \tag{4-8}$$

在折旧率方面，考虑到省级和城市层面数据的缺失，无法推断相应的折旧率，因此本章沿用单豪杰（2008）的做法，统一选取了全国的资本折旧率10.96%作为所有城市的资本折旧率。

变量N_i是各城市年末从业人数，来源于《中国城市统计年鉴》和各地区统计年鉴。

变量G_{Jit}是各城市第J类城市基础设施投资，包括能源和水务类基础设施、交通运输类基础设施等，并以2000年为基期推算各城市的基础设施实际投资额。其中，能源和水务类基础设施包括供水、排水、燃气、供热、防洪和地下综合管廊等基础设施，交通运输类基础设施包括道路桥梁、公共交通、轨道交通等基础设施。由于基础设施投资和建设过程不是一蹴而就的，因此本章学习叶裕民（2002）的做法，假设城市基础设施投资项目的平均建设周期为 3 年，那么城市基础设施的投资计算公式如下：

$$G_{Jit}=\frac{1}{3}\times\left(G_{Jit}+G_{Jit-1}+G_{Jit-2}\right) \quad (4-9)$$

本章将各城市所属省份的固定资产投资价格指数作为城市固定资产投资价格指数，部分缺失的省份则用国家固定资产投资价格指数进行补充。由于 2020 年和 2021 年未公布固定资产投资价格指数，因此本章参考杨骞（2022）的做法，分别计算 2018~2019 年和 2019~2020 年固定资产投资价格指数的平均值代替 2020 年和 2021 年的固定资产投资价格指数。

变量G_{0it}是各城市市政公用设施建设固定资产投资 G 与城市基础设施投资G_{Jit}的差值，并以 2000 年为基期进行折算。

此外，为保证数据的可比性，减少异常值对实证结果的干扰，本章对各变量在 1%和 99%分位上进行了缩尾处理。

表 4-1　变量的符号与解释

变量符号	变量含义	单位	说明
Y_i	实际 GDP/地区生产总值	万元	以 2000 年为基期的实际 GDP/地区生产总值
K_i	资本存量	万元	通过永续盘存法测算得到
N_i	从业人数	万人	各市年末从业人数
G_1	能源和水务类基础设施投资	万元	包括供水、排水、燃气、供热、防洪和地下综合管廊等基础设施
G_2	交通运输类基础设施投资	万元	包括道路桥梁、公共交通、轨道交通等基础设施

（三）实证结果

1. 城市基础设施的边际产出和最优规模分析

表4-2是基于式（4-5）的参数估计结果。能源和水务类基础设施的边际产出为0.1533，表明能源和水务类基础设施投资每增加1%，将带动GDP增速增加0.1533%。交通运输类基础设施的边际产出为0.0738，表明交通运输类基础设施投资每增加1%，将带动GDP增速增加0.0738%。能源和水务类基础设施的边际产出（0.1533）显著大于交通运输类基础设施的边际产出（0.0738），可能原因是随着城市道路交通网的日益完善，交通运输类基础设施对城市地区生产总值增长的拉动作用有所降低；同时，国家对能源和水务类基础设施的重视程度不断提高，加强水环境改善和清洁能源的使用，如黑臭水体治理、水源地改善、供热煤改气等，对城市的地区生产总值增长产生了较大的积极影响。因此，在以实现基础设施投资收益最大化为目标时，基础设施投资应首先投资能源和水务类基础设施，其次投资交通运输类基础设施。

表4-2　式（4-5）的参数 MPG_J 估计结果

待估参数	能源和水务类基础设施	交通运输类基础设施
α	0.0078***	0.0076***
	(0.0020)	(0.0021)
β	0.9063	0.8395
	(1.2426)	(1.2335)
MPG_J	0.1533*	0.0738*
	(0.0911)	(0.0416)
MPG_0	0.0264***	0.0151***
	(0.0073)	(0.0054)
常数项	9.3071***	9.3310***
	(0.1048)	(0.1105)
观测值	3085	3085
R^2	0.8354	0.8351

注：*、**、***分别表示在10%、5%、1%的水平上显著，括号中为稳健标准误。

表 4-3 是对式（4-6）参数 y_J 即城市基础设施的最优投资规模估计结果。基于最优政府支出理论，城市基础设施投资的最优规模与城市基础设施的产出弹性相等，即 $y_J = S_J$。因此，能源和水务类基础设施的最优投资规模为 0.1701%，交通运输类基础设施的最优投资规模为 0.1741%。交通运输类基础设施的最优投资规模略大于能源和水务类基础设施的最优投资规模。

表 4-3　式（4-6）的参数 y_J 估计结果

待估参数	能源和水务类基础设施	交通运输类基础设施
α	0.0088***	0.0086***
	(0.0021)	(0.0022)
β	0.9593	1.0300
	(1.2196)	(1.2206)
y_J	0.001701***	0.001741***
	(0.0005)	(0.0006)
y_0	0.0002	0.0001*
	(0.0001)	(0.0001)
常数项	9.3339***	9.3363***
	(0.0992)	(0.0999)
观测值	3085	3085
R^2	0.8355	0.8354

注：*、**、***分别表示在 10%、5%、1%的水平上显著，括号中为稳健标准误。

2. 城市基础设施的边际产出和最优规模分析

本章根据各城市 2021 年的人口规模，将拥有 300 万以上常住人口的城市划分为大型城市，将拥有 300 万以下常住人口的城市划分为中小型城市。部分城市的分类情况如表 4-4 所示。

表 4-4　部分城市的分类情况

大型城市	北京、天津、石家庄、沈阳、大连、长春、上海、无锡、杭州、宁波、厦门、青岛……
中小型城市	包头、通辽、抚顺、丹东、白山、双鸭山、衢州、舟山、丽水、马鞍山、三明、攀枝花……

资料来源：各地区统计年鉴。

基于表 4-4 的分类，我国不同规模城市的基础设施边际产出情况如表 4-5 所示。在大型城市中，能源和水务类基础设施及交通运输类基础设施的边际产出均不显著，可能因为城市基础设施已经有了较高水平的发展，对拉动地区生产总值增长的助力较弱。在中小型城市中，能源和水务类基础设施、交通运输类基础设施的边际产出均显著为正，其中能源和水务类基础设施的边际产出为 0.4228，即能源和水务类基础设施投资每增加 1%，将带动地区生产总值增速增长 0.4228%，交通运输类基础设施的边际产出为 0.1482，即交通运输类基础设施投资每增加 1%，将带动地区生产总值增速增长 0.1482%，能源和水务类基础设施的边际产出高于交通运输类基础设施的边际产出。

表 4-5　不同等级城市下对式（4-5）的参数 MPG_J 估计结果

待估参数	能源和水务类基础设施		交通运输类基础设施	
	大型城市	中小型城市	大型城市	中小型城市
α	0.0063***	0.0107**	0.0068***	0.0097**
	(0.0022)	(0.0044)	(0.0023)	(0.0044)
β	1.4378	-0.8268	1.1932	-0.6343
	(1.1928)	(3.5431)	(1.1703)	(3.5905)
MPG_J	-0.0823	0.4228***	0.0502	0.1482*
	(0.1245)	(0.1270)	(0.0512)	(0.0795)
MPG_0	0.0315***	0.0185	0.0148**	0.0138
	(0.0092)	(0.0121)	(0.0064)	(0.0091)

续表

待估参数	能源和水务类基础设施		交通运输类基础设施	
	大型城市	中小型城市	大型城市	中小型城市
常数项	9.2123***	9.5303***	9.2726***	9.5585***
	(0.1106)	(0.2488)	(0.1210)	(0.2660)
观测值	2245	840	2245	840
R^2	0.8386	0.8396	0.8382	0.8385

注：*、**、***分别表示在10%、5%、1%的水平上显著，括号中为稳健标准误。

表4-6展现了不同规模城市基础设施的最优投资规模估计结果。在大型城市中，交通运输类基础设施的最优投资规模为0.14%，即交通运输类基础设施固定资产投资占总产出的比例最优为0.14%，而能源和水务类基础设施的最优投资规模不显著，可能因为能源和水务类基础设施不会对大型城市地区生产总值增速产生显著的影响，或者能源和水务类基础设施的投资不存在均衡状态。在中小型城市中，能源和水务类基础设施的最优投资规模为0.29%，交通运输类基础设施的最优投资规模为0.25%。从基础设施的类型看，中小型城市的能源和水务类基础设施及交通运输类基础设施的最优投资规模都更大，表明中小型城市对基础设施有更大的需求量，需要加大对城市基础设施的投资，以推动城市地区生产总值的增长。

表4-6　不同等级城市下对式（4-6）的参数 y_J 估计结果

待估参数	能源和水务类基础设施		交通运输类基础设施	
	大型城市	中小型城市	大型城市	中小型城市
α	0.0075***	0.0113**	0.0077***	0.0110**
	(0.0022)	(0.0048)	(0.0024)	(0.0044)
β	1.3805	-0.5821	1.3477	-0.3096
	(1.1711)	(3.5170)	(1.1698)	(3.5273)
y_J	0.0009	0.0029***	0.0014*	0.0025**
	(0.0006)	(0.0008)	(0.0008)	(0.0012)

续表

待估参数	能源和水务类基础设施		交通运输类基础设施	
	大型城市	中小型城市	大型城市	中小型城市
y_0	0.0004**	0.00001	0.0001	0.0003*
	(0.0002)	(0.0002)	(0.0001)	(0.0002)
常数项	9.2835***	9.4774***	9.2885***	9.5089***
	(0.1053)	(0.2424)	(0.1063)	(0.2449)
观测值	2245	840	2245	840
R^2	0.8383	0.8394	0.8382	0.8401

注：*、**、***分别表示在10%、5%、1%的水平上显著，括号中为稳健标准误。

第五章　杭州城市基础设施投融资发展与实践

第一节　杭州基础设施投融资发展的背景与需求

“十四五”时期，杭州城市基础设施的建设任务前所未有的繁重，推进“亚运会、大都市、现代化”，一大批提升城市功能、改善生态环境、改造升级城市基础设施的项目加快推进，一大批场馆设施、配套服务亟待改善，城市基础设施投资需求总量不断扩大是当前影响杭州经济社会发展的关键因素，而城市基础设施投融资模式的缺陷已经成为杭州基础设施建设发展的瓶颈，投融资模式的改革势在必行。

一、杭州基础设施投融资实践的典型意义

（一）杭州市基础设施建设的历史地位

杭州市，简称“杭”，古称临安、钱塘，是浙江省的省会城市，也是我国七大古都之一。杭州市地处长江三角洲南翼，钱塘江下游，京杭大运河南端，是我国长江三角洲的中心城市之一和中国东南部的交通枢纽。杭州市下辖 10 个市辖区、2 个县，代管 1 个县级市，全市总面积 16850 平方千米，常

住人口 1252.2 万人[①]。

杭州市拥有悠久的历史，自秦朝设县治以来已有 2200 多年历史，别名“临安”“钱塘”“武林”等，享有“人间天堂”的美誉。中国近代，由于杭州靠近通商口岸，在开埠以前就受到了对外贸易及西方教会传教的影响，在 1896 年杭州开埠后，“通商场”和“租界”的设立及对外贸易发展，都促使杭州开启了城市现代化进程。在经济和商业发展方面，杭州开埠后对外贸易发展迅速，促进了杭州近代工商业的繁荣发展，同时也推动了杭州由传统商业向现代商业转型，民族资本主义工业开始起步。辛亥革命后，浙江军政府成立，采取了一系列措施发展资本主义工商业，如成立杭州总商会等实业团体、兴办各类学校和习艺所等，同时民国政府在杭州西部地区设立新市场作为杭州近代城市商业中心，建设了一批重要的公用设施和城市公园，将城市重心向西湖地区转移。中华人民共和国成立后，社会主义基本制度逐步建立和巩固，新民主主义建设、社会主义改造等也使我国国民经济逐渐恢复和发展，杭州社会生产力持续提高，而改革开放也使得杭州的经济发展进入快车道，民营经济成为杭州经济的重要支柱，对外贸易、跨境电商等欣欣向荣，全市地区生产总值总量从 1949 年的 2.55 亿元提高到了 2022 年的 18753 亿元，人均地区生产总值高达 15.26 万元，已达到富裕国家水平。

在城市基础设施建设方面，杭州拥有一定的历史基础。近代杭州经济和商业的发展，吸引了大量产业人口的聚集，也带动了杭州基础设施的建设和发展。早在 1908 年，杭州修通了沪杭铁路，是中国近代第一条最长的商办铁路。铁路的开通加强了杭州与上海等沿海港口城市的联系，促进了双方的物流、客流的往来，使得杭州的交通格局发生变化，对推动杭州商业繁荣和城市经济发展起到了至关重要的作用。民国时期，杭州城市道路建设快速发展，以杭州火车站、新市场、杭州城市中心区域及周边地区为重点大力修建城市道路，基本完成了杭州城市中心区域的路网体系架构。同时，杭州的电灯电力工程开始起步，1910 年板儿巷电厂建成，开始向杭州城区的店铺和路灯供

① 截止 2023 年末。

电，随着电厂规模的扩大，供电范围也快速外延，为杭州城市照明、工业的发展提供了重要的能源。杭州的城市基础设施发展也十分迅速。中华人民共和国成立初期，杭州的城市基础设施发展仍然十分落后，公路里程仅 766.2 千米，并且路况较差，沥青路和水泥路里程数仅 32.78 千米，全市仅拥有 1 家自来水厂，日供水量的设计规模仅 5000 吨，发电装机容量仅 2 万多千瓦·时。随着改革开放的深入，杭州以建设国际化大都市为目标发展城市基础设施，构建了公路、铁路、航空、水运立体大交通网络，全市自来水覆盖率、气化率达到 100%，电信技术水平大幅提高，进入了 5G 时代。

（二）杭州基础设施投融资发展的现实意义

推进城市基础设施投融资发展，是杭州实现城市基础设施高质量发展的重要举措，对杭州城市发展具有重要的现实意义，具体包括：

第一，城市基础设施的建设有助于促进经济增长。城市基础设施的投资建设是经济增长的重要动力之一，通过城市基础设施投融资发展，激发民间投资的活力，带动重大城市基础设施项目落地，有助于激发市场主体活力、提升市场活跃度，带动就业和促进经济增长，对杭州实现经济平稳运行和高质量发展具有重要意义。

第二，完善城市基础设施有助于杭州打造城市品牌。杭州深入贯彻创新、协调、绿色、开放、共享、以人为本的发展理念，将建设“国家历史文化名城和重要的风景旅游城市”作为城市发展的定位，以“生态优先、环境立市、绿色发展”为导向逐步完善城市基础设施建设，是提升人居生态环境和城市生活品质的重要手段。通过城市基础设施项目的带动来提升城市功能品质，有助于杭州实现经济、社会、人口、环境和资源相协调的可持续发展战略，打造城市品牌，建设“生活品质之城”。

第三，城市基础设施高质量发展是杭州建设“长江三角洲中心城市”、实现“两个先行”奋斗目标的重要保障。2016 年，国务院批复杭州市为浙江省经济、文化、科教中心及长江三角洲中心城市之一，2017 年杭州市与嘉兴市、上海市构建了沪嘉杭 G60 科创大走廊，与上海市、嘉兴市、湖州市、绍兴市、宁波市、舟山市共建环杭州湾大湾区，为杭州在城市经济社会发展、产业优化升级、科技创新、城市基础设施发展等方面创造了更多的机遇。在此背景下，杭州着力推动城市基础设施高质量发展、提升城市发展质量，将有利于充分发挥杭州的城市优势，增强人才吸引力，从而促进杭州产业结构优化、经济社会快速发展，在高质量发展中实现中国特色社会主义共同富裕先行和省域现代化先行的“两个先行”奋斗目标。

二、杭州基础设施投融资发展的背景

（一）杭州经济发展情况

2008~2022 年，杭州经济社会发展取得了巨大的突破。据表 5-1 所示，2008~2022 年杭州地区生产总值和人均地区生产总值逐年增长，2008 年末，杭州地区生产总值为 4850.59 亿元，人均地区生产总值为 5.96 万元，2022 年，杭州的地区生产总值为 18753 亿元，位于全国第 9 位，全市人均地区生产总值为 15.26 万元，相较于 2008 年，杭州经济总量增长了约 2.86 倍，人均地区生产总值增长了约 1.56 倍。2008~2022 年，杭州常住人口由 820.2 万人增长到了 1237.6 万人，人口增加了 400 万余人，城镇化率由 69.30%上升到了 83.95%，其中杭州城镇化率分别在 2010 年和 2020 年提高至 70%和 80%以上，较上一年均实现了大幅度的上涨。具体数据变化情况如图 5-1、图 5-2 所示。

表 5-1　2008~2022 年杭州主要经济数据指标

年份	地区生产总值（亿元）	人均地区生产总值（万元）	常住人口（万人）	城镇化率（%）
2008	4850.59	5.96	820.2	69.30
2009	5181.80	6.27	833.4	69.50
2010	6049.56	7.10	870.5	73.25
2011	7153.03	8.04	873.8	73.90

续表

年份	地区生产总值（亿元）	人均地区生产总值（万元）	常住人口（万人）	城镇化率（%）
2012	7968.58	8.58	880.2	74.30
2013	8639.91	8.96	884.4	74.90
2014	9502.21	9.53	889.2	75.10
2015	10495.28	10.23	901.8	75.30
2016	11709.45	11.16	918.8	76.20
2017	13160.72	12.22	946.8	76.80
2018	14306.72	12.90	980.6	77.40
2019	15418.80	13.49	1036.0	78.50
2020	16206.82	13.75	1196.5	83.09
2021	18109.42	14.99	1220.4	83.60
2022	18753.00	15.26	1237.6	83.95

资料来源：《杭州统计年鉴》（2009 年–2023 年）。

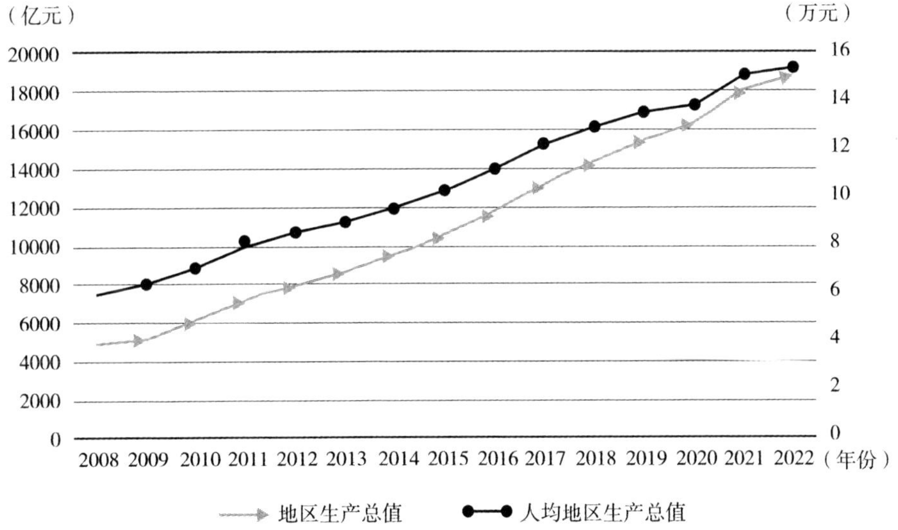

图 5-1　2008~2022 年杭州地区生产总值与人均地区生产总值变化趋势

资料来源：《杭州统计年鉴》（2009 年–2023 年）。

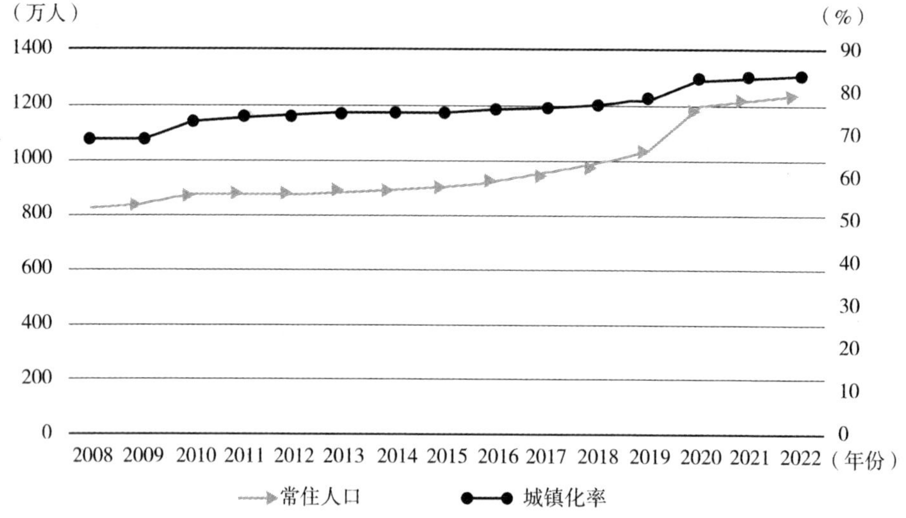

图 5-2　2008~2022 年杭州常住人口与城镇化率变化趋势

资料来源：《杭州统计年鉴》（2009 年-2023 年）。

2008 年，杭州第一产业增加值为 178.5 亿元，占地区生产总值的比重为 3.68%，第二产业增加值为 2419.08 亿元，占地区生产总值的比重为 49.87%，第三产业增加值为 2253.01 亿元，占地区生产总值的比重为 46.45%。2022 年，杭州第一产业增加值为 346 亿元，占地区生产总值的比重为 1.85%，第二产业增加值为 5620 亿元，占地区生产总值的比重为 29.97%，第三产业增加值为 12787 亿元，占地区生产总值的比重为 68.19%。如图 5-1 所示，2008~2022 年杭州的地区生产总值大体上保持了匀速增长的趋势，从经济结构来看，2008~2022 年杭州第一产业的增长速度较为稳定，对杭州地区生产总值贡献率较低，第二产业的增长速度有所放缓，占地区生产总值的比重大幅下降，第三产业的增长迅速，占比逐渐上升，这表明杭州正在逐渐推进产业转型，第三产业方兴未艾，已赶超第二产业，成为贡献地区生产总值的重要力量。

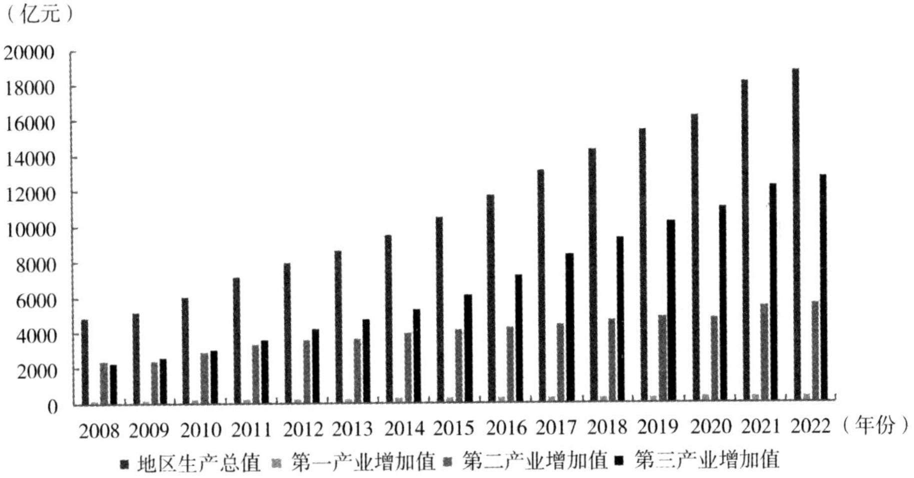

图 5-3　2008~2022 年杭州地区生产总值及产业结构情况

资料来源：《杭州统计年鉴》（2009 年-2023 年）。

（二）杭州财政收支情况

2021 年杭州市一般公共预算收入为 2386.59 亿元，同比增长了 14.01%，一般公共预算支出为 2392.04 亿元，同比增长了 15.58%。2017~2021 年杭州财政收支情况如图 5-4 所示，总体来看，杭州财政自给率较高，对上级政府补助的依赖性低，一般公共预算财政支出和收入均保持增长趋势，但相较于一般公共预算财政支出，一般公共预算财政收入的增速明显放缓，并且在 2021 年，一般公共预算财政支出超过了收入，地方财政预算缺口有所扩大，可能的原因是疫情冲击导致的经济下行，以及实施了退税减税降费政策导致的政策性减收。财政预算的缺口扩大，不利于政府维持正常财政支出，易导致地方政府资金紧张，信用风险上升，难以保障重点领域和城市基础设施项目的投融资需求，使城市基础设施建设受阻。

如表 5-2 所示，2017~2021 年，地方财政一般公共预算收入不断增长，税收收入作为杭州地方财政收入的主要来源，占比分别为 90.41%、90.47%、91.11%、94.52%、93.59%，总体上保持了较为稳定的增长趋势，这表明杭

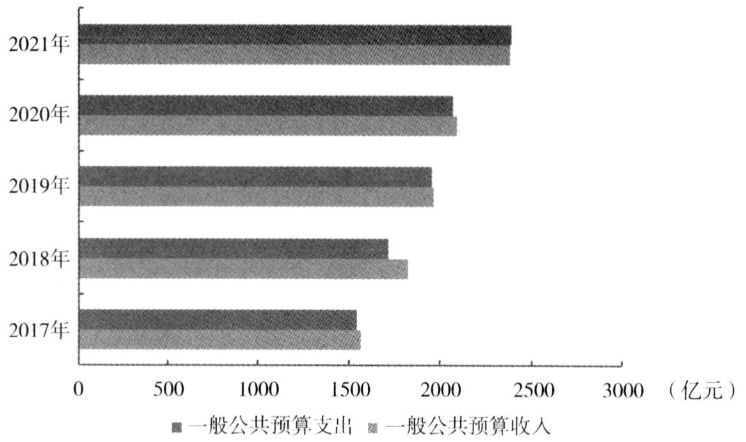

图 5-4　2017~2021 年杭州财政收支情况

资料来源：《杭州统计年鉴》（2018 年-2022 年）。

州税收政策有一定的成效，在疫情防控阶段财政收入形势严峻的情况下，杭州全面落实减负降本等税费优惠政策的同时，通过杭州财税“23 条”抗疫惠企服务举措等政策加大了对经营困难企业的支持力度，特别是小微企业和个体工商户，帮助他们纾困发展，不仅稳住了地方税收来源，还使得地方财政税收收入有了明显提高。整体上看，杭州地方财政专项收入呈下降趋势，仅 2018 年和 2021 年实现增长，国有资本经营收入缩减明显，可能受到了较大的疫情冲击影响，而国有资源（资产）有偿使用收入总体保持增长，如图 5-5 所示。

表 5-2　2017~2021 年杭州财政收入来源

单位：亿元

指标	2017 年	2018 年	2019 年	2020 年	2021 年
一般公共预算收入	1567.42	1825.06	1965.97	2093.39	2386.59
税收收入	1417.16	1651.21	1791.18	1978.60	2233.60
非税收入	150.26	173.85	174.80	114.79	152.99
专项收入	118.02	129.34	117.31	93.50	106.07

续表

指标	2017 年	2018 年	2019 年	2020 年	2021 年
行政事业性收费收入	21.85	11.17	10.13	16.72	20.42
罚没收入	-17.45	32.82	27.99	21.46	33.56
国有资本经营收入	-17.54	-23.04	-19.80	-46.98	-47.73
国有资源（资产）有偿使用收入	10.13	14.64	29.23	24.29	31.20
政府住房基金收入	12.82	7.90	9.25	5.18	7.83
其他非税收入	0.08	1.03	0.69	0.62	1.63

资料来源：《杭州统计年鉴》（2018 年-2022 年）。

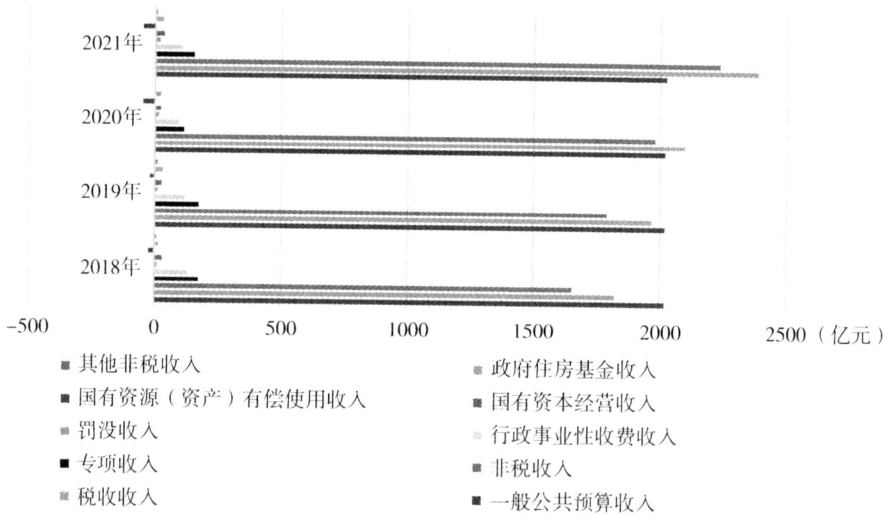

图 5-5　2018~2021 年杭州财政收入来源

资料来源：《杭州统计年鉴》（2019 年-2022 年）。

杭州地方财政支出情况如表 5-3 所示，2017~2021 年地方财政一般公共预算支出均保持增长趋势，同比增长率分别为 11.43%、13.73%、5.98%、15.58%。其中，教育支出、社会保障和就业支出、城乡社区支出是杭州财政支出的主要部分。2021 年，杭州一般公共预算支出项目的前 5 名为教育支出、城乡社区支出、社会保障和就业支出、一般公共服务支出和科学技术支出，占比分别为 19.49%、15.37%、11.99%、8.32%和 7.51%，全市用于民生方面的财政支出1839.73亿元，占比高达75%以上。由此可见，杭州始终坚持人民至上原则，不断加强城市基础设施建设、提高城市治理水平、优化城乡环境，努力发挥财政在促进共同富裕中的引导、支撑和保障作用，同时杭州高度重视科技创新和数字变革，以激发新的经济发展动能。

表5-3　2017~2021年杭州财政支出情况

单位：亿元

指标	2017年	2018年	2019年	2020年	2021年
一般公共预算支出	1540.92	1717.08	1952.85	2069.66	2392.04
一般公共服务支出	131.18	150.37	170.82	190.38	198.97
国防支出	0.93	1.07	1.07	1.14	1.45
公共安全支出	94.43	104.09	119.03	125.78	135.37
教育支出	279.30	315.44	363.56	404.27	466.26
科学技术支出	92.32	118.21	148.19	144.33	179.67
文化体育与传媒支出	30.93	33.22	38.98	40.07	45.03
社会保障和就业支出	173.17	204.36	229.29	253.15	286.90
卫生健康支出	112.33	110.77	130.00	149.00	171.53
节能环保支出	37.79	36.00	47.15	53.32	40.56
城乡社区支出	273.64	293.01	330.82	270.54	367.62
农林水支出	89.62	94.23	105.39	102.97	98.79
交通运输支出	51.51	75.48	74.32	58.35	55.96
资源勘探工业信息等支出	51.56	54.31	54.03	82.84	145.48
商业服务业等支出	35.35	35.04	35.33	53.01	59.42
金融支出	1.85	2.46	1.59	8.06	1.65
援助其他地区支出	5.94	10.32	13.05	15.88	7.55
国土海洋气象等支出	8.68	10.05	18.01	17.72	21.45
住房保障支出	28.63	22.75	22.92	40.17	47.52
粮油物资储备支出	0.98	3.26	2.22	4.65	4.57
债务付息和发行费支出	27.12	31.43	36.06	38.59	41.91
其他支出	13.66	11.24	11.04	15.43	14.38

资料来源：《杭州统计年鉴》（2018年-2022年）。

（三）杭州基础设施建设情况

1. 市政领域杭州城市基础设施建设情况

（1）城市供水基础设施。

2021 年，杭州拥有水厂 22 个，城市供水综合生产能力为 509 万米^3/天，供水管道长度为 2.72 万千米，建成区供水管道密度为 31.13 千米/千米^2，供水总量 12.54 亿立方米，用水户数为 228.02 万户，用水人口达到 993.18 万人。全杭州供水普及率已达到 100%，人均生活用水量为 207 升/天。在 2021 年，杭州市水务集团有限公司售水量达 7.28 亿立方米，同比增长 24.8%，主城区产销差率为 7.7%，同比下降 1.95%。九溪水厂、南星水厂、祥符水厂、清泰水厂、闲林水厂 5 个水厂的出厂水水质均达到 100%合格率。

2021 年杭州多个水厂建设投运。2021 年 5 月 29 日，杭州闲林水厂建成并正式运营，是杭州第一座山地、重力流水厂，该水厂借助地势高低利用重力自流的方式输入输送原水，以减少能源的消耗。水厂制水能力的设计规模为 60 万米^3/天，占杭州城区近 25%的供水量，服务范围涵盖了城西科创大走廊区域及余杭部分区域的 120 多万市民。2021 年 7 月 8 日，富阳区银湖水厂一期工程建成投运，制水能力为 10 万米^3/天，该水厂的建立使富阳区由以富春江为主的单一水源供水格局转变为富春江和千岛湖“双水源”供水格局。同年 8 月 23 日，采用不锈钢设备化水厂模式建设的临安区龙岗水厂开始运营，制水能力为 15 万米^3/天，占地面积达 2.13 公顷。龙岗水厂至昌化段、昌化至天目山段铺设了总长度 53.5 千米、直径为 1000 毫米的双管，向沿途的清凉峰、龙岗、昌化、天目山等地区供水，天目山至临安城区段则铺设了直径为 1000 毫米的单管，能够向临安城区提供 10 万米^3/天的水量。2021 年 12 月 24 日，杭州千岛湖配水工程完成竣工验收工作，该工程由 16 个主体标段组成，目的是保障杭州城市供水安全、提高杭州饮水水质。自通水至 2021 年末，工程总取水量达 13.8 亿立方米，惠及 1500 万人。

（2）城市燃气基础设施。

截至 2021 年，杭州拥有天然气汽车加气站 27 座，天然气供气管道长度为2.46万千米，储气能力为970.44万立方米，供气总量为27.98亿立方米，用气户数为271.94万户，用气人口达到793.11万人。杭州拥有液化石油气汽车加气站2座，液化石油气储气能力为6646.88万立方米，供气总量为13.07万吨，用气户数为83.38万户，用气人口达到200.07万人。全杭州市燃气普及率已达到100%。

2021年，杭州市城市建设投资集团有限公司加快了天然气门站和天然气管线的建设，在全市范围内，燃气点火数居民用户新增了8.11万户，工业和公建燃气用户新增了0.18万户，居民燃气用户点火数累计达到了164.11万户，工业和公建用户累计达到了1.16万户。全年共销售了15亿立方米的天然气，同比增长率为27.2%。在杭州市内，已累计建成并投入运行的燃气相关设施包括：高、中、低压管线8300千米，天然气门站5座，高（中）压调压计量站（含阀室）32座，中（低）压调压设施6130座。市域内服务区域覆盖了全市13个区县（市），主城区气化率已达到94.7%，采暖用户由2020年9万余户新增至11.4万户，同时绿色能源村数量进一步增长，23个西湖“景中村”和75个城中村成功通上了天然气。

2021年11月23日，随着杭州天然气利用工程（建德安仁—乾潭段）正式通气，乾潭镇6万户用户可以用上更加安全稳定的天然气，并且与杭州主城区同城同价。同年11月30日，由杭州市燃气集团有限公司承担的11千米长乾潭—杨村桥S18—3高压管道工程开始建设，标志着杭州天然气利用工程基本形成了“一绕、一连、二沿、二环、多支”的高压燃气管线总体格局。同年12月22日，由杭州市燃气集团有限公司等3家企业共同出资成立的杭州临安燃气有限公司成立，推动了临安区天然气市场“一体化、规模化”改革，鉴于临安区与主城区企业长期存在服务标准和价格不统一等问题，企业以“增供给、降成本、促消费、惠民生、保安全”为宗旨，以推进杭州燃气市场的进一步优化和重构，促进杭州燃气公共服务均等化。

2. 环保领域杭州城市基础设施建设情况

（1）城市排水、污水处理基础设施。

截至2021年，杭州的排水管道长度达到了11361.7千米，其中污水管道长5728千米，雨水管道长5477.8千米，雨污合流管道长155.8千米，建成区排水管道密度为13.53千米/千米^2，全年污水排放量为10.06亿立方米。2021年杭州拥有污水处理厂14座，均拥有二、三级处理工艺，污水处理能力达到了311.9万米^3/天，污水处理量达到了97708万立方米，干污泥产生量和处置量均为25.78万吨，污水处理率高达97.13%。在市政再生水处理与利用方面，杭州2021年的生产能力为42.9万米^3/天，利用量为5232万立方米，管道长度为17.5千米。

2021年，七格污水处理厂、城西污水处理厂污水出水水质和管网水质均达到合格标准。全年共新建自来水管网33.55千米，改造老旧管网61.86千米，截至2021年，杭州供水管网总长度达到了1.63万千米，污水管网总长度达到了1931.2千米。在二次供水改造、老旧小区管网改造工程中，2021年全年共完成了75个小区、4万余户的小区二次供水改造，59个老旧小区的管道施工，67.25千米的管道安装。

（2）城市垃圾处理基础设施。

在2021年，杭州的道路清扫保洁面积为1.29亿平方米，其中机械化清扫面积为0.98亿平方米。2021年，生活垃圾清运量为394.46万吨，处理量为394.46万吨，包括卫生填埋共12.01万吨，焚烧处理共341.14万吨，其他处理共41.3万吨，生活垃圾处理率达100%，杭州拥有生活垃圾无害化处理厂14座，无害化处理能力为1.77万吨/天，其中焚烧处理方式的工厂数为8座，处理能力为1.62万吨/天，其他处理方式的工厂数为6座，处理能力为0.15万吨/天。

杭州为建立生活垃圾分类的“杭州模式”，至2021年末，在所有街道、乡镇、小区、建制村及公共机构、企业均实现了垃圾分类全覆盖，新建了170个省级高标准生活垃圾分类示范小区和15个示范片区。全市生活垃圾无害化处理率和资源化利用率均达到了 100%，垃圾的回收利用率达到了 61.9%。

2020 年 12 月，杭州临江环境能源项目建成投运，项目总投资达 35.26 亿元，建筑面积为 14 万平方米，焚烧处理生活垃圾能力为 5200 吨/天，每年能够实现垃圾发电并网电量 7.98 亿千瓦·时，烟气排放已达到国家要求。至 2021 年末，杭州全市的垃圾焚烧处理能力达到了 1.49 万吨/天，易腐垃圾处理能力达到了 2050 吨/天，基本满足了垃圾分类处理的需求。

3. 城市交通运输基础设施

（1）城市轨道交通基础设施。

截至 2021 年末，杭州已建成 348.06 千米的轨道交通线路，均为地铁线路，按敷设方式划分，有地面线 0.2 千米，地下线 340.26 千米，高架线 7.6 千米，车站数共 208 个，包括 9 个地面站、189 个地下站和 10 个高架站，换站数 37 个，配置车辆数为 2241 辆。杭州在建的轨道交通线路共计 185.94 千米，均为地铁线路，其中包括地下线 173.89 千米和高架线 12.05 千米，合计在建车站数共 100 个，有 96 个地下站和 4 个高架站，在建换站数 38 个，配置车辆数为 1176 辆。

就地铁方面，杭州在 2021 年总共投资 450 亿元，完成了 7 段线路共 94 千米的建设，新增运营里程 35 千米，总运营为 9 条线路共 342 千米。2021 年杭州地铁共开行列车 120.83 万列（次），同比增长了 46.58 万列（次），日均客流量达 280 万人次，在 2021 年 9 月 30 日杭州地铁实现最大单日客流量 350 万人次。为降低列车满载率，杭州地铁缩短了多条线路的列车间隔，其中 1 号线、2 号线、5 号线调整为 2 分 15 秒，4 号线调整为 2 分 30 秒。

2021 年杭州多条地铁线路开通运营。2021 年 6 月 28 日，杭州地铁 8 号线一期通车，全长 17 千米，列车采用 4 动 2 拖 6 辆编组，车体为 A 型铝合金焊接鼓形，最高速度达 100 千米每时。杭州地铁 8 号线与杭海城际铁路、杭绍城际铁路实现了杭州、嘉兴、绍兴三地轨道交通相互连通，三地乘客可通过“一张票”换乘功能实现便捷换乘。2021 年 9 月 17 日，杭州地铁 9 号线一期北段与地铁7号线市民中心站至奥体中心站同时开始运营。9号线一期北段由邱山大街站至龙安站，全长约6千米。7号线市民中心站至奥体中心站全长约3千米，运营后市民可以从市民中心站直达萧山国际机场，节省约15分钟。2021年11月6日，由萧山丰北站至上城区枸桔弄站的地铁6号线二期正式运营，全长约9千米，共设立了7座地下站，列车采用4动2拖6辆编组，车体为AH型铝合金焊接鼓形，最高速度为100千米每时。该线路串联了杭州东站、亚运村和杭州亚运会主场馆。

（2）城市公共交通基础设施。

2021年，杭州公共汽车运营线路为1361条，运营线路总长度共2.58千米，包括快速公交系统（BRT）线路长度152千米。2021年末杭州运营公共汽车数量为10850辆，其中无轨电车数量为52辆，公共汽车总客运量达71214万人次，年末实有出租汽车数14313辆。

以客运服务为主业的杭州市公共交通集团有限公司在2021年共计总资产175亿元，员工2.45万人，运营了杭州市1150条交通线路，运营车辆1.04万辆，出租车3445辆，公共自行车11.64万辆，运营服务点5159处。集团服务范围覆盖了杭州10个城区，并开通了杭州至德清、海宁等地的公交线路。为实现公交网络和地铁网络相互融合，杭州市公共交通集团有限公司新建（改造）了128个公交停靠站，优化了332条公交线路，开通了256条地铁接驳线，地铁口50米范围内换乘公交站点的占比达78.1%，150米内占比达98.3%，选择公共交通出行的比例提高，占机动化出行的4.3%。

2021年，杭州市公共交通集团有限公司运用了大数据、云计算、区块链等技术，采用“1+8+X”模式建设公交数字驾驶舱（“1”为首页界面综合指标监测平台；“8”为二级指标监测平台和三级系统操作平台，包括客流分析、线网管理、智能调度、智慧场站、定制公交等子系统；“X”为数字驾驶舱建设未来扩展的应用系统），以缓解杭州公交数据分散、信息不共享等问题，进一步提高杭州公交的调度水平，使公交运力投放能够有效满足市民的乘车需要。

（3）城市道路基础设施。

2021 年，杭州道路长度达 6573.13 千米，道路面积达 12466.55 万平方米，其中人行道面积为 2071.51 万平方米。桥梁隧道设施方面，截至 2021 年，杭州共有桥梁数 2829 座，包括 158 座大桥及特大桥、74 座立交桥，地下综合管廊长达 95.1 千米，新建地下综合管廊 211.4 千米。杭州已实现人均道路面积 12.55 平方米，建成区路网密度 8.01 千米/千米^2，建成区道路面积率达 16.53%。在城市照明设施方面，2021 年杭州道路照明灯为 46.45 万盏，安装路灯的道路长度为 4045 千米。

2021 年，杭州严格落实“迎亚运”道路整治标准，市城管局对 100 条（段）的道路进行了加固和修缮，对 60 条重要场馆周边和通勤保障道路进行重点保障。在道路养护方面，杭州统筹了市政、环卫、绿化等 40 多个道路养护相关单位，对市区范围内 120 千米的高架快速路实施以 7 天为一个周期的夜间全封闭养护。同时，在德胜快速路、中河高架路、钱塘快速路等 17 条高架公路及立交桥上打造“空中花廊”，种植月季 100 多万株，更新高架桥防撞墙涂 18.8 万平方米。

（四）杭州基础设施投融资情况

2017~2021 年，杭州市政公用设施建设固定资产投资额总体保持增长趋势，其中，2019 年市政公用设施建设固定资产投资的增长幅度最大，从 2018 年的 468.29 亿元增长到了 2019 年的 764.76 亿元，投资额增长了近 300 亿元，同比增长 63.31%（见表 5-4）。杭州市政公用设施建设固定资产投资的资金来源渠道以国家预算资金、国内贷款和自筹资金为主。如图 5-6 所示，以 2021 年为例，国内贷款占杭州市政公用设施建设固定资产投资总额 35.16%，是最主要的资金来源渠道，国家预算资金和自筹资金分别占 24.92%和 25.45%，这三部分的比例占投资总额 85%以上。

表 5-4　2017~2021 年杭州市政公用设施建设固定资产投资来源情况

单位：万元

年度	合计	上年末结余资金	国家预算资金	国内贷款	债券	利用外资	自筹资金	其他资金
2017	3679790	274354	1499949	984718	0	3400	862423	54946
2018	4682937	256400	1265050	1830553	0	2495	1117023	211417
2019	7647555	1295685	1267279	3320163	0	577	1314488	449364
2020	8918662	1580575	1951637	2936501	101100	0	2228099	120750
2021	8829196	1275378	2200320	3103936	2255	0	2247307	0

资料来源：《中国城市建设统计年鉴》（2017 年-2021 年）。

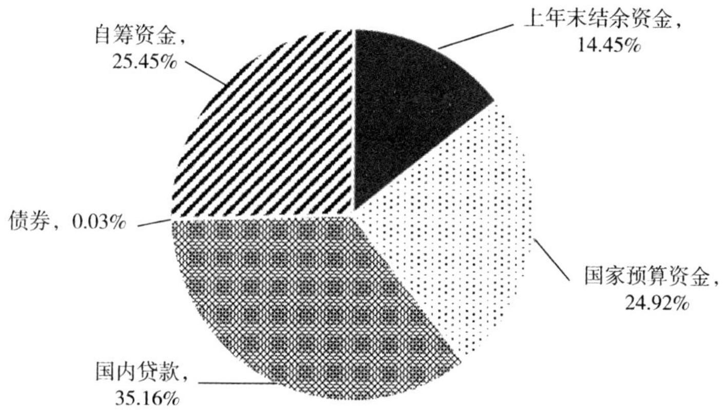

图 5-6　2021 年杭州市政公用设施建设固定资产来源

资料来源：《中国城市建设统计年鉴》（2021 年）。

2017~2021 年，杭州轨道交通、道路桥梁、园林绿化等市政公用设施建设投资总体上保持增长趋势，其中轨道交通设施建设的投资额大幅度增加，占投资总额的比重不断上升。城市燃气、排水等市政公用设施建设的投资额逐渐下降，可能因为这些城市基础设施已经有了一定的发展。如图 5-8 所示，2021 年，市政公用设施建设投资中占比前三的行业分别是轨道交通、道路桥梁和其他设施，比例分别为 59.09%、25.99% 和 7.35%，由此可见，2021 年杭州着力于居民出行相关的城市基础设施建设，投资总额高达 85%以上。其他数据及增长情况如表 5-5、图 5-7 所示。

表 5-5　2017~2021 年杭州各行业市政公用设施建设固定资产情况

单位：万元

年度	供水	燃气	轨道交通	道路桥梁	地下综合管廊	排水	园林绿化	市容环境卫生	其他
2017	212020	50442	2048273	704139	172883	103729	178283	6997	196050
2018	473024	31549	1994766	1650187	170773	103872	133124	22436	172639
2019	312171	26621	5069007	1315758	64435	71554	145779	5	59703
2020	130090	6469	5515664	2228301	113872	94073	163264	135379	414015
2021	62933	25785	4823710	2121209	187210	88488	218649	34902	599846

资料来源：《中国城市建设统计年鉴》（2017 年-2021 年）。

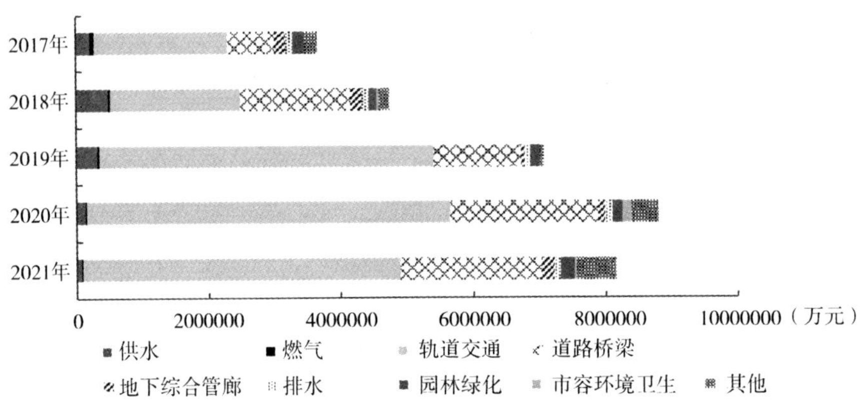

图 5-7　2017~2021 年杭州各行业市政公用设施建设固定资产情况

资料来源：《中国城市建设统计年鉴》（2021 年）。

如图 5-9 所示，2017~2021 年，随着地区生产总值的高速发展，杭州城市基础设施建设也得到了一定的提高。基于联合国开发计划署的标准，发展中国家城市基础设施建设投资金额占 GDP 的比重应达到 3%~5%，从 2018 年起，杭州的城市基础设施投资占比达到了这一标准，即自 2018 年杭州城市基础设施建设投资已达到合理水平。

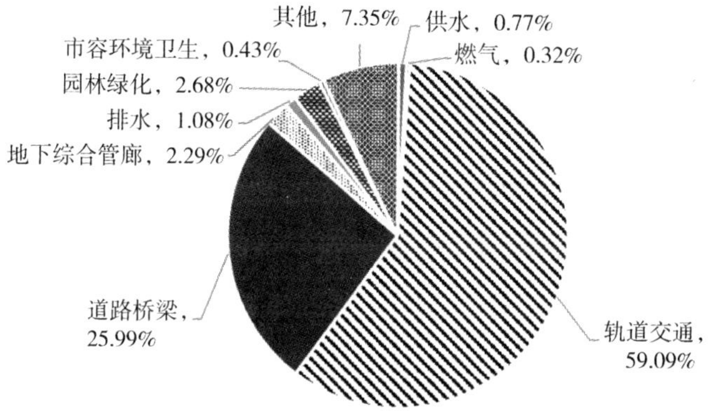

图 5-8　2021 年杭州各行业市政公用设施建设固定资产投资比例

资料来源：《中国城市建设统计年鉴》（2021 年）。

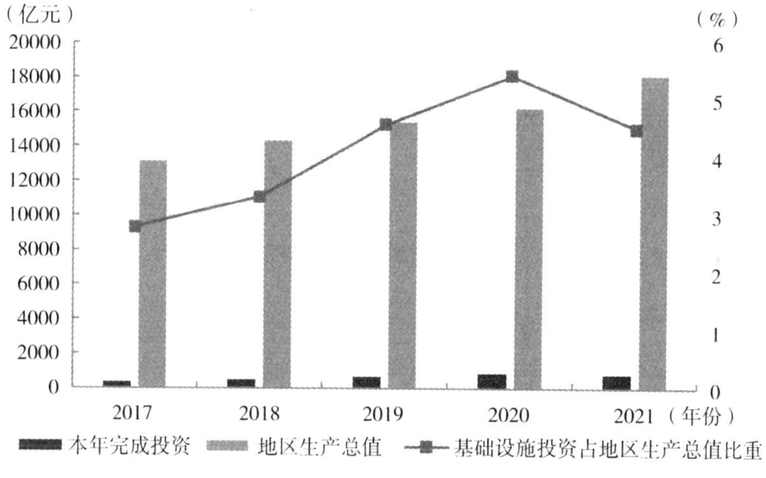

图 5-9　2017~2021 年杭州地区生产总值和市政公用设施建设投资变化情况

资料来源：《中国城市建设统计年鉴》（2017 年-2021 年）。

三、杭州基础设施投融资发展的需求

杭州市人民政府于 2021 年 3 月印发的《杭州市国民经济和社会发展第十四个五年规划和二〇三五年远景目标纲要》（杭政函〔2021〕20 号）中指

出，“十四五”时期是杭州推进“亚运会、大都市、现代化”的关键时期，面对长三角一体化发展、“一带一路”建设等战略赋予的历史机遇，杭州已有了一定的发展基础和独特优势，但发展不平衡不充分问题有待解决，民生保障、社会治理、公共服务等领域也存在短板。基于杭州城市发展和提升人民生活水平的需要，补齐城市基础设施领域的短板、改革城市基础设施投融资模式刻不容缓。

（一）着力实现基础设施全面发展

“十三五”期间，杭州逐步提升了城市保障能力。在道路设施方面，杭州新增建设了道路共404千米、桥梁22座、隧道7条、地下管廊共18.82千米，修复道路共计169万立方米，并改造升级了1.8万余座沉降检查井，埋设了2819米支管，城市轨道交通增加到7条线路共306.3千米里程。在供水供气方面，杭州市的总供水规模已达到510万米^3/天，新建和扩建水厂数共8座，设计规模为165.25万米^3/天供水量，天然气供应量超67.4亿立方米，管道燃气的家庭用户达245万户。在污水处理方面，杭州污水集中处理率达98.53%，截污量新增3.02万吨/天，河道排污口减少了640个。在环境卫生方面，杭州垃圾转运能力达4000吨/天，焚烧处理能力达到14900吨/天，餐厨（厨余）垃圾处置能力达2050吨/天。

2021年12月，杭州市人民政府办公厅下发了《关于印发杭州市重大建设项目“十四五”规划的通知》，对“十四五”时期杭州城市基础设施建设项目和投资金额做出了规划。在交通方面，杭州要建立现代化综合交通运输体系，积极推动城市交通设施项目建设，围绕铁路、轨道交通、公路、水运、机场等方面建设55个重大项目，规划投资4857亿元。在生态方面，杭州要坚持“绿水青山就是金山银山”发展理念，建设包括能源、水利、环保等方面的城市基础设施项目共33个，规划投资1129亿元，其中，涉及污水处理、垃圾处置、生态保护和修复等环保项目共20个，规划投资278亿元。在公共服务方面，杭州为提高民生保障水平、加强社会治理能力，在未来社区、保障性住房、市政设施建设三个方面共安排了18个重大项目，规划投资2636

亿元。

杭州市城市管理局和杭州市发展和改革委员会于2021年9月联合印发的《杭州市城市管理“十四五”规划》中指出，要以实现公共服务均等化为目标提高城市基础设施和公共事业的服务能力，主要包括以下五个方面：

第一，供水保障。一方面，通过加快水厂建设、优化深度处理工艺、千岛湖配供水工程建设等方式提高杭州的供水能力，加强备用水源的建设和保护工作，在杭州市内推进供水一体化改革，实现“一个运营主体、一张供水管网、多个水源、多个水厂”的供水格局，确保杭州的供水稳定与安全。另一方面，保障市域内的供水质量，确保出厂水合格率100%、管网漏损率9%以内、管网水综合合格率超过99%，推动管网和水质实时监测点全面覆盖，遵循“愿改尽改”的原则对需要改造的小区进行供水设施改造，积极促进杭州市内实现供水“同城、同网、同质、同价、同服务”目标。

第二，燃气保障。在加强杭州燃气供应能力方面，着力提高管道燃气和天然气的覆盖范围，构建以“拥江发展”为主线的燃气供应网，逐步拓展天然气的应用领域，理顺天然气价格，力争在2025年，杭州天然气消费在能源消费结构中占12%以上，市场供应达44亿立方米，同时落实瓶装燃气销售实名制，加速瓶装液化气储配站的迁移合并工作，推动实现瓶装燃气在西部地区的集中配送。在提升燃气应急储备方面，逐步建立“政府、燃气企业两级储备、市级和区（县）LNG气源站相结合”的天然气储备体系，加快LNG应急储备设施的建设，并与嘉兴、绍兴等城市实现高压管网互联互通，构建长三角天然气联合保障体系。

第三，城市节水。通过建立非居民用水超定额累进价格制度、加速建设再生水利用基础设施、全面推广节水型器具、推动城市节水协同管理、促进市域节水型城市建设、发挥节水型单位小区的模范作用等措施，力争在“十四五”时期末实现计划用水覆盖率93%，节水型器具普及率100%，节水型单位覆盖率15%，节水型居民小区覆盖率13%。

第四，停车服务。建立健全停车管理体系，完善停车场运营服务规范、停车场日常经营制度、停车场管理与执法联动制度、停车场服务评价制度等。应用5G、物联网等前沿技术，推动停车场服务智能化，缓解区域停车难问题，有效管理道路停车收费工作，提高停车的便捷性。加强对停车场的监督管理，拓展杭州社会开放停车场运营管理的监督范围，成立道路泊位停车行业协会。

第五，智慧慢行交通。将非机动车停放与轨道交通建设规划相结合，扩大地铁站口的非机动车停放空间。推动老旧公共自行车的更新，拓展市民的租车渠道，发展“无桩”式租车服务。同时，科学利用城市交通管理平台，促进公共自行车投放、调度、周转合理化精确化，做好高峰期车辆调度工作。建立健全公共慢行交通管理系统，与轨道交通、公共汽（电）车、停车泊位等信息相结合，构建智慧公交管理体系。

此外，《杭州市城市管理“十四五”规划》中还要求城市基础设施建设应当以安全运行为底线，坚持安全韧性适应的理念，以增强城市的韧性，提高城市灾害应对能力。一是要完善城市安全预警预防机制，通过加强对城市燃气、供水、排水管网和桥梁等设施的安全监控，建设安全监测网，强化城市的风险监测预警能力和防控能力。二是完善全周期安全评估机制，涉及燃气、桥梁等领域的重大工程项目要对项目的规划、建设、运行等全过程进行管理，确保城市基础设施运营安全。三是健全应急保障机制，强化城市的灾害预防能力、快速反应能力、应急处置能力、善后处理能力和及时修复能力。具体的工作安排如下：

第一，开展内涝专项整治。加速杭州排涝泵站的建设，保障市域内河网畅通，河道水位得到有效控制。评估城市排水系统的运行情况和内涝风险，对安全隐患进行排查，构建系统性的城市内涝防治体系。有序规划和治理西湖景区、小和山、老和山等小流域山洪，推动进龙河排钱塘江提升泵站项目以优化进龙河泵站的排水能力，实现山洪水汛期外排入钱塘江。对排水管渠结构进行安全检测，提升排水管网建设进度、老旧管网改造力度和排水泵站建改扩速度。对在建工地及其管养范围的临时排水设施进行排查，对易淹易涝设施进行整治，并提高内涝治理相关设备和物资的储备。

第二，优化污水处理系统。加快规划在建的污水处理厂建设速度，升级现有污水处理厂的污水处理技术，全面提高杭州污水处理能力。改进污水输配系统，评估现有污水处理设施的处理规模并提出相应的扩容改造需求，对老旧污水管道进行优化升级。推进杭州污水零直排区的建设和管理，考察并解决“雨污混接、管道破损、管道淤积”等问题。逐步实现山水、雨水、污水“三水分流”，对三水混接现象进行排查。

第三，强化道路安全管理。解决道路破损和道路空洞问题，加强对道路运行风险和隐患的排查。鼓励使用创新材料和创新工艺以提高城市的道路质量，落实专用车道差异化设计，为特殊车辆设计专用车道。加强道路建设和管理的工作衔接，避免问题道路投入运营。定期对道路桥梁隧道进行检测和评估，及时解决安全隐患，避免重大安全责任事故的发生。规范杭州市政养护市场，促进养护市场主体遵纪守法、诚信经营。

第四，加强轨道交通运营期保护区管理。轨道交通保护区内的工程项目须征求建设或运营单位意见，规范保护区内重难点、高风险项目的建设，以减少轨道交通运行风险，保障杭州轨道交通的安全性。轨道交通管理责任要具体落实到相关单位，消除管理的盲点，并配备人员和设备在保护区内进行巡查。加强轨道交通突发事件的专业应急救援能力，制定应急管理方案，配备应急救援物资，执行应急救援演练。与多部门联合协同完成轨道交通运营期保护区管理，实现风险管理和隐患排查双重预防。

第五，提高突发事件应急处理能力。建立健全多部门“问题发现联动处置、建设工地排水监管、城市河道联合调度、气象灾害预报预警”等机制，完善城市应急的工作、协调、动员、信息共享和监督机制，经常性开展城市基础设施服务相关的应急演练。健全城市突发公共安全事件的应急指挥体系、应急管理制度、“市、区、街道”三级应急体系和应急协调机制，落实城市安全生产和监督责任，加强应急物资储备，形成以物资储备为主，社会征集为辅的物资储备机制，并利用智慧城市管理平台，动态掌握城市日常运行情况和应急管理情况，提高应急调动效率。在突发疫情防控方面，完善疫情期间的环境卫生基础设施运行方案，引进前沿技术参与环境卫生管理，做好疫情期间的物资储备工作。

为实现城市基础设施全面建设和发展，补齐市政工程、公共服务等方面的短板，提高城市基础设施服务质量，需要通过扩大投资渠道等方式为城市基础设施项目的建设和运营创造良好的环境。

（二）积极推动基础设施数字化

1. 城市大脑建设

2017 年 6 月，杭州市人民政府办公厅下发了《关于印发“数字杭州”（“新型智慧杭州”一期）发展规划的通知》（杭政办函〔2017〕64 号），制定了建设“数字杭州”的总体规划，就规划背景、面临形势、规划指导思想、原则、目标和任务等方面提出了系统全面的工作方案。同年，杭州成立了杭州市数据资源管理局，承担了杭州数据资源的管理利用、数据平台的开发运营、数字化项目的建设等工作，旨在推动政府数字化转型、城市数据化发展，构建以数字化为引领、大数据为支撑的城市治理现代化体系。城市“数据大脑”就是杭州市数据资源管理局负责建设管理的重要项目，是一个包括公共交通、卫生健康、城市安全等 11 个系统 48 个应用场景的城市治理项目，有助于推动城市资源合理配置，实现城市管理决策科学化和城市治理水平的提高。2020 年 3 月，习近平在调研杭州城市大脑运营指挥中心时提到，城市大脑是实现“数字杭州”建设的重要举措，通过大数据、云计算、区块链、人工智能等前沿技术有效推进城市治理现代化，逐步实现智慧城市建设。

2020 年 10 月 27 日，杭州市第十三届人民代表大会常务委员会第三十次会议审议通过了《杭州城市大脑赋能城市治理促进条例》，是我国首部城市大脑地方性法规。该条例的制定是为了促进和规范城市大脑赋能城市治理工作，更好地通过城市治理手段、治理模式和治理理念的创新实现城市治理体系和治理能力现代化，进一步推进新型智慧城市建设。条例明确指出“城市大脑，是指由中枢、系统与平台、数字驾驶舱和应用场景等要素组成，以数据、算力、算法等为基础和支撑，运用大数据、云计算、区块链等新技术，推动全面、全程、全域实现城市治理体系和治理能力现代化的数字系统和现代城市基础设施。”其中，中枢是城市大脑的核心，在中枢的串联下能够实现系统与平台互联互通，是城市协同运行的关键；系统与平台是通过中枢实现数据对接的线上线下双向融合系统；数字驾驶舱是经由中枢进行数据协同后形成的数字界面，具有智能化、精细化、可视化的特点，用于跟踪、预测、研判和反馈各岗位各领域的情况；应用场景是业务连接和数据协同计算后形成的流程简化的综合系统。

2021年3月出台的《杭州市国民经济和社会发展第十四个五年规划和二〇三五年远景目标纲要》中也指出要迭代升级城市大脑，基于“一整两通三同直达”治理体系（“一整”是汇总整合政府和社会的数据，“两通”是系统互通和数据互通，“三同”是数据协同、业务协同、政企协同，“直达”是民生、惠企、基层治理直达），形成“一脑治全城、两端同赋能”的运行模式，强化城市大脑的全域感知能力、深度思考能力、快速行动能力、知冷知暖能力和确保安全能力，使杭州城市大脑建设始终处于全国领先地位。同时，要践行《杭州城市大脑赋能城市治理促进条例》，增强城市大脑的数据协同处理能力和系统联动的智能化，逐步提高数字驾驶舱在决策方面的精准度，打造优质有效的应用场景，使城市更加智慧化。此外，要完善城市水、电、气等基础设施信息系统，运用城市信息模型平台（CIM）和三维透视城市感知底座，实现城市基础设施的数字化管理。

2. 新型基础设施建设

2018年的中央经济工作会议将人工智能、工业互联网、物联网等定义为“新型基础设施”，它是基于高质量发展的需要，以新发展理念为引领、以技术创新为驱动、以信息网络为基础的城市基础设施体系，主要提供数字转型、智能升级、融合创新等服务。相较于传统基础设施，新型基础设施是为了解决城市发展高级阶段所产生的问题，助力城市生态化、数字化、智能化、高速化，在提高城市治理水平和实现城市可持续发展方面发挥着至关重要的作用。

“十三五”时期，杭州始终坚持数字产业化、产业数字化和城市数字化协同融合发展，已获批国家新型城市基础设施建设试点，是全国首个提出“城市大脑”建设和首个出台城市大脑地方性法规的城市，在推进全国数字经济第一城建设方面已有显著成效。同时，杭州持续完善数字基础设施，5G网络覆盖规模不断扩大，IP 协议升级改造持续推进，杭州国家级互联网骨干直联点总带宽达 690G，多个大数据平台、智能开放创新平台等平台落户启用，算力基础设施建设也取得了巨大突破，1000kW 功率以上数据中心已建成 29 个，投入使用 48.5 万台服务器，作为全国单元区计算能力最大的项目之一的浙江云计算数据中心正式开工建设。在改造传统基础设施方面，杭州加快推动交通物流智能化，杭绍甬高速公路杭绍段改造的可行性研究报告获批，旨在建设成为全国首条新型高速公路，涵盖“客货运输网”“传感通信控制网”“绿色能源网”三网合一的智慧高速公路基础设施和智慧云控平台，此外，杭州智慧康养建设已取得一定成效，被确立为全国“智慧健康养老示范基地”。在搭建创新平台方面，多个新型实验室和一批大科学装置启动建设，工业互联网发展迅速，工业互联网“1+N”平台的应用得到深化，大量数字化攻关项目、数字化推广项目和工业互联网应用项目启动实施，浙江省共 23 家、约 20%的企业被评为全省数字化车间/智能工厂。然而，杭州新型基础设施建设的制度保障尚不够完善，职能边界还不够清晰，在与传统基础设施建设的规划衔接方面仍不够紧密，同时专注于新型基础设施建设的高能级科创平台数量不足，新型基础设施建设的资源配置机制需要改进，中小企业参与新型基础设施建设的资源要素缺乏，创新能力和动力也有待提高。

基于“十三五”时期数字基础设施建设的现实基础，杭州市“十四五”规划中将强化数字基础设施作为“打造全国数字治理第一城”的重要任务之一，并提出了以下要求：一是推动 5G 网络向高质量、广覆盖方向发展，加快“5G+超级 WiFi”建设，促进通信网络的泛在、安全和高效。二是推动国家（杭州）新型互联网交换中心的建设和互联网协议第6版（IPv6）的规模部署和应用，扩容杭州国家级互联网骨干直联点的通信流量，加快卫星互联网、物联网、区块链等新型基础设施建设。三是规划建设超大规模高等级的绿色云数据中心，如浙江云计算数据中心等，布局若干边缘计算设施建设，实现存算一体。四是建设包括“5G+”车路协同、空地协同在内的新型基础设施，促进传统基础设施数字化改造。五是促进“互联网+航天+通信”的创新型融合，建设卫星时空信息服务设施。

2021年6月，杭州市发展和改革委员会颁布的《杭州市新型基础设施建设“十四五”规划公示》中表明，完善新型基础设施建设是壮大经济新增长点、激发发展新动能的重要助力，有利于全方位推进杭州数字化改革，高质量实现“数智杭州·宜居天堂”的发展战略。“十四五”时期，世界百年未有之大变局加速演变，数字技术成为“贸易战”和“技术战”的主要阵地，新型基础设施建设在稳定经济秩序、提振经济方面发挥着至关重要的作用，同时长三角一体化等发展战略持续推进，浙江数字化改革全面铺开，杭州也迎来了“亚运会、大都市、现代化”的重要窗口期，赋予了杭州新型基础设施建设重要的战略机遇。因此，杭州必须从以下方面推进新型基础设施建设：

（1）加快数字基础设施建设。扩大5G、IPv6、北斗应用等通信网络基础设施的覆盖范围，加强区块链技术、物联网、人工智能等方面的技术突破和创新应用，优化云数据中心、超级算力中心等算力基础设施的布局规划，提升网信安全设施的安全性和可控制性。

（2）推动数智基础设施全面发展。发展如公共数据开放平台、“城市大脑”、应急管理和救援设施、智慧化市政设施等公共服务数智基础设施，建设包括环境保护、水利、气象等服务于生态环境的数智基础设施，同时推动交通物流、清洁能源方面的数智基础设施建设，并促进涵盖健康、教育、养老、文旅的事关民生的数智基础设施建设。

（3）长远规划数创基础设施。借助“名校名院名所”力量，构建涵盖新型实验室和技术创新中心、重大科技基础设施等高能级科创平台体系，从打造重点领域创新平台和产业创新服务综合体两个方面强化产业创新平台建设，并推动实现产业高水平融合发展。

（4）助力示范应用场景落地。植入人工智能、大数据、物联网等前沿技术高水平打造“云上亚运”，构建智能亚运。将多元新型基础设施建设应用于未来社区场景，助力城市有序更新。通过乡村治理数字化建设数字乡村，高水平促进乡村振兴。以加强创新策源地为核心推动杭州新型基础设施建设，促进科创大走廊高水平发展。

推动杭州城市大脑和新型基础设施建设均需依托大数据、云计算等前沿技术，亟需强化创新要素支持，通过制定支持性政策、拓宽融资渠道等方式为推动城市基础设施数字化提供高水平支撑。

（三）促进城市有序更新和改造

1.“美丽杭州”建设

2013 年，杭州、市委市政府基于党的十八大精神和建设“美丽中国”样本的目标，提出了《“美丽杭州”建设实施纲要（2013—2020 年）》，要求进一步优化城市空间布局、保护生态环境、完善城市基础设施和公共服务、推进产业升级转型，最终实现生态美、生产美、生活美的“美丽杭州”建设。该纲要对杭州城市发展方向进行了规划，要求从多方面推动城市空间和功能的优化完善，最终实现城市的更新改造。

党的十八大以来，杭州深入贯彻了习近平总书记关于“努力成为美丽中国建设的样本”重要指示精神，着力推进“美丽杭州”建设，在生态环境保护、环境质量改善、美丽城乡建设、经济发展和人民生活水平等方面都已取得了一定的成效。随着我国发展进入新时代，杭州必须抓住这一重要发展机遇，进一步发挥杭州在生态环境方面的良好基础，牢牢把握美丽杭州建设的先行优势，使杭州继续引领美丽中国的建设。然而，杭州城市发展仍存在一定的缺陷短板，一方面杭州的产业生态化和生态产业化水平有待提高，环境质量仍待改善，急需实现经济和生态环境协同发展，另一方面杭州优质生态产品尚不能满足人民日益增长的优美生态环境需要，在提升人民幸福感、获得感方面仍有进步空间。因此，在2020年6月，杭州市委、市政府印发的《新时代美丽杭州建设实施纲要（2020~2035年）》中将建设“美丽杭州”作为做精做好中国样本的政治责任、实现高质量发展的现实要求及保护生态环境的历史使命，并从国土空间利用、绿色产业创新、生态品质、环境质量、城乡建设、人文历史、生态文明七个方面对“美丽杭州”建设工作进行了布局，内容包括：

（1）合理规划城市生产空间、生活空间和生态空间。利用钱塘新区、杭州城西科创大走廊、杭州高新区（滨江）富阳特别合作区等平台推动地区经济高质量发展，打造城市绿色生产空间。以“拥江发展”为格局，构建高品质宜居宜业的生活空间。推进“三圈三带一湖”的生态空间建设，完善城市生态安全格局。

（2）推动杭州绿色产业创新发展。首先，要坚持创新驱动发展战略，强化数字经济产业和制造业，加快新一代信息技术及应用、高端装备、人工智能等领域发展，构建智慧产业体系。其次，基于杭州生态环境的良好优势发展生态经济和绿色产业，践行“两山理论”，将生态价值转化为经济效益和社会效益。此外，进一步鼓励传统产业推进技术改造，积极实现清洁化生产、生态化发展，逐步实现传统产业转型升级。

（3）着力实现杭州自然生态品质的提升。重点加强对西湖、西溪湿地和千岛湖的综合保护与管理，并提高三地的经营、研究水平。推进生态环境的保护和修复，统筹湿地群建设，加强市域内的水质保护工作和重点区域的生态修复工作。建设以天目山等国家级自然保护区为核心的自然保护地体系，保障生物多样性和生物安全管理，严格控制外来物种。

（4）持续推动环境质量改善。在大气治理方面，深入践行“五气共治”“双控双减”，加强清洁能源和可再生能源的消费利用，对车辆道路清洁、城市扬尘、城乡废弃进行严格控制管理。在水域治理方面，加强“五水共治”“污水零直排”建设和饮用水源地保护，通过水域协同治理、河湖污染总量控制、河（湖）长制等措施强化杭州流域水生态环境的治理。在土壤和固废治理方面，健全土壤污染防控体系，从源头减少固体废弃物，加强固废的资源化利用，并推动固废处置基础设施建设，以确保固废安全处置。

（5）打造适宜居住的城乡环境。通过深化大花园建设、优化廊道和核心城区的设计、强化对运河等核心景观风貌区的保护管理，展现“未来城市”的自然风貌。完善城镇及城市基础设施建设，全方位提升城镇的生活品质和水平，构建宜居宜业的城镇生活圈。深入推进乡村振兴，优化农村环境治理水平和公共服务体系，着力实现城乡同质供水。采取改造老旧小区、系统布局城市公共空间、优化慢行系统和步行可达绿道网络、创新管理方式等措施，提升生活环境，实现以和睦共治、绿色集约、智慧共享为理念的“未来社区”建设。

（6）推动人文传承发展。一方面，通过挖掘历史文化中的生态元素、打造文化品牌、加强文化保护和非遗传承、推动生态文化传播等方式培育和创新生态文化。另一方面，打造低碳城市，倡导绿色办公、绿色出行等理念，完善疫情防控和公共卫生应急管理体系，着力构建绿色健康社会。

（7）建立健全生态文明制度体系。一是实施生态环保责任制度、环境损害赔偿制度、环境损害终身追责制度，完善环保督察和整改机制。二是通过严格执法监管、规划统筹国土空间和用途、完善生态保护法规等措施落实生态环境保护制度。三是建立健全资源管理制度、有偿使用制度、总量管理制度和节约利用制度，确保资源高效利用。四是基于现代信息技术，推动生态环境咨询服务网络体系、环境治理信用体系、环境治理市场体系和环境问题发现机制的建立。

基于《新时代美丽杭州建设实施纲要（2020—2035 年）》，美丽杭州建设领导小组出台了《新时代美丽杭州建设三年行动计划（2020—2022 年）》，全面部署了三年内建设“美丽杭州”工作安排：一是加强对西湖、西溪湿地和千岛湖的保护，推进淳安特别生态功能区的建设和湿地保护修复工作；二是完善生态安全布局，加强生物多样性的保护和森林城市建设，逐步构建高水平环境安全体系；三是强化大气、水域、土壤和垃圾固废治理；

四是优化绿色产业布局，推动产业园区的生态化改造，构建绿色产业体系；五是深入开展美丽城镇、小区和乡村建设，完善城市基础设施、河湖和园林绿道建设；六是倡导绿色出行、生产、生活，推动绿色交通体系建立和城市治理数字化智能化；七是传承发扬传统文化，弘扬和践行低碳行动、生态文化和健康文化；八是制定严格的新时代美丽杭州建设责任制度、生态环境保护制度和资源节约高效利用制度，健全区域协同保护机制。

杭州市政府于 2021 年 3 月颁布的《杭州市国民经济和社会发展第十四个五年规划和二〇三五年远景目标纲要》中也提出要全面推进新时代“美丽杭州”建设，助力杭州成为人与自然和谐相处、共生共荣的宜居城市，并提出了“湿地水城”建设工程、二氧化碳排放达峰行动和生态环境治理提升工程三大项目。

建设“美丽杭州”是杭州基于城市更新目标，通过完善城市功能、推动城市产业创新发展、塑造城市风貌特色、优化城市基础设施和公共服务设施、提高人民生活品质、传承历史文化、修复生态环境等方式，推动城市转型发展，最终实现城市的有序更新改造。此外，“美丽杭州”建设也是杭州实现“双碳战略”重要举措之一，通过打造低碳建筑、低碳交通、发展绿色循环低碳经济等方式深化低碳城市建设，使杭州实现绿色发展、循环发展、低碳发展，实现生产、生活、生态融合共生，构建绿色健康社会环境。

2. 未来社区建设

未来社区作为新时代浙江省探索社区治理机制的重要内容，是基于“人本化、生态化、数字化”三维价值坐标规则、以全方面推动人的发展和社会进步为目标而形成的社区形态，其特征是和睦共治、绿色集约、智慧共享，系统营造了未来邻里、教育、健康、创业、交通、低碳、建筑、服务和治理 9 大场景。2019 年《浙江省政府工作报告》中提出要实施城市有机更新，建设美丽城市，并首次引入“未来社区”这一概念，将其作为构建浙江大湾区的标志性项目之一。

杭州市“十四五”规划中也强调了推进城市有序更新和建设未来社区的

要求，具体包括：一是对城市“粗放型”蔓延进行控制，保护城市化地区的生态环境。二是加强城市的整体规划设计，合理疏解、外移城市非核心功能区，建设小尺度、人性化、富有人情味、体现文化个性的城市环境。三是加快建设面向未来、面向现代化、面向美好生活的未来社区，打造以人为核心的现代化基本单元，构建人民幸福美好家园。四是基于建设“六有”宜居小区的目标，对老旧小区进行综合改造，提高老旧小区的城市基础设施服务能力和物业管理水平。五是践行城市空间“三位一体”制度，有序开发地上、地面与地下城市空间，完善地下综合管廊建设，促进城市地下管网建设管理水平的提高。此外，在杭州市“十四五”规划中对城市更新改造项目提出了具体行动方案：

（1）城市“强身健体”行动。有序迁移主城区大型专业市场、农产品物流中心、油库等场所，向郊区新城扩展优质的科学技术、教育资源、医疗服务等，同时进一步完善产业转移协调分配机制，探索跨区域产业园区的利益分配和责任分担机制，逐步实现低效传统产业向外转移。

（2）未来社区建设行动。将上城始板桥社区、江干采荷荷花塘社区、拱墅瓜山社区、西湖之江社区、萧山亚运社区、萧山瓜沥七彩社区、钱塘新区云帆社区、萧山万向社区、余杭鼎湖社区、富阳杭黄社区、城西科创大走廊全域未来社区共 11 个社区作为省级未来社区试点项目，并在 2025 年左右创建 13 个左右的省级试点项目。

（3）老旧小区改造行动。“十四五”期间，杭州预计对 900 个老旧小区进行改造，共计约 2800 万平方米，改造范围覆盖了 2000 年及以前建成的小区、近 5 年未实施综合改造且未来 5 年无征迁计划的住宅小区。

（4）地下空间开发行动。推动地下机动车道、地下步行系统的建设，建造包括三江汇、云城、钱江世纪城、望江新城、连堡丰城一期等区域的地下空间，以及杭州中心、恒隆广场、亚运村、城市之星综合体等区域的地下综合体，开发钱江新城二期（钱塘未来城）、钱塘新区、亚运村等区域的干线管廊，并规划至 2025 年，杭州地下管廊里程达 120 千米。

基于杭州市“十四五”规划，《杭州市重大建设项目“十四五”规划》及《杭州市新型基础设施建设“十四五”规划》中都对杭州未来社区建设进行了一定的补充和完善。在《杭州市重大建设项目“十四五”规划》中，杭州就推动城市更新、提升城市居住品质方面规划投资2636亿元，主要围绕未来社区、保障性住房和市政设施建设三个方面开展。在《杭州市新型基础设施建设“十四五”规划》中，杭州计划在未来社区建设中应用CIM（城市信息模型）平台和智慧服务平台，将依托先进技术建设的新型基础设施引入未来社区，并构建智能感知体系以实现数字预警和应急救援，助力未来社区和城市管理的智能化。

建设“美丽杭州”、打造未来社区是杭州推动城市的更新和改造的重要工作，对城市基础设施的建设和改造工作也接踵而来，其资金需求也有所提高，因而亟需改革城市基础设施投融资模式以筹措更多的资金，更好地推动城市发展。

第二节 杭州基础设施投融资发展的实践

为了适应新时期城市基础设施建设投融资的需求，杭州在融资主体多元化、资金来源多渠道、投融资方式多样化、建设实施方式市场化等方面进行了诸多探索实践。

一、杭州基础设施投融资体制创新

事权、财力、财权是各级政府财政体制的关键要素，事权是指政府根据自身的职能和地位，应承担的提供公共物品和服务、管理公共事务的职责；财力是政府拥有的用于支持经济社会发展的财政资金，包括税收收入、社会保障基金收入、非税收入、转移性收入四个部分；财权是政府为提供特定公共产品和服务而筹集、使用财政资金的权利。财权与事权的配置会影响城市的建设和发展。自1994年国家进行分税制改革以来，税权划分、土地使用和收益权等方面的制度不断完善，事权和财权的分配也逐渐厘清，中央财政与地方财政的关系愈发清晰。地方政府能够拥有更多的资金和能力推动城市发展，各类土地开发、城市基础设施建设等项目快速开展。伴随着城市建设和发展，城投类国有企业应运而生、应机而出，在城市基础设施建设过程中发挥着至关重要的作用。

（一）城投企业的定义

城投企业是我国地方政府基于推动城市发展为目标而建立的企业，在政府行使事权、财权的过程中扮演着重要角色，是地方政府融资平台的主要形式之一，其类型包括基建类、综合类、园区类、行业性投资类等。2010年6月国务院颁布的《关于加强地方政府融资平台公司管理有关问题的通知》（国发〔2010〕19号）中指出地方政府融资平台公司是地方政府及其部门和机构等通过财政拨款或注入土地、股权等资产设立，承担政府投资项目融资功能，并拥有独立法人资格的经济实体。地方政府融资平台公司通过举债融资等方式筹措资金，以加强地方城市基础设施的建设，推动地方经济和社会发展。

政府与城投企业是具有密切联系但性质、任务、职能有所区别的两类组织，因此需要区分政府和城投企业在社会经济体制中的差异。在经济运行过程中，城投企业作为法人实体和市场竞争主体，要实现自主经营、自负盈亏、自我发展、自我约束，就必须坚持国有资产所有权与经营权分离的制度，即在不改变企业资产归国家所有的情况下，企业享有资产的经营权。

杭州各级政府基于城投类国有企业所处的行业特点、职能定位、市场化程度等情况，坚持经营性资产覆盖债务，经营性收益覆盖利息“两覆盖”的原则，对政府的财权、事权进行合理规定和划分，以更好地推动地方政府融资平台的健康发展。同时，为落实好中央、省委关于深化国企改革及严控地方债务的工作要求，杭州市政府通过建章立制、整合资产、拓宽投融资渠道、混合所有制改革等手段，积极推动城投企业市场化转型，在国有融资平台转型、防控政府债务风险、承担国企职责、增强企业自我发展动能等方面都取得了优异的成绩。

（二）城投企业的发展历程

城市基础设施的投资主体一般是各地的地方政府，然而随着城市发展的加快，仅依靠地方政府的财政资金难以满足大量城市基础设施建设的资金需求，需要筹集更多的资金来缓解财政压力，由此诞生了地方政府的城市基础设施建设投融资平台——城投企业。城投类国企的发展主要经历了三个阶段。

1. 起步阶段

1992 年前后，全国许多城市陆续成立了城投企业，如上海城投、杭州城发等，主要承担政府融资的工作，以融资平台的形式对接银行贷款等负债，实现间接融资，用于城市基础设施建设、老城区改造等项目的投资建设。

2. 改组整合阶段

20 世纪初，全国各城市依据现代企业制度，新设、改组、整合了一批城投企业，并加大了对城投企业资本、资产、土地的投入，城投企业高速发展，如武汉城投、杭州城投、南京城投等。许多城投企业通过做强做大企业，提高自身在行业内的竞争能力，使之能够在城市发展、城市基础设施建设和投资等方面发挥更加关键的作用，部分城投企业还兼具了城市土地收储开发功能。

3. 运营一体化阶段

随着城投企业的发展壮大，逐渐形成了集团化、专业化、市场化、资本化的控股型城投类集团公司，城投企业进入了以直接融资为特征、资产与资本运作为手段、投资建设运营一体化的运作阶段，如上海城投、杭州城投、武汉城投等，同时也诞生了一些地方政府控/参股的更加市场化的投融资平台公司，如北京控股、首创集团、深圳地铁、越秀集团等。2008 年，借助于国家 4 万亿元投资政策的刺激和宽松的平台融资环境，各地区城投企业的数量大幅增加，政府的融资规模也快速上升，为推动城市基础设施建设、促进城市高速发展提供了有力的资金支持。

（三）杭州的城投企业建设

1. 杭州市级国企和城投类企业

杭州市级城投企业的经营范围涵盖了公用事业保障、城市基础设施建设、实业投资经营、金融投资、房地产开发等多个行业，其中主要的平台公司有：

（1）杭州市实业投资集团有限公司。公司成立于2001年11月，注册资本为60亿元，是服务全市产业投资发展的国有产业投资集团。在成立初期，公司主要管理杭州化工、轻工和纺织等工业企业，主营业务包括工业、贸易等，随着企业的不断发展和国企改革的深入推进，集团不断拓宽经营范围，形成了以“战略性新兴产业投资、运营”“大宗商品贸易、服务及产业链投资”“产业园区投资、建设、运营”为核心的多元化经营服务内容，致力于打造具备独特市场竞争力的国有资本产业投资平台。企业自2018年以来连续5年入围中国企业500强，2022年企业年报显示，企业总资产达770亿元，营业收入为1771亿元，利润总额为44.7亿元，净利润为38.4亿元。

（2）杭州市商贸旅游集团有限公司。公司成立于2012年8月，由杭州商业资产经营公司和杭州旅游集团两家国有企业联合组建而成，注册资本9亿元，经营范围涵盖了商贸流通、文化旅游、美食健康、公共服务、会展教育、金融科技六大板块。2022年企业年报显示，集团总资产943亿元，实现营业收入170亿元，利润总额19.6亿元，净利润15.2亿元。

（3）杭州市城市建设投资集团有限公司。公司成立于2003年，是杭州国有全资有限责任公司，也是杭州最大的城市基础设施建设和公用事业运营企业，经营范围包括产城、水务、公交、能源、安居、城建、置业及投资板块，覆盖了城市建设领域的全产业链。2022年企业年报显示，集团总资产为1812亿元，营业收入为462亿元，利润总额31亿元，净利润25亿元，是中国企业500强、中国服务业500强和浙江省100强企业。

（4）杭州市交通投资集团有限公司。公司成立于2003年10月，注册资本为20亿元，是以交通工程建设为主，道路客货运输、收费公路养护营运、港口码头船闸经营、现代交通物流、房地产开发、土地开发收储等产业为辅的多元化经营企业，是杭州最大的交通基础设施投资、建设和经营主体。企业以主导、参股等形式参与了多项交通基础设施建设项目，包括绕城高速、杭新景高速杭州段、杭长高速杭州段、之江大桥等。2022 年，企业总资产为 1140 亿元，营业收入 118 亿元，利润总额 9.9 亿元，净利润 6.5 亿元。

（5）杭州市地铁集团有限责任公司。企业成立于 2002 年 6 月，目前的注册资本为 888.5 亿元，是杭州唯一一个从事地铁项目投资、建设、运营、管理等业务的大型国有企业。目前，杭州城市轨道交通总里程约 516 千米，共有 12 条线路，总投资超过 3000 亿元，形成了较为完整的城市轨道交通骨干网络。2022 年企业年报显示，集团总资产 3194 亿元，实现营业收入 33 亿元，利润总额 5.7 亿元，净利润 5.6 亿元。

（6）杭州市金融投资集团有限公司。公司于 2012 年 2 月成立，注册资本 50 亿元，由杭州市投资控股有限公司和杭州市财开投资集团联合组建。企业以投资业务、产品运营、金融服务、数字产业四大业务为核心，围绕“市场化、综合化、国际化、财团型企业”发展目标，在企业运营和发展过程中取得了良好成效。截至 2022 年，公司拥有总资产 932.3 亿元，获得营业收入 359.5 亿元，利润总额 27.9 亿元，净利润 21.4 亿元。

（7）杭州市国有资本投资运营有限公司。公司于 2018 年 11 月新建成立，注册资本 100 亿元，是杭州明确的“从事从早期科创投资到中后期产业投资全生命周期的国有资本投资运营公司”。公司聚焦于科创投资、产业投资、股权管理、资本运作等业务，坚持“做强资本做大产业做优生态”的战略目标，致力于发挥国有资本在产业发展中的引领、撬动和整合作用。2022 年，公司合并资产总额 798.64 亿元，合并净资产 389.87 亿元，合并营业收入 394.02 亿元，合并利润总额 30.81 亿元，合并净利润 26.42 亿元。

以上集团公司中，杭州市城市建设投资集团有限公司、杭州市交通投资集团有限公司、杭州市地铁集团有限责任公司、杭州市商贸旅游集团有限公司广泛涉及城市基础设施建设领域，在广义上可以被视为城投类企业。

2. 杭州区级城投企业

杭州各区县政府均成立了数量不等的城投企业，负责本地区的土地开发整理、城市基础设施建设、商贸旅游、公共服务等工作，其中代表性的区级城投公司包括：

（1）浙江杭州青山湖科技城投资集团有限公司。企业是由杭州市临安区国有股权控股有限公司于2000年6月出资成立的，注册资本为30亿元，是青山湖科技城主要的投资建设主体和国有资产运营主体。企业承担了青山湖科技城的建设开发工作，涵盖了经济开发区的开发经营、土地整理开发、城市基础设施投资、国有资产投资经营管理等业务。根据2022年企业年报，集团拥有总资产437亿元，实现营业收入9.18亿元，利润总额1.01亿元，净利润0.99亿元。

（2）杭州富阳城市建设投资集团有限公司。公司成立于2000年10月，由富阳区政府出资建设，其经营范围以城市基础设施和公共服务设施的建设投资为主，包括自来水供应、污水治理及管道施工，房地产经营和土地一级开发等业务。2022年企业年报显示，集团总资产为1307亿元，营业收入180亿元，利润总额9.7亿元，净利润9.4亿元。

（3）杭州萧山钱江世纪城开发建设有限责任公司。企业由杭州萧山宁围街道资产经营公司、杭州萧山产业发展集团有限公司、杭州萧山钱江世纪城国有资产经营有限责任公司共同出资，并于2006年5月成立，注册资本5亿元。作为钱江世纪城区域内唯一的国有资产运营主体，企业承担了该区域范围内的城市基础设施建设、土地开发整理和安置房建设，同时开展了混凝土销售和租赁等业务。公司曾主要负责亚运村3平方千米的土地拆迁工作、安置房的建设及亚运村片区城市基础设施工程的建设。截至2022年，公司拥有总资产615亿元，实现营业收入30亿元，利润总额5.06亿元，净利润4.96亿元。

（4）杭州临平城市建设集团有限公司。公司成立于2004年3月，注册资本为30亿元，原为杭州余杭城市建设集团有限公司，现属于临平区政府，承担了临平区城市基础设施建设、土地开发及市政公用事业运营等工作。企业承担了新城 52.4 平方千米重点区域的城市基础设施建设，以及余杭高铁北广场地下空间工程、亚运场馆改建、西溪湿地三期工程等项目的投资建设。根据 2022 年企业年报，集团总资产 1281 亿元，实现营业收入 61 亿元，利润总额 4.8 亿元，净利润 4.7 亿元。

二、杭州基础设施领域的市场化改革

近年来，杭州以提升城市服务保障能力和城市服务品质为目标，对涉及民生服务与保障方面的城市基础设施项目、相关企业及建管模式进行了一系列改革，通过企业改制、盘活存量、做大增量、降本增效和建管优化等手段，推动杭州城市基础设施的市场化改革，实现城市基础设施建设不断“做大做强做优”的要求。

（一）建立杭州市城市建设投资集团有限公司

2003 年 6 月，中共杭州市委、市人民政府印发了《关于组建杭州市城市资产经营有限公司的通知》（市委发〔2003〕58 号），将包括市建委、市政市容局、房管局等部门的共 28 家直属企事业单位合并，组建成立杭州市城市建设资产经营有限公司（以下简称“杭州市城投集团”）。该公司由杭州市政府出资，并授权经营城建国有资产，是当时杭州最大的国有独资企业，其注册资本为 65 亿元，总资产为 183.64 亿元，净资产为 69.66 亿元，业务范围涵盖了供水、供气、热电联产、公共交通、市政设施建设、城市环境卫生与垃圾处理、房地产开发、建筑、科研设计共九大行业。杭州市城投集团的建设，有利于杭州市委、市政府更好地整合全市城市基础设施建设相关的资源和资本，运用更加有效的手段、更加市场化的方式参与到全市城市基础设施项目的投融资、建设和运营管理之中。

自 2003 年成立以来，杭州市城投集团在杭州市委、市政府的支持下，聚焦城市基础设施投资与建设，领导并参与了包括钱塘江引水入城、九堡大桥、紫之隧道、千岛湖配供水工程、市委党校、杭州师范大学仓前新校区、都市水乡等在内的一大批高品质的重大城市基础设施和保障性住房项目。2016 年后，公司又通过 PPP 模式主持了涵盖杭州市内外的省市重大城市基础设施 PPP 项目，包括望江新城城市有机更新征收改造工程 PPP 项目、浙江省杭州市富阳区金桥北路市政综合管廊工程 PPP 项目、艮山东路过江隧道工程 PPP 项目等共计 17 个。2022 年 12 月，根据市委、市政府决策部署，对杭州市城投集团进行调整，将杭州市城投集团与杭州市钱江新城投资集团有限公司进行整合重组，成立新的城投集团，并同步完成杭州市公交集团的升格，以及杭州市能源集团、杭州市安居集团的组建，从而形成以杭州市城投集团为核心，水务、公交、能源、安居四个副局级产业集团及多个其他专业化集团为支撑的“1+4+X”格局，共同承担经营杭州产业与城市发展、水务、能源、公共交通、安居、置业、城市建设及投资板块的主责主业。

多年来，杭州市城投集团始终坚定承担国企应尽的社会责任，发挥自身在城市基础设施的项目建设、投融资及市场化改革方面等关键作用，坚持杭州市委、市政府赋予的“杭州重大城建项目的建设主体、城市基础设施的投融资主体、市政公用设施的运营主体、优质高效安全的为民服务主体”四大主体职能定位，以实现社会效益和经济效益“两个最大化”为发展目标，积极为杭州市民在城市供排水、公共出行、能源（天然气）、垃圾清运处置、道路桥隧养护等方面提供服务保障，有效地提升和完善了城市功能。杭州市城投集团经过近 20 年的精耕细作、砥砺奋进，不断蓬勃发展，在 2021 年和 2022 年连续入选中国企业 500 强。未来，公司将始终坚持“五个第一”的思路，将加快发展作为第一要务、将改革创新作为第一动力、将城市保障作为第一职能、将从全面严治党作为第一责任、将队伍建设作为第一保证，进一步做强主业，做实副业，拓展新业，坚定打造“实力城投、活力城投、品质城投、民生城投和廉洁城投”，以杭州产业发展和城市功能提升作为企业经营的出发点，探索建立以产兴城、以城促产、产融结合的业务协同逻辑，推动杭州成为世界一流的社会主义现代化国际大都市。

（二）水务行业的市场化改革

特许经营权转让是杭州水务行业进行市场化改革的重要手段。杭州市水务集团有限公司运用市场竞争机制，对水务相关资产的特许经营权进行拍卖，推动产权与经营权分离，进而实现投资多元化、经营市场化、管理规模化专业化。水务行业的市场化改革，不仅有助于改善水务行业的产品质量，提升管理和服务水平，推动水务行业的转型升级，而且能够盘活、用活国有资产，帮助缓解水务基础设施建设过程中资金短缺的问题，促进城市经济发展和城市化进程。

杭州市水务集团有限公司特许经营权转让的实践具体包括：①赤山埠水厂特许经营权公开拍卖。1980 年赤山埠水厂建成投运，占地总面积为 33436 平方米，设计制水能力为 15 万吨/天，原杭州市自来水公司在 2000 年 9 月将赤山埠水厂 30 年的特许经营权进行了拍卖，最终由钱江水利开发股份有限公司以 1.5 亿元的拍卖价格获得该项目的经营权。②七格污水处理厂一期、二期资产所有权特许权转让。杭州七格污水处理厂于 2003 年正式投入运行，总投资为 8.2 亿元，考虑到传统的由污水相关公共事业企业运营的模式会导致巨额投资的回收过程十分漫长，因此，为加快投资资金的回收，提高城市基础设施的运营效率，并推动水务行业的市场化改革，杭州市政府于 2005 年将七格污水处理厂一、二期工程以资产 TOT 方式在国际范围内招商，通过公开招标的方式将资产所有权特许权进行转让，中标公司与杭州市城市建设资产经营有限公司合资成立相关的项目公司，并将污水处理厂 25 年的特许经营权授予给该项目公司。2006 年，天津创业环保股份有限公司凭借每吨 0.836 元的最低污水处理报价和最优的污水处理技术方案，在与其他 8 家国内外水务企业的竞争中获胜，以 8.58 亿元的项目转让价成功竞标该项目，最终，天津创业环保股份有限公司与杭州市城市建设资产经营有限公司按照 7∶3 的比例合资成立杭州天创水务有限公司（2014 年市城投集团将股权转让给市水务集团）。杭州市政府通过资产与特许经营权转让的方式，提前实现投资金额的回收，为后续城市基础设施建设提供了大量资金，有效减轻了财政压力。

（三）公共交通集团改革

杭州市公共交通公司早在 1922 年正式成立，并在 1953 年实现国有化，2004 年 10 月，根据杭州市政府的部署，杭州市公共交通公司进行整体改制，成立了杭州市公共交通集团有限公司（以下简称“杭州市公交集团”），属于国有独资企业，主要承担杭州公共交通服务的运营管理。自成立以来，杭州市公交集团始终坚持“公交优先、公交优秀”，秉承“强化公益性服务、引入市场化机制、节约办好公交”的发展理念，通过成本管控能力、加快新能源车更新步伐、实施非客运业务创收增效等措施，努力建设“国内领先，国际一流”，与共建共享“生活品质之城”相适应的，国内同行业标杆型公共交通企业。截至 2022 年，杭州市公交集团共计总资产 178. 84 亿元，拥有员工 2. 36 万人，营运线路 1175 条，营运车辆 10217 辆，出租车 3480 辆，公共自行车 12. 4 万辆、服务点总数达到 5237 处，初步构建了以普通公交线路为核心，以旅游线、定制线、接驳线、社区微公交及出租车、公共自行车为支撑的公交服务体系。

在企业发展过程中，杭州市公交集团始终坚持以客运服务为主业，不断做精做优。杭州市公交集团通过“互联网+公交”和需求响应型定制公交，提供多样化、个性化的公共交通服务，进一步提升公交运营效率及服务质量，实现“公交都市”的创建。同时，杭州市公交集团不断挖掘公交现有的存量资产，做强副业。杭州市公交集团通过企业的体制、管理、绩效和薪酬等制度改革创新，对集团子公司、分公司等实施分类管理，调整企业集团的产业架构，构建“1+4+2”产业生态体系（“1”是以公交客运服务为主业；“4”代表四大多元业务板块，即出租车、传媒、物产、科技产业集团；“2”代表两个平台，即置业和公交云公司），形成以城市公交客运服务为主导，同时集出租汽车、旅游客运、汽车租赁、汽车修理等服务项目于一体的综合性国有独资企业。

在企业管理方面，杭州市公交集团采取了成本控制措施，不断强化降本增效工作。杭州市公交集团通过国有企业集中采购、车辆维护全生命周期、司机自主保洁等全新管理方式，对企业经营成本进行控制。截至 2022 年 10 月，集团采购实际支出较预算节省了近 1.2 亿元，节支率 17.83%。2021 ~ 2022 年的累计采购成本较 2020 年节省了 3.81 亿元，企业还通过车辆全生命周期的维护保养，降低了企业运营成本共 0.38 亿元。此外，杭州市公交集团优化了集团架构和考核机制，加强公交人才队伍建设。企业以“一线从优、二线从紧”为原则对公交人员配置进行调整和优化，同时制定集团经理层成员任期制度，并实施契约化管理。在传媒集团等市场化板块企业实施了职业经理人制度，以充分激发公交集团的经营活力。

（四）天然气集团的股权改革

为全面促进杭州燃气行业的发展能力与基础设施建设，杭州市燃气集团与国际知名能源企业壳牌、香港中华煤气等企业开展了天然气基础设施项目的合作。

2002 年，浙江省发展计划委员会批复杭州市天然气利用工程的可研报告和初步设计，并开始投入建设。在 2005 年 8 月 25 日，杭州市燃气集团有限公司、壳牌（中国）有限公司和壳牌中国私有有限公司及香港中华煤气（杭州）有限公司正式签署了《杭州天然气有限公司合营合同》，约定将杭州市天然气利用工程划分为两个阶段。第一阶段为合营各方合作投资高压管输配系统工程，并于 2005 年 12 月成立杭州天然气有限公司，负责一阶段高压管输配系统业务的经营工作。第二阶段为通过资产转让方式合并中低压和高压工程，实现天然气利用工程整体的合资，在 2013 年合营公司获得了浙江省工商行政管理局颁发的营业执照，注册资本共计 11.95 亿元，各方持股比例为：杭州市燃气集团占 51%，壳牌集团占 25%，香港中华煤气占 24%，同年实现了杭州天然气高中低压一体化运营管理。2019 年 6 月，壳牌集团经营策略调整，将杭州天然气有限公司的股权进行转让，由杭州市燃气集团有限公司和香港中华煤气以 2.6 亿元按照持股比例共同回购壳牌集团持有的股权，使国有股权比例进一步提高，从而更有利于保障杭州天然气服务。

合资项目的实践，不仅有助于企业集团学习借鉴国际先进的管理经验、经营运作理念和市场拓展策略，推动杭州燃气行业的良性安全发展，而且有助于地方企业提高市场竞争力，杭州天然气有限公司通过资本结构的调整和资产的保值增值，不断促进资源配置的优化和多元化投资主体的产权改造，从而真正实现自主经营、自负盈亏、可持续发展的市场竞争主体。截至 2019 年，杭州天然气有限公司已在杭州市域内共建成天然气门站 5 座，运营高压管线 235 千米、中低压管线 6000 余千米，主城区天然气居民用户 120 万户，非居民用户 7300 余家，共销售天然气 14.13 亿立方米。

（五）生态环境项目的市场化改革

杭州市环境集团有限公司（以下简称“杭州环境”）是隶属于杭州市能源集团有限公司的国有独资企业，主要承担杭州生活垃圾的综合治理工作，涉及垃圾集疏运一体化管理、固废垃圾综合处置与资源化利用、城市卫生项目投资及运营管理三大领域。

生态环境项目的市场化改革过程中，杭州市环境集团有限公司发挥了至关重要的作用，具体包括：①2002 年，杭州环境（原杭州市天子岭废弃物处理总场）与中国节能环保集团有限公司合资成立杭州绿能环保发电有限公司，经营服务范围包括垃圾焚烧处理、发电、垃圾处理设施运营管理等，该公司采用世界先进的炉排炉工艺，稳定运行 20 余年，设计规模为 450 吨/天，实际处置垃圾规模 450 吨/天，平均发电量为 421 千瓦·时每吨，在国内垃圾处置和发电领域拥有先进技术。②2015 年，杭州环境与中国光大集团合作投资杭州九峰垃圾焚烧发电工程，该项目采用大型炉排炉工艺，设计规模与实际处置垃圾规模均为 3000 吨/天，平均发电量为 456.78 千瓦·时每吨。③自 2017 年，由杭州市政府牵头，杭州环境与杭州市城市管理局共同推动杭州城市固废出口，并于 2017 年末在临江园区成立杭州临江环境能源公司，其中，杭州环境持股 50%，杭州钱塘新区城市发展集团有限公司持股 20%，杭州萧山环境投资发展有限公司持股 20%，杭州滨江环境发展有限公司持股 10%。该项目的投资建设规模位列全国第二、省内第一，对标世界一流水平，其排放标准远高于欧盟标准。项目采用大型炉排炉工艺，实际处置垃圾规模 5200

吨/天，已达到设计规模的处置水平，其日均垃圾处置量占杭州垃圾处置量的40%左右，平均发电量为512.45千瓦·时每吨。

杭州环境在我国生活垃圾清运处置领域拥有着领先地位，是一家规模大、实力强、技术高、涉及领域广、产业链全的垃圾综合处置企业，拥有较为广阔的发展实力和发展前景。自成立以来，企业始终坚持生活垃圾“减量化、无害化、资源化”的目标，不断运用新技术、探索新工艺、采用新方法，目前已开通456条清洁直运线路，日均服务人数超500万人次，同时拥有“天子岭填埋作业法”、GZBS污水处理等创新技术，先后获得了“迪拜国际改善居住环境最佳范例奖”“中国人居环境范例奖”等多项荣誉。

（六）杭州路桥集团股份制改革

2004年8月，原杭州市道桥养护处由全额拨款的事业单位改制为有限责任公司，成立杭州市路桥有限公司，实现企业的市场化改革，杭州市城市建设投资集团有限公司和原管理骨干分别占股70%和30%。2007年3月，杭州市路桥有限公司与原杭州市沥青拌和厂合并重组，杭州市城市建设投资集团有限公司与公司高中层管理人员分别持股56%和44%。2014年6月，杭州市路桥有限公司更名为杭州市路桥集团有限公司，并在2016年9月再次更名为杭州市路桥集团股份有限公司（以下简称“杭州市路桥集团”）。2017年3月，杭州市路桥集团在全国中小企业股份转让系统（新三板）成功挂牌，是我国市政管养行业首家在“新三板”挂牌的企业。至2020年5月，企业成功进入“新三板”创新层，成为新政下首批“新三板”创新层获批企业。

杭州市路桥集团以设施养护、工程建设、沥青产研铺为主营业务，并拓展了相关的投资业务，是我国高端测试场建设领域中最具有影响力的品牌企业之一。其中，设施养护内容主要包括高架、桥梁、隧道、地铁、环卫、照明等，维护范围涵盖了杭州主城区中90%的隧道、80%的高架、56%的天桥地道及55%的道路，同时集团也承接了杭州市域外的部分业务，如苏州、合肥、绍兴、宁波、衢州、金华等地的设施养护和保洁业务。集团的工程建设业务主要以杭州为中心，向市外拓展，承接了多项省、市重点工程项目。集团的沥青产研铺业务是以杭州市沥青拌和有限公司为平台，建立了包括沥青生产、运输、摊铺、试验在内的一体化运营体系，拥有完整的产业链，更具竞争优势，辐射了市内外沥青产品市场。所属杭州市沥青拌和有限公司的仁和沥青厂力争打造城市环保型沥青拌和站的样板项目，拥有近2亿元的投资，并运用了国际最先进的拌和设备和环保技术，位居沥青行业前列。此外，杭州市路桥集团也是杭州市政府部门处置应急突发事件的主力军之一，肩负防汛防台、抗雪防冻等应急抢险任务，目前已形成了“一专多能、一队多用”的发展格局，建立了超50支的应急队伍共计400余人。

多年来，杭州市路桥集团不断追求城市运营维护领域的新设备、新材料、新技术的开发和运用，取得了多项科研成果。如“全天候冷补沥青混合料的研制与应用研究”项目推动了道路养护材料的更新，“低排放沥青拌和站环保工艺研究”项目极大地发挥了其在建设国内一流的智慧化创新型拌和基地中的示范带动作用。

目前，杭州市路桥集团年营收规模超20亿元，拥有各类子公司、分公司共19家，集团在杭州市域内养护的道路、桥梁、高架、河道等设施总量达2600余座（包含自主养护和合作养护项目），在全国范围内养护的设施总量达5000余座（包含自主养护和合作养护项目）。集团现有纳入固定资产的各类车辆等生产运行设备约1000台，在职职工1440余人，专业技术人员500余人。

（七）杭州市城建开发集团（大家房产）的股权改革

杭州市城建开发集团（以下简称“杭州城建”）于1982年创立，于1999年成功注册“大家房产”品牌商标，是浙江省首批国家一级资质开发企业、AAA级信用企业。2007年，杭州城建完成股权改革，成为混合所有制企业。企业坚持以“房地产的投资及开发”为核心业务，以“地产金融投资、城市运营服务”为两翼，并从房地产主业上下游领域出发多元布局“物业服务、工程代建、家居装饰、贸易流通、建筑施工”等地产相关业务板块，形成完整的产业链，推动企业高质量发展。

在房地产的投资及开发方面，杭州城建始终坚持“深耕浙江、聚焦长三角、布局长江经济带、辐射全中国”的发展战略，目前已经开拓了30余座城市，建设了近200个精品筑作，建筑面积近2800万立方米，服务家庭近18万户。“大家房产”得到了市场和客户的高度认可，并荣获鲁班奖、中国房地产公司品牌价值TOP30、中国房地产产品力优秀企业等超310个奖项。

在地产金融投资方面，杭州城建的子公司大家祥驰资产管理集团有限公司作为综合性资产管理平台，始终秉承“专业务实”的经营理念，投资管理集团自有资金，同时也为高净值客户提供财富管理，其业务范围涉及地产投资、私募证券投资和私募股权投资三大业务板块。从2013年开始，公司累计投资及资产管理规模超850亿元，获2021年度中国房地产私募基金品牌影响力TOP10、中国房地产基金优秀品牌企业、影响力房地产基金品牌30强等荣誉称号。

在城市运营服务方面，杭州城建高度参与城市公共设施建设，曾参与了杭州第一座立交桥清泰立交桥、投资约95亿元的杭州师范大学仓前校区、荣获鲁班奖的杭州市委党校、上海三大绿肺之一的大宁灵石公园等省市重点工程项目的建造，目前杭州城建在杭州、上海、黄山、安吉等多座城市承建了近120个市政公共设施建设项目。

杭州城建始终坚持探寻转型发展的道路。2007年杭州城建完成改制，转变为混合所有制企业。2012年，企业着力于高端精品项目的建设开发了武林府和武林时代，标志着公司在管理方式上实现从粗放型向精细化转变。2019年，杭州城建积极响应浙江省“未来社区”项目建设，率先摘获浙江省首个自带方案整体出让的未来社区项目——丽水大家·未来社区项目。2020年，杭州城建全面建成了“一体两翼，全产业链布局，打造‘1+2+N’生态平台”发展战略格局（“1”是指地产主业，要坚持房地产开发主体地位；“2”是指金融和商管两翼，要高度重视两翼发展，为大家房产可持续发展提供强有力的支撑；“N”就是地产主业上下游产业链中的贸易、物业、装饰、代建等细分产业；“生态平台”是指地产赋能，其他产业反哺），表明杭州城建正式进入转型发展的新阶段。

（八）杭州强弱电管道建设管理模式改革

2000年之前，国内电信市场处于高度垄断状态，杭州的通信管道（也称弱电管道）基本上由中国电信独家投资建设，并由其使用、维护，管道建设、维护相对单一。此后，随着国家对通信行业进行调整，电信市场逐步形成中国电信、中国联通、中国移动、中国网通、中国铁通5家基础运营商；2008年，国家对电信行业进行了改革，中国联通与中国网通合并，中国铁通并入中国移动，电信市场重新整合为中国电信、中国联通、中国移动3家，加上数字电视、军用通信、浙大通信、电力调度等弱电专网，数十家弱电单位分头建设通信管道，造成城市道路地下管线星罗棋布、井盖数量成倍数增加，重复开挖情况严重，影响道路的正常使用，也极大的浪费了地下空间资源。与此同时，电力管线也是电力部门独家建设，架空线居多，在城市道路上方各类架空线路不断增多，影响了市容市貌，阻碍了通信、电力行业的健康发展。

根据市委纪要〔2005〕37号文《关于强弱电管线“上改下”工作的会议纪要》精神，市国资委与市政府分别召开杭州市地下管道公司组建方案论证会和杭州市地下管道公司组建有关问题的专题会议，并以杭府纪要〔2006〕53号文《杭州市人民政府关于市地下管道公司组建有关问题的专题会议纪要》明确：市区强、弱电地下管道原则上由新组建的市地下管道公司负责实施统一建设、经营和管理；市区弱电地下管道的建设、维护工作由市地下管道公司负责，相关费用由市地下管道公司商各管线运营商明确。

按照杭州市委、市政府的要求及杭州市国资委、市政府会议纪要明确的有关问题，由杭州市城投集团下属杭州市城市建设发展集团作为发起人，与杭州市金融投资集团、杭州市钱投集团、杭州市经开区资产经营集团、杭州市高新区资产经营有限公司及杭州之江经营管理集团五家单位共同出资2.5亿元成立杭州市地下管道开发有限公司，并于2006年6月26日得到杭州市政府批复同意成立，7月20日正式挂牌成立。由城投为主，各市域属地、开发区公司合作形成的公司股权合作体制，有效保障了项目的落地和强弱电管道“四统一”（统一规划、统一建设、统一经营、统一运维）建设运营的顺利推进。按照这一成功模式，公司积极复制拓展，不断加强与各区级建设主体公司开展合作，于2010年5月、2013年12月、2016年7月分别合作成立了杭州临安城市管网建设开发有限公司、杭州富阳地下管道开发有限公司、杭州大江东城市资源开发有限公司三家子公司，至此，强弱电管道“四统一”建设运营业务范围逐步全市域全面铺开。

截至2023年底，以市区“上改下”为契机，结合道路新建与改建，杭州市地下管道开发有限公司已经在市区范围配合道路新建、改（扩）建工程，历经“33929”、“一纵三横”、“三口五路”、“五纵六路”、“两口两线”、“十纵十横”、背街小巷、庭院改善、截污纳管、西湖综保、运河综保、市区河道综合整治、G20保障项目、多箱合一、地铁建设保障、加梯迁改保障等重要工程建设，累计完成近2000条道路（小区）上建成通信共同沟4016沟公里，折合26468孔公里，已建设通信共同沟基本覆盖主城区80%区域。其还相继建设了紫金港、湘湖、钱江等区域220千伏、110千伏电力“上改下”项目，有效减少了路面的井盖和道路两侧的架空线，在确保杭州市政府对于通信管道集约化建设、地下空间有序管理、城市环境面貌提升的同时，四通八达的通信共同沟管道也为杭州市的各家通信运营商提供了更为均衡共享的通信基础设施资源，杭州移动、杭州电信、杭州联通及华数广电等各家运营商的网络布局齐头并进、通信服务水平不断提升，经营发展水平均步入各自集团系统内地市级运营商的前列，也为杭州成为国家信息化高水平城市及打造“全国数字第一城”奠定了扎实的基础。

近年来，根据国家集约利用地下空间资源，安全高效发展地下综合管廊的政策导向，杭州开展了地下综合管廊的建设工作。管廊建设规划主要是结合近期建设或改造道路、管线建设或迁改工程等，除已建及在建的管廊130千米外，近期规划建设管廊长度73千米；至2025年，杭州干、支线管廊规模达200千米左右；规划远期建设综合管廊59千米，至2035年，杭州干、支线管廊规模预计达260千米左右。

截至目前，杭州全市共有38条干线或支线管廊在建或投运，总长约130千米，总投资约229.97亿元，工程平均造价约1.77亿元每千米，主要分布在上城区（含原钱江新城）、钱塘区、钱江世纪城（亚运村）、未来科技城、富阳区、桐庐县等区域。其中，23条管廊已建成投入运营或试运营，总长约88千米。

2016年杭州成为全国第二批管廊建设试点城市，杭州市城投集团负责市区的德胜、备塘、艮山及艮山西延四条管廊的建设运营，管廊建设里程总计15.935千米，总投资约27.94亿元，四条管廊已于2019年10月开始陆续完成并投入运营，并纳入杭州市地下管道开发有限公司日常运维管理。

按照杭州市政府管廊统一维护管理的要求和各建设主体的实际需求，杭州市地下管道开发有限公司还承接负责了11条48.67千米城市地下综合管廊日常维护业务，项目已涵盖杭州、嘉兴、湖州三个地级市，并已承担了杭州建成的大部分管廊的日常维护工作，成为杭州最早最大的专业管廊维护单位，所维护的管廊项目也创造了三项省内之最：德胜地下综合管廊是浙江省内首条投入运行的地下综合管廊；艮山地下综合管廊是华东地区首条燃气入廊的地下综合管廊；世纪城亚运村地下综合管廊是杭州市首条联网成片的地下综合管廊，也是离杭州亚运会主会场最近的管廊。在实际维护工作中，公司严格遵守相关标准及规范要求，建立了涵盖机电、通信、电源等共计120余人的专业运维团队，实行全天24小时的监控管理和定期保养、维护、检修、监测等工作，初步形成了完善的地下综合管廊运维制度体系。

经过近20年的发展，杭州市地下管道开发有限公司已经从最初市委、市政府授权成立的仅仅从事城市通信共同沟“四统一”建设运营单位，逐步发展成以数字基础设施服务、数字技术产品服务为主，新工程建设服务为辅的“两主一辅”业务格局，工程建设管理和运维也从单一通信（弱电）领域向电力（强电）和综合管廊业务延伸。公司不断提升企业资质和管理水平，加强市场化、科技创新转型升级；先后被认定为浙江省中小型科技企业、AAA

级“守合同重信用”企业、安全生产标准化二级企业认证和国家高新企业。

杭州地下强、弱电建设管理的市场化改革也促进了其建设管理运营主体杭州市地下管道开发有限公司的发展和壮大。近20年来，企业立足通信（数字）基础设施领域，紧抓管网数字化机遇，用市场化手段不断拓展通信、电力、市政管网行业上下游业务，已经形成以杭州城区通信共同沟“四统一”建设为基础，延伸通信工程施工、通信基站投资运营、新（老旧）小区驻地网、ICT与室内分布工程建设、智慧管廊运维、智能井盖、智慧楼宇运营等业务。经济指标从2006年成立之初的年营收2509.66万元、利润总额345.29万元，跃升到2023年底年营收超5亿元、利润总额约7500万元，企业合并资产总额达到15亿元、净资产超过8亿元。企业的营收结构也已经从单一的通信共同沟建设运营收入发展到了目前以通信工程施工、通信基站投资运营、新（老旧）小区驻地网及室内分布工程建设、智慧管廊运维、智慧楼宇建设运营等市场化项目营收为主（营收占比达到60%以上），已经初步实现了从一家传统任务型公司向市场化公司的转型蜕变，成为了一家可持续、健康发展的市场化与通信高科技型公司。

三、杭州基础设施投融资模式创新

根据不同的划分方法，城市基础设施项目可以分为不同的种类，相应的城建设施管理模式和方法各不相同，其投融资模式也会存在极大的差异。因此，需要根据不同的城市基础设施类型选择城市基础设施的投融资模式。

（一）城市基础设施项目类型的划分

从政府与市场功能的角度，城市基础设施项目可以根据公益属性划分为纯公益性、准公益性和非公益性三种类型。其中根据财政部颁布的《地方政府融资平台公司公益性项目债务核算暂行办法》（财会〔2010〕22号）中给出的定义，公益性项目就是指为社会公共利益服务、不以营利为目的的投资项目，如市政建设、公共交通等城市基础设施项目。非公益性项目则是以谋求个人利益为目标，项目发起人一般是具有营利性质的单位，通过项目经营来获得盈利。准公益性项目则是介于公益性项目和非公益性项目之间，它能够带来一定的社会效益，但也具有一定的竞争性和占有性，不完全属于公共物品范畴。换言之，准公益性项目不仅具有公益性项目的部分属性，也包含了非公益性项目的特点。

按照项目的经营属性划分原则，城市基础设施项目可以划分为经营性、准经营性和非经营性项目。非经营性项目是指完全没有市场经营收入的项目，它主要以实现社会效益为目标，一般而言政府是非经营性项目的投资主体，其主要资金来源是政府财政资金。经营性项目是指能够通过市场经营性收入获得投资回报的项目，投资者可以从对项目的投资中获得丰厚的利润，实现盈利，其实现的所有权益均属于投资者。准经营性项目则是指那些能够获得一定的经营收入，但收入不足以弥补项目的投资金额，需要政府进行补贴的项目。

（二）城市基础设施投融资模式

基于杭州以往的城市基础设施投融资模式的实践，非经营性城市基础设施项目的建设资金原则上来源于政府财政预算，若遇到财政预算不足、需要举债融资的情况，那么一般通过公共预算收入对债务进行偿还，这类项目主要包括城市道路桥梁隧道、城市生态绿化、水利河道建设、学校等。

经营性项目往往是在政府项目规划与价格监管的指导下，由提供城市社会公共服务保障的单位与机构自主投资和经营的，如市政公用企业或者民营资本。政府通过与企业签订长期的项目协议，给予企业筹资、建设、运营或管理城市基础设施的权利，并向公众提供相关公共服务，这类项目主要包括城市供气、城市供水、城市公租房等。杭州天然气项目就是杭州市政府授权杭州市燃气集团有限公司进行投资、建设与运营的，杭州市燃气集团有限公司通过为居民、企业、商户提供天然气服务获得经营收入，政府相关部门则是将天然气价格纳入政府指导定价管理体系之中，对天然气的价格进行监督和管理。城市公租房也是经营性项目的一种，单独经营公租房会导致经营收入无法平衡投资，因此政府部门往往将公租房项目与经营性房地产开发项目进行捆绑招标，由中标房产企业共同投资建设，当公租房建成后，中标房产企业需要无偿将公租房移交给政府，但可以通过房产的销售收入来弥补公租房的建设投入。

准经营性项目的投资建设有两种模式，一是项目资本金制度，在1996年国务院颁布的《关于固定资产投资项目试行资本金制度的通知》（国发〔1996〕35号）中对资本金制度进行了定义，即“在投资项目总投资中，由投资者认缴的出资额，对投资项目来说是非债务性资金，项目法人不承担这部分资金的任何利息和债务；投资者可按其出资的比例依法享有所有者权益，也可转让其出资，但不得以任何方式抽回”。在项目的总投资额中，不仅包括项目法人的债务性资金，也包括投资者认缴的一定比例的出资额。二是与民营资本合作建设的模式，由包括市政公用企业、医院、高校等在内的城市服务保障单位出资建设准经营性项目，并与民营资本进行合作，当项目建成后，通过政府购买服务或使用者付费等方式取得经营收入，而经营收入无法弥补投资的部分则通过财政补偿政策实现平衡，其中杭州的财政补偿政策主要为政府购买服务、政府财政补贴或者政府一次性划转资金、资产。以杭州污水处理项目为例，杭州市水务集团有限公司承担杭州污水处理，根据杭州居民用水阶梯水价政策，污水处理价格仅1元/吨，此时经营收入不能够实现项目平衡，因此杭州通过财政年度补贴的方式来弥补项目的投资和运营成本，由杭州市水务集团有限公司与杭州市综合行政执法局进行污水处理费结算，最终将污水处理价格定为2.42元/吨，这一价格能够覆盖企业污水处理业务的合理成本，并能从中获得合理的利润回报。再比如，杭州临江能源环境有限公司的垃圾焚烧项目，仅依靠垃圾发电、垃圾废渣等经营收入不足以补偿该项目的投资金额，因此市财政根据公司的垃圾处置量通过购买服务的方式使企业实现收支平衡。

（三）政府和社会资本合作的创新模式

政府和社会资本合作模式（Public-Private Partnership，PPP），简称PPP模式，一般是通过签订契约或者合同来强调彼此间自愿、平等、长期的合作关系。在 PPP 模式中，社会资本一般承担了城市基础设施项目的设计、建设、运营和维护等，根据项目营运情况获得经营收入、政府财政补助等，构成项目合理的投资回报，而政府部门主要负责对城市基础设施项目的价格、质量和服务进行监管，以保证公共利益的最大化。PPP 模式包含了多种项目融资模式，如 BOT、DBFO、TOT 等。2014 年，财政部颁布了《关于推广运用政府和社会资本合作模式有关问题的通知》（财金〔2014〕76 号）中指出，在城市基础设施建设中推广和应用政府和社会资本合作模式，是拓宽城镇化建设融资渠道的重要途径，能够保障资金投入的多元化、可持续性，实现社会资源的整合、社会存量资本的合理运用、民间投资的动力有效调动，使我国公共服务的效率和质量不断提高，财政制度进一步完善。PPP 模式的实践，不仅有助于我国深入推进新型城镇化建设，而且在提高国家治理能力、构建现代财政制度方面也具有重要意义。

近年来，杭州积极推行政府和社会资本合作的创新模式，开展了多项 PPP 城市基础设施建设项目。

1. 杭州地铁 1 号线 PPP 项目

2012 年 9 月，杭州市地铁集团与香港铁路有限公司合资成立了杭州杭港地铁有限公司（以下简称“杭港地铁”），其中杭州市地铁集团拥有杭港地铁 51%的股份，香港铁路有限公司拥有杭港地铁 49%的股份。同月杭州市政府与杭港地铁签署了杭州地铁 1 号线 25 年的特许经营协议。

杭州地铁 1 号线作为杭州第一条建成运营的地铁线路，第一期工程在 2007 年 3 月正式开工建设，并于 2012 年 11 月开通试运营，全长 48.1 千米，共有 31 座车站。在项目运作初期，由于杭州缺乏建设和运营轨道交通的经验，并且地铁建设投资巨大，迫切需要引入具有丰富地铁建设运营经验的社会资本，因此采用了 PPP 投融资模式。杭州地铁 1 号线项目采用了“甲+乙包”，即项目分为两个部分，甲部分为轨道、车站等工程的投资建设，总投资 137 亿元，由杭州市地铁集团负责，并在建成后租赁给杭港地铁运营；乙部分为控制、车辆等设备工程的投资建设与运营，总投资 82 亿元，由杭港地铁负责。项目建成后，杭州市政府赋予杭港地铁 25 年的特许经营权，负责地铁 1 号线的运营、维护和更新，并从中获得票款收入和其他收益作为项目的投资回报。特许经营期结束后，杭港地铁将租赁的甲部分资产归还给杭州市地铁集团，乙部分资产移交给政府安排的接管机构。

杭港地铁在经营期间的主要经营收入来源包括票款收入、非票务收入和票价差额补偿。其中票款收入是杭港地铁根据制定的地铁票价及客流量得到的收入。非票务收入是杭港地铁利用地铁设施开展经营活动所得到的收入，如地铁通信设施、广告服务等。票价差额补偿是政府通过购买公共服务的方式，按票价差额对杭港地铁进行补偿。

杭州地铁 1 号线项目利用 PPP 模式，不仅有效缓解了政府的财政压力，提高社会资本参与城市基础设施项目建设的积极性，而且通过引入有丰富地铁运营经验的社会资本，提高了地铁运营服务的质量和效率，减少了项目的债务风险和建设运营风险。

2. 文一路地下通道工程 PPP 项目

文一路隧道是杭州西湖区的地下快速通道，是杭州“四纵五横三连十一延”快速路网中的关键一环，也是杭州“六大行动”之民生福祉工程中的一项重要内容，曾获第十八届中国土木工程詹天佑奖。

文一路地下通道（保俶北路—紫金港路）工程是杭州通过市公共资源交易平台进行公开招标的首次尝试，竞标企业中有 8 家企业组成 4 个联合体，3 家企业独立投标，共计 7 个投标人参与了该项目的招投标环节，均为资金雄厚、综合实力强大的央企或国内大型企业。最终，经公平、公开的竞争后，由浙大网新集团与上海隧道工程有限公司合作联合中标，负责投资建设该 PPP 项目，中标金额为 2. 5 亿元，项目总投资为 33 亿元，合作运营期为 20 年。该工程于 2015 年 4 月开始施工，于 2018 年 10 月 18 日正式建成通车，全长 5. 8 千米，其中隧道全长 5. 124 千米，项目主要内容包括建设 1 座地下隧道，改建 5 座地面桥梁，新建 2 座人行过街设施，还包括地下管线、景观绿化等设施建设及地面道路恢复。

文一路地下通道（保俶北路—紫金港路）工程的建设，连通了绕城高速内的主城区域，实现城西与中心城区、钱江新城、下沙高教园、滨江高新区、萧山等区域的长距离快速交通，直接打通了余杭、主城区、下沙的快速交通，并与上塘高架、秋石高架形成快速路网体系。这不仅有效缓解了城西的拥堵情况、均衡杭州的交通流量，还有利于余杭和城西地区的居民出行。

3. 艮山东路过江隧道工程 PPP 项目

艮山东路过江隧道工程是杭州钱塘快速路钱塘段的重要组成部分，也是杭州亚运会重点配套项目之一。项目主要内容包括过江隧道、综合管廊、地面接线工程及配套附属工程建设等，该隧道全长约 4616 米，其中盾构段约 3210 米，最大埋深位于水下 45 米。项目于 2019 年 4 月开始施工建设，于 2022 年 7 月 30 日正式通车运营。

艮山东路过江隧道工程采用 PPP 模式投资建设，总投资金额约 44.19 亿元，项目总合作期为 23.2 年，其中包括建设期 38 个月，运营期 20 年。项目采用“建设—运营—移交”（Build-Operate-Transfer，BOT）的运作方式，即由政府以公开招标方式确定合作的社会资本并签订合作契约，中标后社会资本根据相关要求组建项目公司，负责项目的投资、建设、运营和维护，运营期内项目的回报方式为项目经营收入与可行性缺口补助，在合约期满后，项目公司按合同要求将工程相关资产移交给政府指定的接管机构。最终，由杭州城投基础设施投资管理有限公司设立城溪基金（持股比例 51%），并与中铁十四局（持股比例 34%）、杭州市钱江新城建设开发有限公司（持股比例 15%）共同中标组建项目公司。

艮山东路过江隧道的建设，能够有效分流和缓解江东大桥的交通压力，将与江东大桥和规划中的江东三路过江通道形成“一江、两岸、三通道”的重要格局，大幅提升交通过江通行能力，加强两岸之间的交通联系。

4. 富阳区银湖水厂一期工程及千岛湖配水工程配套供水设施建设工程

为了保证富阳百姓的水源供应，提高用水的品质和安全性，政府推动了富阳区银湖水厂一期工程及千岛湖配水工程配套供水设施建设工程 PPP 项目的建设。项目需要建立包括取水、输水、净水完整的城市供水系统工程，项目的建设预计可以使富阳主城区增加 10 万米^3/天的供水能力。

项目的总投资金额约为 11.65 亿元，合作期共 32 年，包括 2 年的建设期和 30 年的运营期。项目采取了 BOT 运作模式，经政府公开招标后成功竞标的企业组建项目公司，负责富阳区银湖水厂一期工程取水工程、输水工程和千岛湖配水工程配套供水设施建设工程的投资、建设，同时负责银湖水厂的投资、建设、运营维护，并在特许经营权到期时将项目资产和设施移交给政府指定机构。项目的主要工作包括以下四个部分：

（1）取水工程建设。该部分包括取水头部及取水泵站两部分，以 50 万米^3/天的供水规模（已建江北水厂规模 20 万米^3/天、拟建银湖水厂远期规模 30 万米^3/天）进行土建设计，同时以江北水厂 20 万米^3/天、银湖水厂一期 10 万米^3/天的规模进行设备安装。

（2）输水工程建设。该部分包括从取水泵站至江北水厂、银湖水厂的输水管线，其中从取水泵站至江北水厂部分的输水管线按 50 万米^3/天的规模设计，从江北水厂到银湖水厂部分的输水管线按 10 万米^3/天的规模设计。

（3）净水工程建设。该部分包括一座净水厂，即银湖水厂，并要求该净水厂能够完成常规处理、深度处理和污泥处理三部分的工作。其中，净水处理构筑物按 10 万米^3/天的规模设计，配水井、送水泵房/污泥系统、加氯加药间、变配电间、附属建筑等设施按远期规模 30 万米^3/天进行土建设计，按一期 10 万米^3/天的规模进行设备安装。

（4）千岛湖配水工程配套供水设施建设工程。该部分包括以千岛湖引水工程上陈村的取水构筑物为起点，到银湖水厂、江北水厂、江南水厂的输水管道建设。千岛湖配水工程配套供水设施建设工程设计规模为 19 万吨/天，供水管道总长度约为 26.8 千米。

该项目最终由杭州市水务集团有限公司、杭州富阳城市建设投资集团有限公司和浙江省建工集团有限责任公司共同组建的杭州水务银湖制水有限公司中标，负责项目的投资建设。2021 年 9 月 29 日，杭州富阳区银湖水厂一期工程正式通水，水源供应渠道更加丰富，从以富春江为主的单一水源供应转变为千岛湖、富春江多水源供水，供水量也大幅提升，富阳全区供水量设计能力提升到了44.5万吨/天。

5. 杭州临安区青山湖环湖绿道三期工程PPP项目

作为杭州绿道项目总体规划的内容之一，青山湖环湖绿道三期项目能够促进区域生态环境优化和保护，推动宜居城乡的建设，是“环湖于民”的重要民生工程。

本项目的总投资约4.59亿元，采用了BOT运作模式，合作期为11年，包含1年建设期，10年运营期。项目涵盖了绿道市政、绿化、附属配套等城市基础设施的建设、投资、运营和维护工作，其中包含了两个子项目，子项目1为杭州临安区青山湖环湖绿道三期，子项目2为青山湖环湖绿道一期工程望湖公园—大草坪段、中都大酒店—琴山码头段、望湖公园—大草坪段亮灯提升工程共3个标段工程。项目合作期内，项目公司享有该项目的经营收益，在项目期满后，须将项目相关资产和权利移交给政府指定的项目接收机构。

本项目的授权主体是临安区人民政府，项目的授权实施机构为杭州临安区青山湖国家森林公园管理局，政府授权出资方为杭州市临安区城市建设投资集团有限公司，PPP项目的成交对象为杭州市路桥集团股份有限公司、杭州城泉投资发展合伙企业和杭州临安青山湖绿道经营管理有限公司共同组建的联合体。该工程的建设，以绿道为纽带，串联了民宿、旅游景点、美丽城镇、商业网点等设施，不仅为市民提供了美丽的绿色生态和自然环境，而且推动了旅游、运动、餐饮、住宿等多样化产业共生发展，激发了地区产业振兴的活力，详细内容如表5-6所示。

表 5-6　杭州 PPP 项目部分汇总

序号	项目名称	合作期（年）	所属行业	运作方式	回报机制
1	良山东路过江隧道工程 PPP 项目	3. 2+20	市政工程	BOT	使用者付费+可行性缺口补助
2	拱墅区新文村城中村改造 PPP 项目	4+11	房地产业	BOT	可行性缺口补助
3	下城区长木、草庵、沈家三村成片综合改造工程	5+10	房地产业	BOT	使用者付费和政府付费
4	临安青山湖环湖绿道二期（防汛通道区块改造）工程 PPP 项目	1+10	市政建设施工及养护	BOT	政府付费
5	富阳城际铁路配套工程等 PPP 项目	杭富铁路为 2+20 年、其余为 3+19 年	土木工程	BOT	可行性缺口补助
6	富阳区金桥北路市政综合管廊工程 PPP 项目投标	3+20	土木工程	BOT	使用者付费+可行性缺口补助
7	良渚新城小洋坝农居点一、二期工程 PPP 项目	4+6	保障性安居工程	DBTO	政府付费
8	之江净水厂工程 PPP 项目	2. 5+22. 5	污水处理	BOT	可行性缺口补助
9	富阳区银湖水厂一期工程及千岛湖配水工程配套供水设施建设工程 PPP 项目	2+30	供水	BOT	使用者付费
10	杭州临安区青山湖环湖绿道三期工程 PPP 项目	1+10	市政建设施工及养护	BOT	政府付费
11	杭州地铁 1 号线 PPP 项目	5. 7+25	市政工程	PPP	使用者付费+可行性缺口补助
12	文一路地下通道工程 PPP 项目	3. 5+20	市政工程	PPP	政府付费

资料来源：作者自制整理。

第三节　杭州基础设施投融资发展的挑战与应对

进入新时代，面对百年未有之大变局，随着中国城镇化步伐放慢和房地产市场景气结束，杭州作为浙江的省会城市和长三角中心城市之一，城市基础设施投融资发展挑战与机遇并存，眼下的当务之急是稳发展、防风险、补短板、创新路，总结杭州城市基础设施投融资发展的经验对于全国其他城市的基础设施投融资发展具有较好的借鉴意义。

一、杭州基础设施投融资发展的挑战

（一）多种因素叠加冲击经济增长

国内外经济发展环境日益严峻，受“需求收缩、供给冲击、预期转弱”三重压力的影响，以及俄乌冲突、新冠疫情的冲击，杭州部分行业、企业发展遇到了瓶颈，增长速度减缓。尽管杭州采取了“助企开门红”杭十条、支持服务业恢复发展 40 条等一系列稳经济政策，但是经济增长的缺口仍然存在，经济恢复难度大幅提高。受到宏观经济发展环境变化影响，以工业企业为主的民营资本投资意愿下降，使得杭州部分城市基础设施建设项目暂缓推进，新项目招标引资难度也有所增长。

作为拉动城市经济发展的重要组成部分和逆周期调节的重要经济手段，城市基础设施建设投资目前也遭遇困境：一是基于世界面临百年大变局加速演变期和数字技术进阶迭代期的背景，新型基础设施建设也受到了技术封锁、疫情、人才紧缺等不利因素的影响，面临着诸多挑战。二是当前地方经济也面临着存量债务化解问题、政府项目融资问题、财政可持续运行问题等危机，恢复和提振地方经济成为难题。三是全球经济增长态势明显放缓，国内经济结构性矛盾凸显，社会信用收缩压力加剧，债券违约等金融风险逐渐暴露。

（二）产业布局与发展存在短板

城市产业发展往往存在缺乏顶层设计、科学布局、经济管理、先进技术等问题，对于杭州来说，当前支撑杭州实体产业布局和发展的配套设施存在一定的不足。一是杭州产业发展的资源和环境短板明显，作为著名的风景旅游城市，杭州以生态环境保护为发展重点，相关行业的准入门槛较高。二是产业发展的成本高，近年来杭州的土地、商品房、劳动力等要素价格大幅度上升，加重了实体产业发展的成本。三是城市产业布局有待完善，目前杭州着力发展互联网、数字经济相关产业，第二产业发展空间受到一定制约，同时周边城市经济发展实力强大，杭州的产业发展面临着巨大的竞争压力。这些问题导致杭州制造业资源支撑相对不足，大型工业产业项目难引进、难落地，而数字经济等前沿科创领域的产业项目数量不足，竞争力也亟需提升，可持续性面临问题。

（三）城市资源要素保障压力加大

随着城市发展到一定阶段，城市规划建设不合理、资源分配不均衡等问题逐渐凸显，由此产生了人口膨胀、交通拥堵、住房困难、环境恶化、资源紧张等不利影响，“大城市病”日益严重，城市的布局规划有待完善，城市发展资源难以得到保障。

在城市用地方面，因调减城市新增建设用地数量、耕地占补平衡和永久基本农田补划等政策要求，以及“拆迁难”问题的存在，导致城市土地资源稀缺程度加剧。同时，基于建设“国家历史文化名城和重要的风景旅游城市”的发展定位，杭州在生态环境保护方面投入了大量的土地资源。这导致杭州土地资源愈发紧张，城市基础设施建设项目进展缓慢，项目落地难度加剧。

在资金方面，随着房地产市场日益饱和及国家“房住不炒”的政策影响，“土地储备—土地出让—城市基础设施投资建设—土地储备”的循环关系难以维系，以商业用地为主的土地出让收入明显下降，同时地方政府性债务受到严格控制和管理，政府筹措项目资金的难度提高，加大了城市基础设施建设的资金压力。

（四）城市基础设施投融资难度大

城市基础设施建设往往以投资规模大、成本高、周期长、收益低为特点，导致城市基础设施投融资存在难度大、程序复杂等问题，给城市基础设施建设和城市发展带来了挑战。

目前，杭州城市基础设施投融资面临以下难题：一是政府举债方式有限，基于《国务院关于加强地方政府性债务管理的意见》（国发〔2014〕43 号），地方政府举债仅限于采取限额发行债券的方式，因此政府城市基础设施投融资的方式除发行政府债券和 PPP 模式以外，其他的融资渠道均受到一定阻碍。二是民营资本进入城市基础设施的路径和模式存在困境。2023 年 11 月 3 日，国家发展和改革委员会、财政部出台《关于规范实施政府和社会资本合作新机制的指导意见》，限定了只有收益性项目可以采取政府和社会资本合作的模式，并且只能采用使用者付费的回报机制，不再有政府付费和可行性补贴类型的回报机制，政府不再承担支出责任。因此，在新文件的要求下，对于已开展的 PPP 项目，社会资本需要根据项目的特点与政府方重新谈判，重新签订特许经营协议，甚至是调整项目的总体架构。对于后续要开展的城市基础设施投资项目，特别是没有收益或收益不足以补偿投资的项目，社会资本如何参与的模式和路径尚不明确。三是地方政府债务风险加剧导致投融资存在困难，在疫情影响、经济下行压力犹存的前提下，地方政府财政收入减少，债务规模扩大，使政府的债务风险上升，城市基础设施投融资的难度增加。

（五）基础设施存量资产亟需盘活

近年来，杭州经济发展迅速、杭州亚运会召开等因素有效带动了杭州城市基础设施的高速发展。然而，大规模的城市基础设施建设形成了一大批存量资产，不仅会导致城市粗放式发展，加重政府的债务风险，也会引起城市基础设施利用率低、资产闲置、产业发展乏力等问题。与此同时，现阶段仅依靠城市基础设施新增投资难以在严峻的国际环境下实现拉动经济高质量发展的目标，城市基础设施新增投资对经济增长的促进作用无法长时间维系，后劲不足问题将愈发明显。因此，亟需盘活城市基础设施存量资产，形成城市基础设施存量资产和新增投资的良性循环，以更好地发挥城市基础设施对扩大有效投资、降低政府债务风险、促进经济发展等方面的作用。

二、杭州基础设施投融资发展的展望

（一）城市发展定位和推动高质量发展背景，与抢机遇补短板相契合

“十四五”时期是杭州“亚运会、大都市、现代化”的重要窗口期，为杭州城市发展提供了良好基础和独特优势，在这一阶段，杭州应深入推进“数智杭州，宜居天堂”建设，坚持打造世界一流的社会主义现代化国际大都市的城市发展定位，紧抓“一带一路”建设、长三角一体化发展等国家战略实施所赋予新的历史机遇，努力推动杭州城市经济和社会发展。同时，杭州已逐步转向高质量发展阶段，经济发展、技术创新等方面有了明显的进步，但是发展不平衡不充分问题仍然存在，在生态环境、公共服务等领域仍存在短板弱项，亟需抓好重大城市基础设施项目建设工作，以高质量投资带动经济高质量发展，为提高城市治理水平和综合能级提供坚实基础。

（二）新一轮科技革命和产业变革，与新旧动能转换要求相契合

“十四五”时期，全球科技创新和产业变革加速演进，新一轮科技革命将迎来核心技术突破的关键时期，这为杭州促进高端要素集聚、推动企业创新、建设创新型产业项目提供了有利条件，有助于补齐杭州创新动力不足的短板，推动杭州经济发展方式的转变。实体经济作为我国经济发展的重要着力点，在我国经济社会发展中发挥着至关重要的作用，这要求我国坚定地朝建设“制造强国、质量强国、网络强国、数字中国”目标迈进，推进产业基础高级化、产业链现代化。因此，杭州也要积极推动现代化产业建设，打造适应杭州城市发展的标志性产业链，培育一批千亿级制造业集群，从而形成质量高、竞争强的现代产业体系，助力杭州经济发展取得新突破。

（三）区域形态和城市发展格局变化，与提高城市竞争力相契合

长三角一体化发展是提高长三角地区整体实力和竞争力的重大决策，也是我国重要的国家战略。当前，长三角地区已成为我国经济发展最活跃、开放程度最高、创新能力最强的区域之一，杭州作为长三角地区的核心城市，应当将“全力打造长三角南翼强劲增长极”作为“十四五”时期的重点内容，进一步推进产学研合作、城市基础设施等领域的标志性工程建设。

随着行政区划的调整优化，杭州有必要统筹城市规划建设管理，推进轨道交通、生态环境等城市传统基础设施建设，逐步推进城市基础设施互联互通、公共服务一体化融合，同时要坚持以新发展为理念，推动数字转型、智能升级、融合创新，运用信息网络构建新型城市基础设施服务体系，从而实现城市空间布局结构的优化，提升城市能级、城市品质和城市底蕴，在可持续发展的前提下实现城市的有序更新，巩固并提高杭州在长三角区域的地位和综合竞争力。

（四）政府促投资政策的出台，与加快项目落地需求相契合

“十四五”时期，我国将坚持深化供给侧结构性改革，加快补齐城市基础设施、市政工程等领域的短板，促进企业设备完善与技术更新，提高对战略性新兴产业的投资，建设一批强基础、增功能、利长远的重大项目。目前，国家围绕新型基础设施建设、公共服务等重点领域的突出问题，紧盯重点领域的薄弱环节，密集出台了如增加地方政府专项债券发行额度、土地审批权下放试点、项目审批核准或窗口指导提速等一系列“政策包”，进一步缩短项目的前期流程和周期，扩大项目筹资的渠道，加快项目的建设和运营，为吸引民营资本、扩大投资创造了良好的环境。特别是《关于规范实施政府和社会资本合作新机制的指导意见》文件的出台，预示着 PPP 模式迎来新机制，其中提出了聚焦使用者付费项目、全部采取特许经营模式、合理把握重点领域、优先选择民营企业参与、明确管理责任分工和稳妥推进新机制实施六大总体要求，有助于推动 PPP 模式的进一步规范。同时，该意见明确提出 PPP 项目将以民营企业作为优先选择，广泛地引入民营资本，不仅体现了市

场主体的公平性，还有助于运用民营资本的创新活力和市场敏锐度提高城市基础设施的质量和效率，实现城市基础设施投融资的多元化。

此外，国家就如何盘活存量资产、化解地方债务提出了新政策。2022 年 5 月，国务院办公厅颁布了《关于进一步盘活存量资产扩大有效投资的意见》（国办发〔2022〕19 号），其中指明了盘活存量资产的重点方向，并提出要通过推动城市基础设施领域不动产投资信托基金（REITs）健康发展、规范有序推进政府和社会资本合作（PPP）、积极推进产权规范交易等方式盘活存量资产，形成存量资产和新增投资的良性循环。在 2023 年 11 月国家发展和改革委员会、财政部出台的《关于规范实施政府和社会资本合作新机制的指导意见》中，政府提出了政府和社会资本合作项目运行的新机制，取消了政府付费和可行性补贴类型的回报机制，仅允许采用使用者付费的项目回报机制，这表明政府无需承担项目的付费责任，避免了地方隐性债务增加。

（五）金融工具不断创新，与基础设施投融资多元化需求相契合

随着金融市场的完善和发展，为了满足企业融资的需要，同时迎合投资者多元投资和财富增值的需求，我国金融工具不断创新。因此，我国城市基础设施领域也涌现了许多新型投融资工具，如融资租赁、企业债券、中期票据、REITs 等，有助于推动城市基础设施投融资平台向市场化转型、实现市场化改革，进一步提高城市基础设施投融资平台的经营能力和专业水平，促进城市基础设施投融资体制改革。金融工具的创新将进一步强化市场竞争，打破城市基础设施领域的行政垄断，这有助于促进城市基础设施投融资主体的多元化，推动城市基础设施服务水平和运用效率的提高，实现城市基础设施项目的可持续发展和公平竞争。

三、杭州基础设施投融资发展的经验

杭州持续推行城市基础设施投融资发展，在城市基础设施领域积极引入民营资本，有力地促进了城市基础设施的发展，在提高城市基础设施效率和服务质量的同时，有效激发了市场活力，促进了经济社会发展。

（一）制定完善的政策法规

杭州坚持中央政府关于城市基础设施发展、政府和社会资本合作的相关文件要求，并结合自身城市发展规划和特征，出台了一系列政策法规促进城市基础设施发展。早在2007年，杭州市第十届人民代表大会常务委员会通过了《杭州市市政公用事业特许经营条例》，对杭州城市市政公用设施的特许经营活动进行了严格的规范，以促进杭州市政公用事业健康发展。2013年11月，杭州市人民政府办公厅出台了《关于鼓励和引导社会资本参与基础设施建设的实施方案》（杭政办函〔2013〕195号），明确了社会资本参与城市基础设施项目的具体范围和基本政策导向，以形成公平的市场运行环境和合理的投资回报机制，鼓励和引导社会资本参与城市基础设施建设。2021年9月出台的《杭州市城市管理“十四五”规划》中，也提出了要坚持公共服务均等化的目标，提高城市基础设施和公共事业的服务能力，推进城市基础设施发展。

（二）健全市场竞争机制

杭州通过BOT、TOT等模式，积极在城市基础设施领域引入民营资本，推动城市基础设施投资结构向多元化转变，在缓解政府投资压力的同时也提高了城市基础设施的供应，实现了城市基础设施高速发展。同时，许多参与城市基础设施建设运营的企业通过改制和重组，逐渐向市场化经营主体转变，打破了城市基础设施服务垄断的局面。民营资本的活跃和市场竞争机制的完善，有力推动了杭州城市基础设施行业的发展，培育了一批规模大、技术先进、产业链完善的本土城市基础设施企业，如杭州市城市建设投资集团有限公司、杭州市路桥集团股份有限公司等。

（三）发挥国有企业在基础设施投融资中的引领作用

杭州国有企业逐步建立市场化运作基础，以市场为导向发展企业，实现做大做强，推动国有企业从建设融资平台向产业培育和发展平台转变，以市场化主体的方式参与城市基础设施项目的建设和运营。此外，杭州依据城市发展规划，抓住城市未来发展方向，充分发挥国有企业的引导和带头作用，以国有企业为代表积极谋划和投资建设重大城市基础设施项目，如城市更新、生态环保等，引导资本向重点领域集中，引领杭州城市基础设施行业发展。

随着 PPP 新机制的深入推进，以及城市基础设施投融资平台的政府融资功能逐渐剥离，国有企业更加需要提高自身的综合竞争能力，做好企业未来的发展规划，努力实现投融资平台的持续扩张和跨越式发展。杭州许多城市基础设施领域的国有企业在完成政府交办项目的同时，也会积极参与市场竞争，拓展经营规模，逐步做大做强，甚至实现企业“走出去”。在投建运营城市基础设施项目前，国有企业也会充分考虑项目的风险和收益，并且做好项目资金的预算管理和投融资计划，减少债务风险等问题的发生。

（四）加强城市基础设施专项规划

民营资本参与杭州城市基础设施建设和运营后，政府逐渐从城市基础设施服务的提供者向城市基础设施服务的采购者和监管者转变，行业管理逐步走向规范化和制度化。为确保城市基础设施行业健康发展，杭州强化了对城市基础设施建设专项规划的编制与引领，明确城市基础设施的建设目标、重点任务和投资方向等，实现对城市基础设施建设的统筹和引导，如 2021 年 12 月公布的《杭州市重大建设项目“十四五”规划》等。

（五）发展新型基础设施

信息技术和数字经济的快速发展为新型基础设施的建设创造了良好的机遇，杭州积极推动新型基础设施投资发展，充分发挥数据生产要素对经济发展的放大、叠加和倍增作用，使新型基础设施成为促进经济增长的重要助力，实现稳定投资、扩大内需、增加就业，并推动我国城市基础设施逐渐便利化和普惠化，城市的核心竞争力得到提升，如 2017 年颁布的《关于“数字杭州”（“新型智慧杭州”一期）发展规划的通知》、2020 年提出的《杭州城市大脑赋能城市治理促进条例》等。

第六章　城市基础设施投融资的典型案例

案例一　庆春路过江隧道工程项目

一、项目背景与概况

2003 年 10 月，杭州市委、市政府在《关于加快钱江新城建设的若干意见》中提出逐步推进杭州“城市东扩、旅游西进，沿江开发、跨江发展”，促进钱江新城的建设，助力杭州城市建设由“西湖时代”迈向“钱塘江时代”。随着杭州城市发展重心的转移，杭州城市布局以钱塘江为轴形成了两岸分割的局面，实现跨江交通是杭州城市交通发展亟需解决的问题，因此庆春路过江隧道工程项目应运而生。

庆春路过江隧道北至庆春东路，南至市心北路，东距钱江二桥 2.6 千米，西距钱江三桥 2.5 千米，隧道穿钱塘江而建，是杭州第一条过江隧道。隧道总长 4180 米，车道宽 7.25 米，设计时速为 60 千米/时，规模为双向四车道，分东西两孔，东孔供萧山往杭州市区的车辆通行，西孔供杭州市区往萧山的车辆通行，由隧道穿越钱塘江仅需 3 分钟。隧道于 2006 年 6 月 28 日开始施工，2011 年 10 月 28 日通车运营，总投资达 19.5 亿元。

庆春路过江隧道是为深入践行杭州“沿江跨江扩展”发展战略而提出的重大城市基础设施建设项目，是连接钱塘江北岸钱江新城中央商务区和南岸钱江世纪城中央商务区的重要纽带。该项目的建设将进一步完善杭州的城市交通网络，推动钱塘江两岸均衡发展，同时对发展杭州湾中央商务区、构建杭州与萧山一体化发展格局起着至关重要的作用，有利于实现两岸产业布局科学化和城市功能互补。

二、项目投融资模式

庆春路过江隧道工程项目采用了 BOT（建设—运营—移交）运作模式，是杭州首个采用该模式进行投融资的城市基础设施建设项目。在项目招商阶段，由杭州市政府授权杭州市钱江新城建设管理委员会负责项目的招投标工作，并采取两阶段竞争方式，第一阶段以公开招标的方式进行，经由权威媒体和网络发布招商信息，邀请资本方参与项目竞标，位于综合评审得分前 2 名的企业或组织进入第二阶段的竞争性谈判程序，并将谈判结果上报杭州市政府，由政府确定项目投资人。最终，由浙大网新竞标成功，负责成立专门的项目公司，并承担庆春路过江隧道工程项目的投融资、建设、运营和移交工作。由浙大网新及其关联方共同出资设立的杭州庆春路过江隧道有限公司获得庆春路过江隧道 23 年的特许经营权，包括 3 年隧道建设期和 20 年隧道运营期。在特许经营期内，杭州庆春路过江隧道有限公司享有隧道的投资建设运营权、冠名权、电力电信管线经营权和广告经营权。在特许经营期满后，杭州庆春路过江隧道有限公司须按 BOT 合同约定，将项目的相关资产无偿移交给政府指定单位。

本项目估算的总投资金额为 14.3 亿元，其资金主要来源于以下两个方面：一是项目资本金，包括工程建筑费用、工程相关设施的购置和安装费用、工程建设其他费用和不可预见费用等，按总投资金额的 25%注入了 3.58 亿元资本金，以货币的形式支付。二是质押贷款，浙大网新以项目的特许专营权作为质押以获取银行贷款等，金额为 10.74 亿元。项目的资金回报方式为政府每年给予的专营补贴金额 15066 万元，于每年 7 月和次年 1 月向杭州庆春路过江隧道有限公司进行支付，在隧道通车满两个季度后支付首期专营补贴，在特许经营期满且项目移交工作完成后支付最后一期专营补贴。

2017 年 4 月 11 日，“中信建投—网新建投庆春路隧道 PPP 项目资产支持专项计划”与“中信证券—首创股份污水处理 PPP 项目收费收益权资产支持专项计划”“华夏幸福固安工业园区新型城镇化 PPP 项目供热收费收益权资产支持专项计划”成功获批，并在上海证券交易所挂牌上市，这是我国首批 PPP 项目资产支持证券。其中，“中信建投—网新建投庆春路隧道 PPP 项目资产支持专项计划”是首批获批项目中规模最大的项目，也是浙江首个 PPP 资产证券化产品。该产品的基础资产是剩余 14 年的庆春路过江隧道的专营权合同收益，发行金额为 11.58 亿元，其中包括对外出售的优先 A 级资产支持证券，为 AAA 级债券，预期年化收益率 4.05%，总期限 14 年，赎回或回购周期 2 年，规模共 7 亿元；对外出售的优先 B 级资产支持证券，为 AAA 级债券，预期年化收益率 4.15%，总期限 14 年，赎回或回购周期 3 年，规模共 4 亿元；未对外出售的次级资产支持证券，总期限为 14 年，规模共 0.58 亿元。庆春路过江隧道工程项目通过资产证券化，有效推动了融资成本的降低、融资渠道的扩展，创新了社会资本退出 PPP 项目的形式，提前收回了大部分项目投资成本，确保了企业资金的流动性。

三、项目建设情况

庆春路过江隧道工程项目采用了双向双管四车道的结构，由盾构段和明挖暗埋段两部分组成。其中，过江段利用盾构法进行建设，采用圆形断面结构，分为东、西两个部分，东侧盾构隧道约为 1765.48 米，西侧盾构隧道约为 1766.92 米。岸边路段利用明挖暗埋法进行建设，在江北覆土较浅的路段采用“双孔一管廊”矩形横断结构，并在中间设置设备管廊和安全疏散通道，在江北覆土较深的路段、江南主线和匝道采用双层结构。

项目创新了许多越江隧道建设技术，主要包括：一是提出了非平衡荷载作用下的基坑围护设计理论和加筋水泥搅拌桩围护结构技术，解决了高承压水、超深基坑开挖问题；二是首创了水底隧道软弱透水地层盾尾密封液氮更换方法，有效减少了盾构掘进中发生尾刷失效风险的可能；三是对盾构停机、盾构切口推力、盾壳摩擦、盾尾注浆等因素对地面沉降的影响进行了首次定量，并调整了掘进参数对地表沉降量进行控制；四是完善了大频次交通循环荷载作用下过江隧道长期沉降的分析方法，使过江隧道长期沉降预测问题得以解决。该项目的研究成果均达到了国内领先水平，对类似的工程建设起到了重要的示范作用。

四、项目经济效益与社会效益

庆春路过江隧道工程项目完工极大提高了交通运行效率，降低了钱塘江两岸人员与货物流通成本，极大利好杭州钱塘江发展时代下的交通运输业、物流业，庆春路过江隧道是首条横贯钱塘江的过江隧道，位于钱江三桥下游2.3千米处，全长5352米，分东西两孔，南来车从东孔走，西孔供北往车辆通行，每孔两车道，整条隧道双向四车道，设计车速60千米/时，5分钟即可穿越钱塘江，极大缩短了两岸之间的交通距离。庆春路过江隧道工程是城市基础设施投资领域供给侧结构性改革促进社会资产价值体现的实践案例：2017年4月11日，“中信建投—网新建投庆春路隧道PPP项目资产支持专项计划”等三个全国首批PPP项目资产支持专项计划在上海证券交易所成功挂牌上市，是全国首批获批的项目中规模最大、浙江首个PPP资产证券化产品。该专项计划以杭州庆春路隧道专营权合同收益作为基础资产，发行金额11.58亿元。作为首个资产证券化的传统领域城市基础设施项目，体现了项目的投资经济价值和建设运营质量双双得到市场和社会的认可；在发挥产业集群优势上，庆春路过江隧道工程作为一条贯穿钱江新城和钱江世纪城的中心地带，两岸新城将是杭州乃至浙江的政治经济文化和金融中心，过江隧道将带来巨大的社会效益和经济利益。隧道一头是杭州未来市中心——钱江新城，另一头是萧山今后闹市区——钱江世纪城。通过隧道两者一线相连，快捷沟通后，同城效应将更显著，产业布局将更科学，城市功能也将得到最大互补。

庆春路过江隧道项目完工改变了杭州城市发展格局与发展战略，世界上很多城市都是沿江而建、隔江布局。上海、香港、巴黎等国际性都市都是这样的典范。杭州跨江发展的核心区域就是钱江新城和钱江世纪城。杭州新世纪跨江发展的战略布局，从地理角度上说，将依托“壮观天下无”的钱塘江大潮，实现江从城中过的美好梦想；从城市发展角度上说，将实现两岸错位、协调、互动式的发展，共同培育杭州城市的核心竞争力，打造城市的实力、活力和魅力。庆春路过江隧道的完工也预示着杭州大都市发展战略的落地，推进“城市东扩、旅游西进、沿江开发、跨江发展”，形成“东动、西静、南新、北秀、中兴”的城市新格局。

案例二　紫之隧道工程项目

一、项目背景与概况

2011 年 9 月，杭州市委办公厅、杭州市政府办公厅颁布了《关于做好 2011 年市域网络化大都市和新城及城市综合体建设工作的意见》（市委办发〔2011〕99 号），提出要坚持推动新型城市化建设，完善以“中心城市+中等城市+小城市（中心镇）+中心村”为架构的网络化大都市基础设施建设。在道路交通方面，要遵循“设施共建”的要求，打造“一环一绕三纵五横”的市区交通网络，紫之隧道工程就是其中的重要工程之一。在 2012 年 7 月出台的《关于做好 2012 年市域网络化大都市和新城及城市综合体建设工作的意见》（市委办发〔2012〕92 号）中也明确将紫之隧道工程建设列为杭州“三纵五横”快速路网构建的重点组成。

紫之隧道（紫金港路—之浦路）工程项目位于杭州西湖区，全长共 14.4 千米，宽 21 米，其中隧道长 13.9 千米，规模为双向六车道，总投资约 45.5 亿元，项目的规模和长度位居我国城市隧道群首位，也是亚洲最长的城市隧道群。项目于 2012 年 12 月 28 日开始动工，2016 年 6 月 27 日实现全线贯通，并于 2016 年 8 月 10 日正式通车。

紫之隧道的建设，极大地缩短了从城西到之浦的通行时间，促进了杭州西部路网的完善，为串联杭州西北地区与杭州西南及南部地区搭建了新通道，这对改善杭州道路拥堵情况、构建杭州城市路网系统具有重要意义。项目曾获得 2016~2017 年中国建筑行业工程质量的最高荣誉——鲁班奖，以及 2020 年第十七届中国土木工程詹天佑奖。

二、项目投融资模式

紫之隧道（紫金港路—之浦路）工程项目采取的是 BOT 的运作模式。杭州市政府授权杭州市城乡建设委员会代表政府与杭州市城市建设投资集团有限公司（以下简称“杭州城投”）就紫之隧道工程进行协商和谈判，于 2012 年 12 月签订了《杭州市紫之隧道建设项目 BOT 合同》，随后由杭州城投作为项目的投资人，主导项目的投融资、建设、管理、运营和移交等事务，以公开招投标方式吸引社会资本共同参与。项目的特许经营期为 23 年，其中包括 3 年建设期和 20 年经营期，杭州城投在特许经营期内拥有紫之隧道的经营权，政府以“专营补贴”的方式给予投资人项目回报。

该项目总投资达 45.5 亿元，其中约七成来自于杭州城投向各大银行的贷款，同时杭州城投于 2014 年注册了一定数额的中期票据用以筹措资金，并将一部分用于了该项目的建设之中。紫之隧道工程项目的融资由杭州城投独立完成，由于 BOT 合同中未对项目的资本金作出规定，杭州城投可以分批次投入资本，极大地减轻了杭州城投的资金压力，同时由于杭州城投良好的信用资质，降低了银行贷款的难度。因此，在该项目的投融资方面，杭州城投的融资成本和融资难度都有所降低，使该项目的资金投入和建设得到了充分保障。2019 年 3 月，杭州市政府对该项目的融资方式进行了优化调整，结清了项目余款，并进行了项目养护权和相关资产的移交。

三、项目建设情况

紫之隧道（紫金港路—之浦路）工程项目南至之浦路、之江路，北至紫金港路、西溪路，期间绕避西湖风景区界线而建，并分别在之江路和西溪路设置了 1 对进出匝道。项目由 3 座特长隧道与 2 座桥涵组成，3 座隧道分别长 4757 米、4073 米和 4797 米，2 座桥涵的露头点分别为 60 米和 80 米。

为尽可能减少对西湖风景区的影响，隧道的总体线位布置舍弃了直线穿越西湖风景区的方案，选择了沿风景区控制线外围进行布置，以避开西湖风景区。在隧道南口，设置了一对双向两车道匝道，与之江路相接，服务于之江、转塘、钱江新城等区域，主出入口为双向四车道，与之浦路相连，能够实现与之江大桥、杭新景高速和 320 国道等线路的交通转换。在隧道北口，设置了与西溪路相接的一对双向两车道匝道，主要为西溪、三墩区域提供交通便利，主出入口设置于紫金港路下方，为双向四车道，可与文一路、文二路、文三路、吉鸿快速路和杭长高速等线路进行衔接。

紫之隧道项目的建设面临了诸多问题。一是项目周边多为风景区和度假区，是重要的居住、商业、旅游及教育科研区域，因此项目建设的环境要求较高，需要最大限度地减少对周边环境的影响，并且施工用地受到一定限制。二是施工路段地质条件复杂多样，工程南端为淤泥质黏土，具有易压缩、土质灵敏度高、含水量高、土壤强度低等特点，中部为砂岩，岩体节理发育，土壤强度低，遇水容易软化，北端则为粉质黏土及黏土混碎石。三是项目工期紧，该项目需要解决杭州西部交通路网缺失、主城区交通压力大等问题，设定建设期为二年，并且工程难度较高，环境复杂，导致项目工期十分紧张。

该项目在以下方面做出了创新：一是提出了环保选线技术，项目综合评估了隧道建设、运营对地下水系、名木古树、龙井茶等的影响，构建了综合环保评价指标体系，并依据该体系提出并运用了城市风景区隧道选线技术。

二是创新了城市景区隧道设计理念，在保护西湖风景区和周边环境的前提下，运用“多级分流、慢进快出”的交通组织方案。三是创造性地运用了淤泥质土浅埋暗挖方法和超大断面城市隧道修建技术，项目研发了双向增强体加固变形控制技术、隧道导洞先行台阶反向扩挖施工技术和超小厚度中夹岩加固技术，以解决土壤加固困难、隧道掌子面易塌方等问题，在保证安全的情况下加快了工程建设。四是采用了“压顶”爆破和半毫秒雷管错峰降振组合控制爆破技术等新型爆破技术，确保施工范围内的古建筑得到合理保护。五是优化了城市隧道通风系统和照明系统，通过改进隧道通风技术提高对隧道自然风和交通风的利用，同时采用无线单灯智能照明控制技术，减少了240万元隧道建设成本，每年能够节约230万千瓦·时的电力。

在项目建设过程中，杭州城投始终对紫之隧道建设进行严格管控，在项目初期就由所属的城建发展公司成立了紫之隧道建设指挥部，对项目建设进行统筹规划，并按照《钱江杯优质工程奖》的标准对隧道建设质量进行规范，最终项目验收质量优良率和交付验收合格率均为100%。

四、项目经济效益与社会效益

紫之隧道（紫金港路—之浦路）工程南起之浦路，北至紫金港路，工程规模为双向六车道，隧道总长14.4千米，其中隧道长13.9千米，宽21米，由三座特长隧道与两座桥涵组成，是目前国内规模最大、长度最长的城市隧道群，也是亚洲最长的城市隧道群。紫之隧道自开通运行以来，为杭州带来了巨大的经济效益。首先是宏观层面上，紫之隧道的大规模投资扩大了杭州市政府投资规模，盘活了财政预算开支，紫之隧道总投资额约45.5亿元，大额经济投资刺激了杭州本地的经济，优化财政资源配置。其次在产业层面上，杭州紫之隧道的开通带动了相关产业的发展，最为直观的就是紫之隧道的开通缩短了交通通行时间，明显利好杭州发达的物流产业，降低了物流成本和提升了产业竞争力，紫之隧道的修建使得物流更加便利，降低了物流成本，提高了产业效益，促进了产业的升级。与此同时，交通便利也利好杭州较为发达的旅游业，紫之隧道建设可以使原本因为交通不便而无法利用的旅游资源得到开发，还改善了杭州旅游交通状况，减少交通拥堵和交通事故的发生，提高旅游的安全性和舒适度。此外，紫之隧道的建设也可以增加旅游景点的可进入性，使得更多的人能够到达和欣赏到旅游景点的美丽之处，提升旅游体验。从工程项目本身来说，紫之隧道提供了政府和民间资本合作的示范样本。

案例三　杭州“亚运三馆”PPP 项目

一、项目背景与概况

2015 年 9 月 16 日，杭州亚运会申办代表团在第 34 次 OCA 代表大会上进行陈述并播放杭州申亚宣传片，当日下午 13 点整，亚奥理事会主席艾哈迈德亲王宣布杭州获得 2022 年亚运会主办权。杭州成为我国继北京和广州之后第三个举办亚运会的城市。2017 年 10 月 15 日，杭州市人民政府 2022 年第 19 届亚运会组委会出台了《关于加快 2022 年第 19 届亚运会杭州市场馆及设施建设的实施意见》（杭政函〔2017〕145 号），其中指出亚运会场馆及设施建设要践行“坚持绿色环保、强化智能应用、倡导节俭办赛、体现文明要求”的建设理念，同时强调亚运会场馆建设不仅是亚运会筹办工作的基础，确保亚运会成功举办的保障，还是推动城市建设和发展的关键。此外，文件对亚运会场馆和设施建设任务进行了详细的安排：至 2017 年 10 月，要基本确定所有项目的场馆布局和亚运村的设计方案，开展亚运会场馆评估，全面启动场馆和设施建设；至 2018 年 6 月，所有新建场馆和设施全面开工建设；到 2021 年 3 月，所有场馆和设施完成交付，并开始试运行和场馆优化；至亚运会前，保障所有场馆正常运行。同月颁布的《关于印发 2022 年第 19 届亚运会杭州市场馆及设施建设管理办法的通知》（杭政办函〔2017〕103号）中也进一步明确了各部门在亚运会场馆和设施建设的主要工作和职能。

杭州奥体中心主体育馆、游泳馆和综合训练馆作为杭州亚运会主场馆，是亚运会场馆建设的重点内容，其定位是一个集体育、休闲、商业、娱乐为一体的综合体育场馆。为筹措项目建设资金，杭州市萧山区人民政府发起了杭州奥体中心主体育馆、游泳馆和综合训练馆PPP项目（以下简称“杭州‘亚运三馆’PPP项目”）。该项目位于钱塘江南岸、杭州奥体博览城的核心区域，主体育馆和游泳馆投资金额为36.20亿元，综合训练馆投资金额为20.39亿元，并于2018年1月16日开始施工，2021年4月5日竣工。

二、项目投融资模式

杭州“亚运三馆”PPP项目采用了BOT方式进行运作。项目以公开招标的方式引入社会资本，由杭州市萧山区人民政府授权萧山钱江世纪城管理委员会作为项目实施机构并负责项目的采购工作，同时指定杭州奥体博览中心萧山建设投资有限公司代表项目的政府出资方，与中标企业共同组建项目公司。2017年10月，中国建筑第八工程局有限公司、浙江东南网架股份有限公司和华润深圳湾发展有限公司所组成的联合体成功竞标，并与政府出资方共同成立了杭州萧山亚运会场馆投资建设有限公司，签订了该项目的PPP合同。

该项目的投资分为主体育馆、游泳馆建设投资和综合训练馆建设投资，前者的投资概算约为36.20亿元，工程费用约为31.2亿元，后者的投资概算约为20.39亿元，工程费用14.0亿元。项目的特许经营期为25年，包括3年项目建设期，2年亚运会赛事服务期和20年赛后场馆运营期。在特许经营期内，杭州萧山亚运会场馆投资建设有限公司能够获得项目的经营收益，同时政府对经营收益无法弥补项目建设成本和合理回报的部分给予可行性缺口补贴，包括项目可用性付费和运营绩效付费。当项目特许经营期满后，项目公司需要保证项目设施完好、运营正常，并将项目相关资产全部移交政府指定单位。

为保障第19届亚运会顺利举办及亚运场馆的后续运营工作，钱江世纪城管理委员会作为政府代表，须充分了解并严格监管项目的融资情况、资金利用情况、项目建设情况等内容。在项目建设期，需要坚持“建设运营一体化”原则，选择最佳的建设方案，力争在最小的改动下满足场馆运营的需求，减少赛后场馆改建的成本。在项目经营期，作为项目公司的杭州萧山亚运会场馆投资建设有限公司不能够改变场馆的用途，需要提供与体育运动、大众体育和全民健身等相关的服务，并引入与体育产业发展相符的新业态，从而满足公众多样化的体育需求。在这一时期，政府对该项目的监管也应当以提供体育公共服务的数量为依据，如每年举办大型活动与体育赛事量、对外开放时长等。在项目移交阶段，需要设置独立监管部门，采用多主体监管方式，对项目合同执行情况、项目产权情况进行核查和评估，并由杭州萧山亚运会场馆投资建设有限公司将场馆的所有权与经营权全数移交至萧山区人民政府。若PPP项目合同提前终止，则需要提前移交项目资产，并协商执行项目提前终止的相关补偿。

三、项目建设情况

杭州奥体中心主体育馆、游泳馆和综合训练馆PPP项目包括主体育馆和游泳馆、综合训练馆两个部分。

杭州奥体中心主体育馆和游泳馆的总建筑面积为39.695万平方米，建设内容为18000个座位的主体育馆、6000个座位的游泳馆、公共配套用房、预留社会事业和周边配套用房，主体育馆与游泳馆分别高45米和35米，两者有10米的高度差。两馆是“双馆合一”的连体式建筑，是目前世界上最大的两馆连接体非线性造型场馆，形成了“现浇钢筋混凝土框架—剪力墙”的结构体系，屋盖为一体化钢结构，屋面为铝镁合金板，呈现了自由双曲面造型。主体育馆和游泳馆独特的流线造型与银白色的金属屋面、两翼张开的平台共同组成了“化蝶”的杭州文化主题。主体育馆地上有五层，是亚运会篮球比赛场馆，可进行篮球、羽毛球、排球、竞技体操等多项比赛，并且场馆拥有一块冰篮转换场地，可根据赛事要求在 6~8 小时内完成场地性质的转换，为冰壶、花样滑冰、短道速滑等赛事提供场地。游泳馆地上有三层，可提供游泳和跳水的比赛、训练服务，是亚运会游泳、跳水、花样游泳等比赛场馆，也是我国第二大游泳跳水馆。

综合训练馆总建筑面积为 18.45 万平方米，建设内容为训练馆、五大中心（体育科研中心、运动员救护中心、国民体质检测中心、反兴奋剂科研中心、体能训练中心）、自行车馆和新闻中心、运动员宿舍、配套公建及地下后勤、停车等设施。该场馆以“玉琮”形态为设计理念，主要以提供全民健身和配套服务为主。场馆高 99.5 米，共八层，能够为杭州亚运会篮球、摔跤、空手道等 9 项赛事提供专业的训练场馆。训练馆内部采用了流动性线条，运用大跨度结构保证支柱不会阻挡活动区域，并采用双层呼吸式玻璃幕墙，形成开放的运动空间。

杭州“亚运三馆”PPP 项目具有以下特点：一是项目工程量大、组织和管理难度高，项目基坑面积达 15.49 万平方米，在底板结构施工时划分的区块达 138 块，有 7 个队伍进行混凝土结构施工，项目的施工规划和组织协调任务繁重。二是项目的结构复杂，项目整体涵盖了多样的结构形式，包括预应力梁、钢管柱、钢框架斜柱、三角形组合桁架柱、自承式钢筋桁架楼板、斜交斜放变厚度双曲鼓节点双层钢网壳结构等。三是施工范围的交通和场地限制，场馆除北面外三面环水，只有一侧可设置主出入口，可供施工车辆的进出、施工材料堆场、吊装设备作业等场地有限。四是项目涉及专业广，除了基本的建筑物施工专业外，项目还涉及了体育工艺、竞赛智能化等专业工作，工程交叉作业多，建设单位协调和管理难度大。

该项目的建设运营面临了一定的困难：一是项目工期紧，由于项目是亚运会主场馆，合同约定工期不能延期，并且工程规模大、复杂程度高，导致项目工期吃紧。二是项目业主要求节约政府支出，讨论建设方案时杭州萧山区钱江世纪城管理委员会要求项目建设尽可能降低政府的财政支出，同时引入运营经验丰富的运营商，着力提高项目运营收益，尽可能减少政府补贴金额。三是场馆盈利难，目前国内大型体育馆往往存在设施老化、运营亏损等问题，因此如何在服务大众的同时促进项目盈利是亟待解决的重要难题。

四、项目经济效益与社会效益

从经济效益上来看，杭州亚运三馆作为亚运会举办的主要场地，为杭州亚运会提供了比赛与观赛场所，极大点燃群众的观赛热情，从而为杭州市政府贡献了可观的门票收入。在亚运期间，杭州体育赛事的门票收入突破 6 亿元人民币。具体来说，截至 2023 年 10 月 7 日，杭州亚运会官方票务销售网站累计访问量超过 10 亿次，注册用户接近 300 万，出售门票达到 305 万张，票务收入达到 6. 1 亿元人民币。观众上座率比例超过 92%，其中热门体育赛事场次的上座率超过 90%。其次杭州亚运三馆建设将杭州体育事业与体育相关产业带向新高度，包括体育旅游、体育培训、体育器材建设等在亚运期间都随着杭州亚运三馆建设而掀起高潮，最重要的是，杭州作为数字经济高度发达的城市，在亚运三馆建设中也推动了数字产业与体育产业的深度融合，通过运用大数据、人工智能等先进技术，杭州在体育赛事管理、运动员训练、体育场馆运营等方面实现了智能化升级，提高了体育产业的效率和效益。最后亚运三馆建设经济效益不仅体现在亚运期间的经济效益，三馆建设更是为后亚运时期带来了蓬勃的经济活力，在亚运会后，杭州积极探索体育场馆运营新模式，将演唱会、各类文艺演出、各新型体育赛事与亚运场馆深度融合。在亚运三馆的场地支撑下，各类文艺演出经济特别是" 演唱会经济" 为杭州经济注入活力，以周杰伦演唱会为例子，杭州奥体中心体育场附近的一家面包店销量足足翻了三番，" 拯救" 了很多外地赶来没时间就餐的演唱会观众；杭州全市住宿设施接待过夜游客 106. 8 万人次，环比增长 9. 1%，各酒店平均入住率与平均房价均显著提升。其中，平均价格为 543 元的豪华型酒店入住率最高，达 67. 2%。

从社会效益上来看，杭州亚运三馆的建设激发了市民参与体育活动的热情，市民可通过购买门票进入体育馆观看各类体育赛事和文艺演出，市民可以积极参与体育锻炼和文化活动，从而提高身体素质和文化素养。这种参与过程有助于市民形成良好的健康习惯和生活方式，进而提升市民健康水平，丰富了市民的业余生活。作为重要的体育场馆，杭州奥体中心体育馆承载着传承和弘扬体育精神的重要使命。通过观看体育赛事，市民可以感受到运动员们顽强拼搏、团结协作的精神风貌，激发自己的爱国热情和集体荣誉感。这种精神力量对于推动社会进步和和谐发展具有重要意义。最后杭州奥体中心体育馆作为杭州的标志性建筑之一，其独特的建筑风格和现代化的设施展现了杭州的城市魅力和发展水平。通过举办各类体育赛事和文化活动，杭州奥体中心体育馆吸引了大量国内外游客前来参观和体验，进一步提升了杭州的城市形象和国际影响力。

案例四　杭州地铁 5 号线 PPP 项目

一、项目背景与概况

杭州市委、市政府在 2007 年 3 月颁布的《关于加快地铁建设的若干意见［试行］》（市委〔2007〕12 号）中指出，地铁建设是杭州规模最大、周期最长、涵盖面最广的城市基础设施建设工程，并将地铁建设列为杭州首轮"十大工程"之一，具有重要的战略意义和现实作用，不仅是推动城市公共交通体系完善化、促进城市公共交通条件改善、提高人民生活品质的实事工程，也是优化杭州城市规划布局、助力杭州市域协调发展、构建杭州"一主三副六组团"新格局的先导工程，更是提高杭州经济社会发展水平、强化杭州综合竞争力、形成发展新优势的基础工程。2014 年 11 月，《关于进一步加快城市轨道交通建设发展的若干意见》（市委〔2014〕13 号）正式出台，明确了杭州地铁建设的意义和目标，并对杭州地铁建设的领导体制和协调机制、管理模式、用地规划、征地拆迁、资金筹措、施工管理、运营管理、设施保护、产业和文化发展和地铁建设氛围等内容进行了规范。2017 年 6 月，杭州市政府就轨道交通筹资方面颁布了《关于印发杭州市城市轨道交通资金筹措与平衡办法的通知》（杭政函〔2017〕73 号），要求在筹集地铁建设资金时坚持“全口径计算、合理分摊、依法合规、做大做强”的基本原则，并从资本金、轨道交通建设投资基金、土地出让收入计提、地块筹资等多个方面提出了资金筹集举措。截至目前，杭州已出台了多项政策保障城市轨道交通建设和运行，地铁建设成为推动杭州城市发展的重要内容，作为杭州轨道交通的大动脉，地铁 5 号线的建设运营至关重要。

杭州地铁 5 号线项目工程以余杭区金星站为起点，萧山区姑娘桥站为终点，共经过余杭、西湖、拱墅、上城、滨江、萧山六个城区，串联了杭临、杭绍两条城际铁路及 12 条轨道交通线路，呈“Z”形走向，是一条贯穿了杭州“主城西北、主城中心区南北向、江南副城”的轨道交通骨干线，也是第一条通到杭州城北的地铁线路。地铁 5 号线全长约 56 千米，全部为地下敷设，拥有包括绿汀路站、葛巷站、创景路站、良睦路站、杭师大仓前站等共 39 座地下车站，其中有 16 座是可供换乘其他地铁线路的车站，几乎能与杭州所有地铁线路实现一站式换乘。2019 年 6 月 24 日，5 号线首通段良睦路站至善贤站通车运营，2020 年 4 月 23 日，5 号线后通段金星站至创景路站、西文街站至姑娘桥站通车运营。

随着杭州地铁 5 号线首通段的通车，杭州地铁运营的总里程达到了 135.3 千米，并首次将地铁线路延伸到了人口密集的大城北区域，提升了市民出行的便捷程度和舒适度。此外，杭州地铁 5 号线对城西科创大走廊和大城北区域的发展也发挥了举足轻重的作用。

二、项目投融资模式

杭州地铁 5 号线的总投资约 375.9 亿元，项目分为 A、B 两个部分，A 部分的建设内容包括车站、区间等土建工程，投资额约 266.9 亿元，B 部分的建设内容包括车辆、信号等机电设备工程，投资额约 109 亿元。项目采用了 PPP 融资模式引入社会资本对 B 部分进行融资，并给予项目的特许经营权，范围主要为 B 部分设施的投资建设和 A、B 两部分设施的运营、更新和管理，由杭州市地铁集团通过项目的比选、磋商、谈判等一系列环节选择合适的民营资本，签署项目特许协议，并共同出资组建特许经营公司。最终香港铁路有限公司成功中选，与杭州市地铁集团共同建立了杭州杭港地铁五号线有限公司，其中香港铁路有限公司持有 60%的股份，杭州市地铁集团持有 40%的股份。2017 年 6 月 26 日，杭州市交通运输局作为政府代表与杭州市地铁集团、香港铁路有限公司签订了《杭州地铁 5 号线 PPP 项目特许协议》。

在杭州地铁 5 号线 PPP 项目中，由特许经营公司杭州杭港地铁五号线有限公司负责 B 部分工程的投资、建设，杭州市地铁集团负责 A 部分工程的投资、建设，建设期为 5 年。项目建成后，杭州市地铁集团以租赁的方式将 A 部分租赁给特许经营公司，在 25 年的特许经营期内，杭州杭港地铁五号线有限公司承担杭州地铁 5 号线项目相关资产和设施的运营、管理、维护，待特许经营期满后，须将 B 部分项目资产移交给政府指定机构，同时结束 A 部分的租赁关系，将资产重新交还于杭州市地铁集团。

杭州地铁 5 号线项目的 B 部分是该 PPP 项目融资的重点，其资金来源主要包括资本金和债务资金两个部分，资本金约占项目总投资金额的 40%，约 43.6 亿元，债务资金主要依靠国内银行贷款解决，共 65.4 亿元。项目的资金回报方式主要依靠使用者付费，包括地铁运营的票务收入、地铁广告收入、商业收入等，同时政府给予一定的财政补贴以补偿项目建设和运营的成本。

城市轨道交通建设面临着诸多风险：一是地铁建设投资是一笔巨大的资金支出，仅依靠政府财政资金难以满足地铁建设的需要，并且项目建设运营成本的回收也存在不确定性，可能引发投资风险。二是地铁建设存在工程延误、成本失控、质量隐患等可能性，导致建设风险的发生。三是目前国内大部分地铁的运营存在严重亏损现象，运营效率和服务质量难以保障，易产生运营风险。杭州政府在地铁5号线建设中引入PPP模式，弥补了地铁项目建设的资金缺口，有效缓解了政府的财政负担，分担了政府独立建设、运营的风险，同时引入先进的地铁运营和管理经验，探索高效高质量的地铁经营方式。

三、项目建设情况

杭州地铁5号线项目的车辆设施采用了AH型鼓型列车，列车全长120米，宽3.08米，车门宽1.4米，由4动2拖共6节车厢进行编组。列车能够承载2200人以上的乘客，最大载客量是B型车的110%，很好地满足了地铁运营高峰期客流量大的需求。列车的最高运行速度为80千米/时，具有强度高、车体轻、能耗低等特点，运营效率较为出色。

在车站建设方面，杭州地铁5号线起始站是“金星站”，位于未来科技城核心区块，总建筑面积达1.84万平方米，设计有6个出入口，站台是由地下一层站厅层和地下二层站台层构成的地下两层车站，站台宽为12.6米，长度为114米。“姑娘桥站”是地铁5号线的终点站，位于彩虹大道与塘新线的交会处，总建筑面积达3.44万平方米，设计有4个出入口，该站为叠岛式车站，能够与杭绍线实现“叠岛换乘”，分为地面一层和地下一层，前者为站厅层和主要设备管理用房层，后者为站台层，站台宽为16米。“城站站”是地铁5号线施工难度较大的车站，该车站位于杭州火车站西侧，能够与地铁1号线进行换乘，车站整体为南北走向的“X”形布局，为地下三层岛式车站，包括地下一层站厅层、地下二层1号线站台层、地下三层5号线站台层，站台宽为12米，长度为120米。由于“城站站”靠近贴沙河，拥有十分丰富的地下水资源，周边土质很松，导致基坑的挖掘难度高，同时该站要下穿地铁1号线，进行挖掘工作时需要严格规范，以避免给地铁1号线的运行带来严重后果，因此在进行基坑挖掘时采取了保护性结构施工，保障地铁1号线的正常运营。

杭州地铁5号线在车站服务设施方面做出了如下改动：一是地铁出入站

的闸机门从剪式门改成了摆式门，乘客进入闸机时，两片门不再往闸机里回缩，而是向前推开，这一改动让闸机的体积变小，可以多放置一台闸机供乘客出入站，提高乘客进站和出站效率。二是改变了电扶梯紧急按钮的位置，将其安装到了更加明显的电扶梯扶手边上，更方便乘客在遇到危险时紧急停止电扶梯运行。三是在每个站点都配备了 2 台电子查询系统，用于民众查询所处位置、车站出入口信息、周边建筑信息等。四是减少了自动售票机并新增电子取票机，方便有需要的乘客打印报销发票。

四、项目经济效益与社会效益

首先，杭州地铁的开通极大提升了杭州的城市形象与品质，轨道交通具有通车里程长、运量大、速度快、安全可靠、舒适准点等优势，有助于城市重要节点之间形成连接，确保通达性，提升了城市形象，是城市国际化的标志。同时，轨道交通沿线通过城市设计，实现地上地下空间一体化，使各种设施功能相互配合和协调，达到空间形式的统一、完美，既实现综合效益的最优化，又促进了区域更新和环境美化，提升了城市品质。其次，杭州地铁开通改变了杭州原有的城市发展格局，越织越密的地铁网络，也让杭州的城市格局发生了变化，以杭州西湖、钱塘江两岸为中心，向四周发散，连接副城。不难发现，杭州地铁线在位于城市最主要的客流走廊和城市发展轴上，东、南、西、北 4 个方向均有布局。未来，杭州的城市空间布局模式也将逐渐走向以轨道交通线为轴的纵深发展。最后，杭州地铁开通有利于保护城市环境，杭州地铁的建设和运营有助于提升城市的环境质量。地铁采用环保技术，如噪音消除、节能减排等，减少了交通工具对环境的污染。此外，地铁作为一种低碳出行方式，也减少了二氧化碳排放量，有利于减缓全球变暖的趋势。

案例五　杭州市七格污水处理厂特许经营项目

一、项目背景与概况

杭州市七格污水处理厂始建于 1999 年，按污染物排放一级 B 标准设计，一期工程于 2002 年建成投产，二期工程于 2005 年建成投产，三期工程于 2012 年建成投产，已建一、二、三期工程总规模为 120 万吨/天，规划远期总规模为 150 万吨/天。其中，一期处理规模为 40 万吨/天，工程总投资 72043 万元，采用 A/A/O 活性污泥工艺，于 1998 年 2 月经国家发展和改革委员会批准立项，1999 年 7 月开工建设，2003 年 8 月投入运行。二期处理规模为 20 万吨/天，工程总投资 46340 万元，由浙江省发展计划委员会于 2002 年 9 月批准建设，在实施过程中经专家论证后主处理工艺由 BAF 工艺变更为倒置式 A/A/O 工艺，于 2003 年 11 月开工建设，2004 年基本建成，2005 年 9 月投入运行。目前，杭州市七格污水处理厂主要负责收集杭州主城区大部分污水干管系统范围内的污水，这些年经过截污纳管改造后，运河两岸的污水都进入了污水处理厂，污水经达标处理后排入钱塘江，大大改善了杭城大动脉的洁净。

2006 年，为了加快推进市政公用事业市场化改革，引入市场竞争，盘活国有存量资产，多渠道筹集社会资金用于城市基础设施的建设与运营，根据国家及浙江省、杭州市有关政策法规的要求，杭州市政府决定采用 TOT 模式，向国内外的水务投资者公开招标转让杭州市七格污水处理厂 25 年特许经营权。

二、项目投融资模式

2005年，七格污水处理厂二期工程正式运行，为盘活存量资产和降低运营费用，杭州市政府决定采用TOT模式转让七格污水处理厂一、二期工程的特许经营权。与传统的BOT（建设—运营—转让）模式相比，此次转让一个引人注意的变化是采用了TOT（转让—运营—转让）模式。杭州市政府先投资建设污水处理厂，然后授权投资者特许经营，期满后政府再重新获得完整产权。2006年2月，天津创业环保集团股份有限公司最终以转让价8.58亿元中标，特许经营期25年，期满后将无偿移交给杭州市综合行政执法局或其指定机构。经过2个月的谈判和筹备，2006年4月，天津创业环保集团股份有限公司和杭州市城市建设投资集团有限公司合资成立项目公司——杭州天创水务有限公司，注册资本为人民币25744.5万元，是特许经营权转让价的30%，双方出资比7：3，共同出资受让该项目并接手运营及维护工作。杭州天创水务有限公司主要经营范围为污水处理和再生水利用设施的运营维护、技术服务和技术培训等，按协议规定在特许经营期内经营杭州市七格污水处理厂一、二期工程，主要服务区域为杭州主城区第三污水系统、杭州经济技术开发区污水系统和余杭区临平污水系统。

2006年11月，杭州天创水务有限公司先后与杭州市人民政府城市管理办公室、杭州市城市建设投资集团有限公司和杭州市排水有限公司签订了特许经营协议、资产转让协议和污水处理服务协议，如图6-1所示。

其中，杭州市综合行政执法局作为行业主管部门，代表杭州市政府与杭州天创水务有限公司签署了《杭州市七格污水处理厂一、二期工程资产转让—运营—移交项目特许经营协议》，授予杭州天创水务有限公司（依协议规定成立的项目公司）本项目的TOT特许经营权，并按协议规定其在特许经营期内经营七格污水处理厂一、二期的设施，从事污水处理并收取污水处理服务费，25年特许经营期满后，项目公司将无偿将污水处理厂移交给杭州市综合行政执法局或其指定机构。

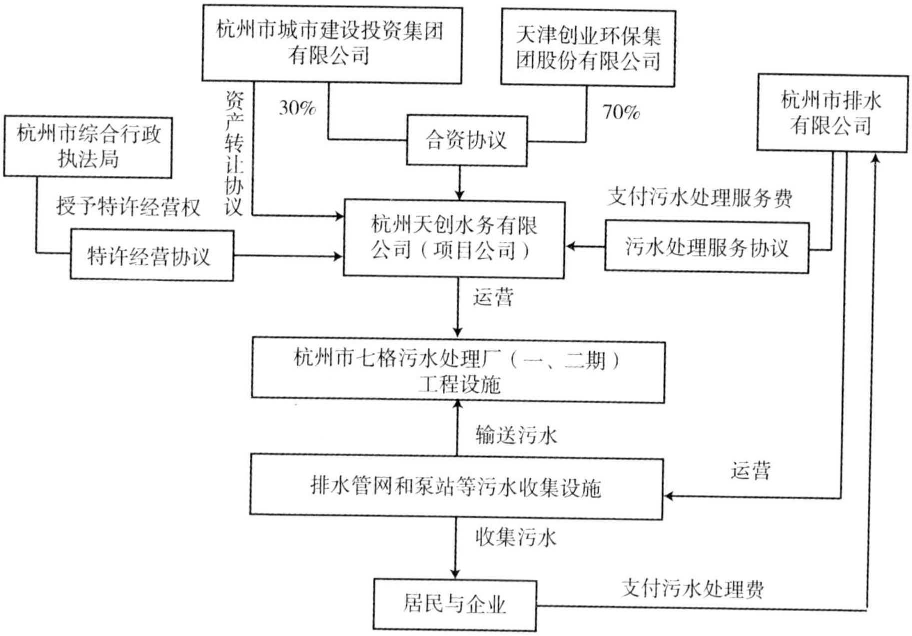

图 6-1　杭州市七格污水处理厂一、二期特许经营模式

杭州市城市建设投资集团有限公司作为七格污水处理厂国有资产的授权管理单位，与项目公司签署了《杭州市七格污水处理厂一、二期工程资产转让—运营—移交项目资产转让协议》，将污水处理厂特许经营权转让给项目公司，转让总价为 8.58 亿元。协议规定杭州市城市建设投资集团有限公司协助获得批准、移交公共设施，不干预运营及项目公司对项目设施谨慎使用维护、环境保护、土地使用等义务和责任。

三、项目建设情况

杭州市排水有限公司作为污水处理服务的委托方，与项目公司签署了《杭州市七格污水处理厂一、二期工程资产转让—运营—移交项目污水处理服务协议》，规定了排水公司免费供应进水、保证水量及项目公司连续提供污水处理服务、污水达标排放等义务和责任。

在正式签订特许经营合同之后，杭州天创水务有限公司具体负责杭州市七格污水处理厂的运营，把传统的污水处理厂转变成为现代企业，拥有自己的生产运营管理部和设备科，负责公司生产运营管理，落实公司生产计划指标，监督、检查工艺运行情况，并根据水质、水量变化，综合分析生产运营状况，调整工艺运行及保证生产设备的正常运行。污水处理运行情况良好，管理水平大幅提升，取得了良好的经济效益和环境效益。

从经济效益看，截至 2014 年 12 月 31 日，经普华永道中天会计师事务所（特殊普通合伙）审计的杭州天创水务有限公司的总资产为 59150.55 万元，净资产为 28264.74 万元，负债为 30885.80 万元，其中非流动负债为 20890 元，流动负债为 9995.80 万元；2014 年度营业收入 16513.39 万元，净利润 1218.35 万元。截至 2015 年 3 月底，未经审计的杭州天创水务有限公司的总资产为 59066.06 万元，净资产为 28454.05 万元，负债为 30612.00 万元，其中非流动负债为 20890 万元，流动负债为 9722.00 万元；2015 年一季度营业收入 3855.76 万元，净利润 189.31 万元。

为落实《杭州市钱塘江流域水污染防治“十二五”规划》，完成浙江省政府节能减排的目标任务，进一步削减污染物排放，改善钱塘江和杭州湾的水环境，杭州市政府制定“五水共治”三年行动计划任务，明确要求对七格污水处理厂的一、二期工程进行提标改造，将污水处理厂排放标准由一级 B 标准提高至一级 A 标准。提标改造后，污水处理厂处理规模不变，出水水质指标均须达到《城镇污水处理厂污染物排放标准》中的一级 A 标准，并于 2016 年 6 月底前完成。

由于提标改造的任务是上级政府政策调整规定的，并且该任务改变了特许经营项目重要的边界条件（出水水质从一级 B 标准提升至一级 A 标准），致使项目公司增加资本性支出和运营成本。因此，经与杭州市政府主管部门协商，杭州天创水务有限公司投资、建设并运营该提标改造项目，并就该提标改造项目与杭州市城市管理委员会、杭州市排水有限公司分别签署了《杭州市七格污水处理厂一、二期工程提标改造项目特许经营协议之补充协议》

《杭州市七格污水处理厂一、二期工程提标改造项目污水处理服务协议之补充协议》。

由于七格污水处理厂承担着杭州城区绝大部分污水的处理任务，按照尽可能减少对现有工程正常运行影响的原则，杭州市政府明确由一、二期工程原设计单位负责设计工作，即一期提标改造工程由上海市政工程设计研究总院（集团）有限公司负责设计，二期提标改造工程由中国市政工程西南设计研究总院有限公司负责设计。同时，为便于改造后的运营管理，一、二期提标改造工程采用相同的处理工艺，水处理工艺将原初沉池、生物反应池改造为强化脱氮倒置 A2/O 生物反应池，深度处理采用深床滤池微絮凝工艺。

根据测算，提标改造工程预计总投资为 4.3 亿元，由杭州天创水务有限公司按照总投资的 30%对项目公司进行增资，出资比例与股权比例一致，剩余的 70%由项目公司向银行贷款解决。本次增资前，天津创业环保集团股份有限公司持有杭州天创水务有限公司 70%的股份，杭州市水务集团有限公司持有 30%的股份。经股东协商，天津创业环保集团股份有限公司与杭州市水务集团有限公司按持股比例以现金方式对杭州天创水务有限公司增资人民币 1.2 亿元，其中天津创业环保集团股份有限公司增资 8400 万元，杭州市水务集团有限公司增资 3600 万元，用于该提标改造项目。增资完成后，杭州天创水务有限公司注册资本将达到 37744.5 万元，股东持股比例不变。

四、项目经济效益与社会效益

七格污水处理厂运用 TOT 模式，极大提高了污水处理城市公用事业的运营效率，为其他公用设施运营提供了鲜活案例，极大盘活了存量资产，降低了运营费用。七格污水处理厂的建设提高了企业营商环境，为杭州招商引资作出了巨大贡献；七格污水处理厂的建设为杭州的工业发展提供了必要的配套设施，有助于吸引更多的工业企业到杭州投资。

提升环境质量：七格污水处理厂项目的建设可以有效提升杭州的水环境质量，减少污染物排放，改善水生态环境，有利于保护公众健康和生态环境的可持续发展。增强城市公共服务能力：七格污水处理厂作为城市基础设施之一，增强了杭州的公共服务能力，为城市居民提供了更加完善、更加便捷的公共服务。促进社会和谐发展：七格污水处理厂的建设和运营过程中需要大量的人力资源，可以创造就业机会，促进就业增长，同时也有利于促进社会和谐发展。增强城市竞争力：七格污水处理厂的建设展示了杭州在环保领域的实力和水平，有助于提升杭州的国际形象和竞争力，吸引更多的投资和人才。推动节能减排：七格污水处理厂采用了先进的节能减排技术，能够有效降低能源消耗和污染物排放，符合国家节能减排的政策要求，有助于推动节能减排事业的发展。

案例六　丽水莲都灵山未来社区项目

一、项目背景情况

2018 年以来，浙江深入践行以人民为中心的发展思想，牢牢把握人民对美好生活的向往，谋划启动未来社区创建工作。未来社区是浙江省委省政府基于人民对美好生活的向往，基于面向 2035 年、2050 年现代化浙江发展需求，基于走在前列的浙江担当作出的重大部署，是改善民生、拉动投资、带动产业、促进转型、完善治理的综合大平台，将成为浙江的又一张金名片。丽水莲都灵山未来社区项目是浙江未来社区项目建设的代表性之作。灵山未来社区位于丽水主城区岩泉区块，丽水市区的东大门，功能定位是山水都市门户、商贸市场中心、绿色休闲走廊，地块背靠白云山，自然环境优越。灵山未来社区于 2020 年 1 月 2 日举行开工仪式，预计 2023 年 3 月完工交付。实施单元总用地面积约 330 亩，总建筑面积约 83 万平方米。全面落实未来社区九大场景要求，建设住宅 2974 套（其中可销售住宅 1874 套，回迁安置住宅1100套），人才公寓2286套，以及邻里中心、医养综合体、幼儿园和托育所等相关九大场景配套设施。预计灵山社区人口规模在12000人以上，其中直接受益（回迁）居民3850人、计划引进各类人才3428人。项目总投资约63亿元。2020年度计划投资15亿元，开工以来已累计完成投资约12亿元，完成年度投资额的80%。规划运用了“一心、一轴、两体、三组团”的设计理念。“一心”是指以邻里中心为核心，配建社区商业中心、社区服务中心、双创空间、健身房、社区活动中心等物业，成为配套功能完善的人本服务中心。“一轴”是指依托中央活力轴串联邻里、健康、生态、建筑多场景，成为贯穿社区，兼具生态与文化的核心轴线。“两体”是指以医养综合体、幼托联合体为载体，植入医疗、养老、托育等功能，打造健康、教育场景，成为老有所依、少有所学的空间。“三组团”是指以居住功能为核心，辅以CIM、垂直绿化、海绵城市等技术及理念，实现建筑、生态、低碳多场景交融，成为具备科技感、生活态的居住组团。

二、项目融资模式

未来社区投融资模式创新应基于未来社区建设的公益性、专业性、平台性三重属性。一是未来社区建设以“老百姓美好生活向往”为中心，九大未来场景建设中亦包含非营利性的模块，因而必然具有公益性或准公益性。二是未来社区建设遵循“人本化、生态化、数字化”三大基本原则，不仅是传统工程设计施工的模式，更是包含经济、社会、人文、环境、科技等多个方面的内涵，必然需要极强的专业性。三是未来社区建设将构建起以“九大场景创新”为重点的集成系统，各场景下的数据将汇集成数据平台和流量平台，进而发展出经济平台和资本聚合平台，因而未来社区建设具有丰富的平台性。

丽水莲都灵山未来社区融资方式是未来社区建设中较为特色的部分，首先，在项目筹资方面采用了土地最高额抵押加集团担保形式，组建中国银行、中国建设银行、中国工商银行银团模式，这种融资模式为未来社区的建设打下了资金基础。集团担保额度高，通过集团担保，可以获得更高的信用额度，从而获得更多的贷款。抵押物价值稳定，土地作为抵押物，其价值相对稳定且不易贬值，因此能够提供更可靠的担保。其次，在运营方面，投资建设运营一体化，通过投资主体多元化，充分发挥民营资本方的专业特长，协同合作，以分担未来社区投资的风险、共享收益。

实现形式上，丽水未来社区投资主体多元化以联合体的方式实施；主体选择上，丽水未来社区应该选择专业优势互补的联合体作为项目的执行方。投资建设运营一体化，通过风险收益匹配，落实社区公共服务设施的产权，提升不同民营资本方参与的积极性。风险收益匹配，关键是梳理出“三化九场景”中包含商业性或准商业性的公共服务设施，并落实此类型公共服务设施的产权、经营权及使用权，保障参与建设运营的民营资本方获得应得、合理的产权收益。

三、项目建设情况

丽水莲都灵山未来社区项目是浙江首个带方案投建管运一体化的未来社区项目。该项目位于寿元路与青林路交叉口东北侧，工程总造价 58.9 亿元，建筑总面积 69.22 万立方米。该项目的建设分为三个标段：一标段主要包括高层商住楼、南邻里中心部分沿街商铺、高架活力轴；二标段为高层商住楼、高架活力轴；三标段为安置房、人才公寓、医养综合体、托育所、幼儿园、酒店式公寓、北邻里中心、高架活力轴。该项目已于 2023 年完成竣工验收，三个标段均已完成验收工作。作为浙江首个土地“带方案”整体出让的未来社区，该项目的顺利竣工，将为全省未来社区试点建设提供宝贵经验。同时，作为丽水体量最大的精装修楼盘，该项目将引领丽水人居品质进一步提升，有助于推进丽水城市东进。在建设过程中，该项目通过政企合力，共同绘制人民美好生活的浙江画卷。通过九大场景有机结合，数字化的中央枢纽链接庞大社区；交付后开发商与属地社区深度融合，参与到后期运营中；业主的主人翁意识更为突出，多维度地参与到社区治理中。同时，该项目还实现了投建管运一体化，人人家里装了一个“自动绿肺”，置身于社区里，仿佛躺在一个巨大“绿肺”中，时刻能感受到扑面而来的自然气息。总的来说，丽水莲都灵山未来社区项目的建设情况是非常积极的，不仅提供了高品质的人居环境，还为当地的城市发展注入了新的活力。

在控制成本方面，在集中供冷供热的建筑要求上，从“VRV+电辅热”改为“户式中央空调”代替，提高了可操作性，降低了成本；在装配式要求上，将商品房的装配式要求降低至30%满足省标即可，回迁安置部分不做装配式要求，人才公寓、公寓式酒店需全部满足省标在养老配套上的要求。

四、项目经济效益和社会效益

丽水莲都灵山未来社区具有显著的经济效益，能够带动相关产业的发展，提升城市形象和竞争力，创造就业机会，实现能源的节约和高效利用。首先，灵山未来社区创新投建管运一体化模式，灵山未来社区是浙江首个带方案出让、首个实现投建管运一体化的新建类未来社区项目。这种一体化模式有利于实现资源的优化配置，提高项目的整体效益。其次，未来社区建设促进区域经济发展，灵山未来社区的建设带动了相关产业的发展，如建筑业、制造业、服务业等。这为当地经济带来新的增长点，促进区域经济的繁荣发展。提升城市形象和竞争力，灵山未来社区的建设将改善丽水的居住环境和城市形象，吸引更多的人才和投资，提升城市的竞争力和吸引力。创造就业机会，灵山未来社区的建设和运营将需要大量的人力资源，这将为当地居民提供就业机会，促进社会稳定和经济发展。未来社区建设实现了能源的节约和高效利用，灵山未来社区采用了先进的能源技术和设备，实现了能源的节约和高效利用，这有助于降低能源成本，提高能源利用效率，同时也有利于保护环境。

丽水莲都灵山未来社区的社会效益非常显著，能够提升居民生活质量，促进社会和谐稳定，推动绿色低碳发展，增强城市吸引力和竞争力，推动城市更新和转型升级。首先，未来社区建设提升了居民的生活质量，灵山未来社区提供了优质的公共服务和生活配套设施，包括教育、医疗、文化、体育等方面，使居民能够享受到更加便捷、舒适的生活环境。其次，未来社区建设促进社会和谐稳定，灵山未来社区通过优化社区治理模式，加强社区文化建设，提升居民参与度和归属感，促进社会和谐稳定。再次，未来社区建设推动了绿色低碳发展，灵山未来社区积极推广绿色建筑、绿色能源、绿色交通等理念和技术，实现低碳、环保、可持续的发展，提高居民的生活品质。最后，增强了城市吸引力和竞争力，灵山未来社区打造具有未来感的新型城市社区，提供宜居宜业的生态环境和完善的城市基础设施，吸引更多的人才和投资，增强城市的吸引力和竞争力。此外，未来社区建设推动城市更新和转型升级，灵山未来社区的建设促进了城市更新和转型升级，推动城市现代化进程，提升城市的整体形象和综合实力。

案例七　嘉兴 LNG 接收站项目

一、项目背景与概况

浙江嘉兴（平湖）LNG 应急调峰储运站项目（简称“嘉兴 LNG”）设计为中型规模的临港 LNG 接收、储存、外输设施，用于满足杭嘉湖地区天然气应急调峰需求。项目位于杭州湾北岸嘉兴港东部的独山港区石化作业区地块。项目建设单位浙江杭嘉鑫清洁能源有限公司成立于 2017 年 7 月，专营 LNG 应急调峰储运站项目投资建设管理；提供 LNG 的接卸、仓储、气化（及 LNG 管输）、装船、装车等服务。公司由嘉兴市燃气集团股份有限公司出资 51%、杭州市燃气集团有限公司出资 49%共同组建。

项目总投资 24 亿元，包括库区工程、码头工程和外输管线工程，设计 LNG 年接卸量 100 万吨。库区工程新建 2 座 10 万立方米混凝土全容储罐、8

个槽车接卸位及相应工艺设施及辅助设施。码头工程位于嘉兴港独山港区液体散货作业区，建设1个3万总吨级LNG卸船泊位（水工结构按靠泊5万总吨级LNG船舶设计建设），设计年通过能力100万吨；1个5000总吨级LNG装船泊位，设计年通过能力15万吨。泊位长度482米。外输管线工程新建高压管道和中压管道，项目产生的BOG气体将通过中压管道接入平湖当地市政管网。高压管道接入国家管网浙沪联络线和嘉兴市域网。

项目列入2019年浙江省重点项目、《长三角地区一体化发展三年行动计划（2018-2020年）》、浙江省“十三五”能源发展规划、《浙江省天然气发展三年行动计划（2018-2020年）》和浙江省服务业重大项目。码头工程列入《关于全国沿海与长江干线液化天然气接收站码头布局发展的意见》和《嘉兴港总体规划（2017-2030年）》。本项目是浙江省天然气产供储销体系的重要组成部分，建成后将大幅提高杭州城市燃气应急调峰能力，同时还可作为周边区域分布式能源项目、重点工业用户的气源补充，有力推动区域清洁能源的发展。

二、项目投融资模式

项目采用公司自筹资本和银行贷款联合融资的方式。自筹资本和银行贷款联合融资是一种有效的融资方式，可以帮助企业或项目筹集所需的资金。项目总投资约24亿元，公司自筹资本金7亿元，其余为银行贷款。这种融资方式结合了自筹资本和银行贷款的优点，可以降低企业的财务压力，同时也可以提供更多的资金来源。同时，这种融资方式也可以提供更多的灵活性，如可以根据项目的实际需求调整资金结构，并根据企业的实际情况调整还款计划。需要注意的是，自筹资本和银行贷款联合融资也存在一定的风险，如自筹资本的信用风险、银行贷款的利率风险等。因此，在选择这种融资方式时，需要充分考虑各种因素，如项目的实际需求、企业的实际情况、融资成本和风险控制等。同时，也需要制定合理的还款计划和资金管理计划，以确保项目的顺利建设和运营。

三、项目建设情况

2018年3月，项目库区开工建设，2020年9月项目码头完成第一根沉桩，2021年3月项目外输管道工程开工建设。2021年8月库区一次调试成功，中压外输建立，装车调试完成，在冬季天然气紧缺时已经初步显现了储备和保供作用。2022年7月18日完成首船靠泊接卸，一次试运行成功。目前已完成接卸16船，涉及船型4~8万立方米，总计接卸37万吨。

嘉兴LNG接收站的建设包括以下部分：库区工程，其包括2座10万立方米混凝土全容储罐、工艺设施及辅助设施。码头工程，其包括一个3万总吨级LNG卸船泊位和一个5000总吨级LNG装船泊位。外输管线工程，其与浙江省网和嘉兴市网连接，天然气可以通过LNG专用船只、接收站、天然气管网输送至长三角地区。在嘉兴LNG接收站项目中，储运站的设计LNG年周转量是100万吨。

四、项目经济效益与社会效益

嘉兴LNG接收站项目具有显著的经济效益与社会效益，对于保障能源供应、降低能源成本、节能减排、提高应急调峰能力、推动区域经济发展、增强国际合作与交流及创造就业机会等方面都具有积极作用。嘉兴LNG接收站作为浙江天然气进口的重要设施，能够为嘉兴及周边地区提供稳定的天然气供应，保障当地居民和企业的能源需求。这对于促进区域经济发展、提高民生福祉具有重要作用。首先，嘉兴LNG接收站项目建设降低了能源成本，嘉兴LNG接收站从海外采购天然气，通过管道输送到长三角地区，能够减少对国内传统能源的依赖，从而降低能源成本。这有助于提高当地企业的竞争力，促进产业发展。其次，推进节能减排，天然气作为一种清洁能源，相比煤炭等传统能源，其燃烧产生的污染物排放量较低。通过使用天然气替代传统能源，可以减少对环境的污染，实现节能减排，改善空气质量。再次，还提高应急调峰能力，嘉兴LNG接收站具备较大的存储能力，可以在天然气需求高峰期提供应急调峰保障。这有助于提高城市燃气的应急响应能力，确保能源稳定供应。最后，推动区域产业经济发展，嘉兴 LNG 接收站的建设和运营将带动相关产业的发展，如设备制造、物流运输、技术服务等。这将为当地经济带来新的增长点，促进区域经济的繁荣发展。另外，嘉兴 LNG 接收站项目增强了国际合作与交流，在嘉兴 LNG 接收站的建设和管理过程中，将加强与国际能源企业的合作与交流。这有助于引进先进的技术和管理经验，提高浙江在天然气领域的国际影响力。创造就业机会，嘉兴 LNG 接收站的建设和运营将需要大量的人力资源。这将为当地居民提供就业机会，促进社会稳定和经济发展。

案例八　萧山机场天然气分布式能源项目

一、项目背景与概况

萧山机场天然气分布式能源项目是在萧山国际机场建设的大型分布式能源项目。该项目立足杭州“十四五”经济社会发展保障、生态环境保护及应对气候变化的需要，充分发挥天然气分布式能源系统优势，切实提升机场在亚运护航及杭州夏季用能高峰的综合保障能力。杭州萧山国际机场三期工程是浙江大通道建设十大标志性项目之一，也是 2023 年亚运会保障交通基础建设项目。天然气分布式能源是近年来国家大力推广的清洁能源高效利用技术。机场的建筑物比较集中，冷热电负荷相对稳定，负荷需求时间较长，适合采用天然气分布式能源的供能方式。作为亚运会配套项目，萧山国际机场三期工程能源中心的规划、设计与建设也充分体现了第 19 届亚运会“绿色、智能、节俭、文明”的理念，除了配置电制冷离心式冷水机组、燃气热水锅炉等常规能源系统，还建设了一套天然气分布式能源系统，为杭州亚运的节能减排做出贡献。该项目的合作双方是杭州萧山国际机场有限公司和杭州市燃气集团下属杭州城市能源有限公司。项目采用一套 8 兆瓦的燃气轮机发电机组，充分考虑了机场用能的特殊需求，采用了烟气消白、烟气均流等创新技术。该项目是杭州最大的机场天然气分布式能源项目，于 2021 年 6 月 30 日前建成，投运以后，每年可节约标准煤约 5904 吨，减少二氧化碳排放约 31485 吨，相当于植树 172 万棵。此外，该项目也是国内最大的机场天然气分布式能源项目。合作双方将以“高起点、高标准、高要求”为目标，把该项目打造成国际化的绿色能源站和行业标杆。

二、项目投融资模式

本项目投资建设主体为原杭州市城市能源有限公司，总投资约 7000 万元，均为自有资金。这与其他“自有资金+银行贷款”模式有所不同，该项目均使用原杭州市城市能源有限公司自有资金，这种融资方式的好处是项目在财务上较为自由。这意味着企业或项目可以更加灵活地调配资金，自主决定资金的使用方向和规模，而无需考虑外部融资的限制和约束。该模式能够很好地降低财务风险，全部使用自有资金进行投资，可以降低财务风险。由于没有外部融资，企业或项目的还款压力和违约风险相对较小。同时，企业或项目可以更好地控制自身的财务状况，避免因外部融资的波动和市场变化而受到不利影响。该模式可以提高资金利用率，企业或项目可以根据自身的经营情况和项目需求，合理安排资金的使用时间和规模，避免因外部融资的限制而导致资金闲置和浪费。

三、项目建设情况

萧山机场天然气分布式能源项目已经建成并投入使用，该项目采用了分布式能源系统，包括一台 8 兆瓦的燃气轮机和两台余热溴化锂空调。该项目还创新地采用了烟气消白、烟气均流等新技术，消除冬天系统排烟对机场飞机起降的影响，进一步回收烟气中的冷凝潜热，提升余热利用效率。此外，该项目达产后预计年发电量3845万千瓦·时，年制冷量5773万千瓦·时，年供暖量3850万千瓦·时，整个能源系统综合利用率达到90%。该项目有效响应“双碳”政策，擦亮杭州“绿色低碳”发展底色，充分做到了智能、绿色的用能标准。在项目实施过程中，解决了排烟背压等一系列问题，在保证机场运行安全性的前提下，实现最大限度地利用烟气余热，提升项目经济性的目标。萧山国际机场三期能源中心天然气分布式能源系统的成功建设，为机场类建筑实现绿色、低碳运行，助力节能减排工作提供了新的思路与经验。本项目于2022年6月完成施工和调试，并在2023年7月完成电力外送辅助工程，实现发电上网。

四、项目经济效益和社会效益

首先，杭州萧山国际机场天然气分布式能源项目提高了能源的利用效率，天然气分布式能源系统可以根据需求进行能量的梯级利用，最大化能源利用效率，实现能源的优化配置。其次，杭州萧山国际机场天然气分布式能源项目采用了天然气能源，减少了对传统能源的依赖，一定程度上降低了使用能源的成本，优化了杭州的营商环境。最后，萧山国际机场天然气分布式能源项目建设具有极大的正外部性，其项目建设不仅优化了机场本身运营，同时也带动了机场周边产业落户与产业发展。

和传统能源系统相比，分布式能源系统具有能源利用效率高、优化能源结构、安全具有保障及调峰作用明显等优点。萧山国际机场三期工程是杭州2023年亚运会“绿色、智能、节俭、文明”理念的重要展现，考虑到天然气分布式能源系统绿色环保、节能减排的特点，萧山国际机场三期工程建设一座能源中心，采用燃气冷热电三联供系统结合常规能源系统为机场各类建筑提供安全可靠的能源供应，在提高机场用能舒适性的基础上，也为机场申请绿色建筑认证提供助力。

案例九　富阳地下综合管廊 PPP 项目

一、项目背景与概况

推进地下综合管廊建设是党中央、国务院为加快补齐地下管线设施短板，推动城市基础设施高质量发展的重大决策部署。推进城市地下综合管廊建设，统筹各类市政管线规划、建设和管理，解决反复开挖路面、架空线网密集、管线事故频发等问题，有利于保障城市安全、完善城市功能、美化城市景观、促进城市集约高效和转型发展，有利于提高城市综合承载能力和城镇化发展质量，有利于增加公共产品有效投资、拉动民营资本投入、打造经济发展新动力。地下综合管廊建设稳当前、利长远，一次性投资大，长期效益也大，具有多方面重要作用。2016 年，杭州入选全国第二批地下综合管廊试点城市，富阳区金桥北路综合管廊工程是杭州国家地下综合管廊试点项目之一。项目建设内容主要为：项目规划区域内综合管廊及金桥北路整体提升改造工程。综合管廊实施总长度约为 6.087 千米，北起高新路，南至体育场路。金桥北路整体提升改造路段沿管廊，北起高桥西路，南至体育场路，总长度约 6 千米。管廊断面为两舱结构，分别为水信舱和电力舱，设置中央控制室一座。机电主要包括电气动力及照明、消防（高压细水雾）、通风、自动化、排水、管廊支架管理用房等。

二、项目投融资模式

该项目具有准经营性特点，杭州市富阳区人民政府决定以 BOT 模式进行实施，社会资本方负责投资、建设及运营该项目，合作期结束后项目无偿移交给政府方或指定机构。项目合作期为 23 年，包含建设期 3 年、运营维护期

20年。社会资本方在项目中投入的资本性支出和运营维护成本采用"使用者付费+可行性缺口补助"的回报机制。其中，使用者付费为各入廊管线单位所支付的入廊费及日常维护费。政府方出资代表不参与项目公司利润分配，不承担经营损失。项目运营、维护范围包括管道入廊管理、项目设施维护、组织管理、安全管理、档案管理等。政府对项目公司进行绩效考核，并根据考核结果决定政府补贴数额，从而有效激励社会资本方合理控制运营成本，提高运营效率。

三、项目建设情况

工程总投资为138223.29万元，上级专项资金为9185万元，根据《国务院关于调整和完善固定资产投资项目资本金制度的通知》，该项目资本金按不低于项目总投资的20%计取为27644.65万元，政府出资方代表出资1000.00万元，社会资本方出资26644.65万元。注册资本为10000.00万元，其中政府方占股10%，社会资本方占股90%。项目运营具体内容和范围为：综合管廊范围内的管廊本体（包括水信舱和电力舱）、管廊配套设施（包括中央控制室、变电所、投料口、通风口、人员出入口等）、管廊附属设施（包括消防通风、供电、照明、监控和报警、排水、标识等）的日常养护，运维管理，大中修服务等。入廊管线包括：110千伏通信光缆、原水管等。该项目属于准经营性项目，社会资本方在项目中投入的资本性支出和运营维护成本采用“可行性缺口补助+使用者付费”的回报机制。项目的使用者付费为各入廊管线单位所支付的入廊费及日常维护费，对于使用者付费不足以覆盖项目的建设、运营成本及社会资本合理收益的差额部分，由政府方按照PPP项目合同约定给予社会资本方经营期内可行性缺口补助，并纳入年度预算。政府方出资代表不参与项目公司利润分配，不承担经营损失。政府对项目公司进行绩效考核，并根据考核结果决定政府补贴数额，从而有效激励社会资本方合理控制运营成本，提高运营效率。

四、项目经济效益与社会效益

富阳地下综合管廊的建设对于当地的经济发展具有积极的意义，不仅可以节约成本，还可以促进经济发展、增加公共福利、提升城市品质和创造投资机会。首先，从拉动整体经济发展来说，富阳地下综合管廊建设带动了相关产业的发展，如建筑业、制造业、物流业等，也增加了当地的就业机会，促进当地经济的发展，同时综合管廊的建设可以创造更多的投资机会，如商业开发、广告发布等，通过管理和运营综合管廊获得更多的收入。其次，从管廊的运维来说，富阳地下综合管廊的建设可以减少对城市道路的反复开挖，避免了由此带来的交通拥堵和道路维护成本，同时也可以减少管线维护和更换的成本，降低了城市管理的费用，减少了对城市土地的占用，避免了传统直埋管道对土地资源的浪费。最后，地下综合管廊还可以充分利用地下空间，使得各类管线可以集中铺设，避免了重复开挖路面和铺设管线所带来的资源浪费，在这同时也降低了平时地下管线的运维成本。

地下综合管廊的建设对于城市的社会发展具有积极的意义，不仅可以提高城市的安全性和稳定性，还可以改善城市环境质量、促进城市可持续发展、增强城市抗灾能力和推动城市现代化建设。通过建设地下综合管廊，可以改善城市的交通状况、提高城市居民的生活质量，有助于推动杭州西部区县可持续发展。地下综合管廊的运营管理有助于减少城市的噪音、污染等环境问题，还增强了城市的抗灾能力，提高了城市的安全性和稳定性。

案例十　嘉善县保障性安居工程及公园绿化项目

一、项目背景与概况

以经济适用住房、廉租住房、公共租赁房为主的嘉善住房保障体系，正一步一个扎实的脚印向普惠化、精细化、优质化迈进，实现从“贫者有其居”到“贫者优其居”的转变。近5年来，嘉善县累计政府投资建造保障房1996套，面积达12.81万平方米，其中经济适用住房1408套，公共租赁住房（含廉租房）330套，收购公共租赁住房258套。同时，不断强化保障性住房分配率，截至目前分配率超过90%。嘉善县保障性安居工程及公园绿化PPP项目就是改善市民生活环境的典型项目之一，建设背景是城市发展需求、生态环境改善、政府政策支持和吸引社会资本参与等多方面的综合体现。安置房建设是嘉善县中心城区城市有机更新的重要内容，用于安置中心城区棚户区、城中村改造涉及的居民，建设所处的地段属于县城区较好的位置，交通条件、城市基础设施配套条件优越。2018年以来，嘉兴启动实施“百年百项”重大项目计划，围绕与群众息息相关的领域，推进100个左右重大项目。嘉善县保障性安居工程及公园绿化项目由4个保障性安居工程和6个公园绿化工程组成，总投资估算约为24.9亿元，其中，保障房建设工程项目总用地15.46万平方米，总建筑面积43.6万平方米，建设保障房2782套；6个公园总建筑面积52.1万平方米。该项目成功入选国家级PPP示范项目库，是嘉善历史上重大的民生项目之一，是百姓十分关切的重要项目。杭州市城市建设投资集团有限公司和杭州市城建设发展集团有限公司对PPP项目高度重视，始终站在人民高度，为城为民，全力打造好安置房项目。作为嘉善县近年来首个顺利交房的大规模安置房项目，首批用户已经收房，其余项目也在2021年竣工，有序做好安置房分批交付准备工作。

二、项目投融资模式

嘉善县保障性安居工程及公园绿化项目于2019年5月获中国农业发展银行浙江省分行审批通过，为中国农业发展银行嘉善县支行获批贷款金额最大项目。项目总投资22.69亿元，向中国农业发展银行嘉善县支行融资17.9亿元。项目建设内容为4个安置房子项工程、6个公园绿化工程，新建建筑39幢，建筑面积41.49万平方米。项目采用“BOT”+“DBTO”的模式，由嘉善县人民政府授权嘉善县住房和城乡建设局作为 PPP 项目实施机构，嘉善城发建设发展有限公司负责本项目的投资、融资、建设和运营维护。

三、项目建设情况

作为“百年百项”之一的嘉善县保障性住房安居工程及公园绿化 PPP 项目已经进入运营阶段。安置房 5 号地块禾硕苑小区项目共有 17 幢住宅，建筑面积约 20 万平方米，共建设安置房 1306 套、车位 1430 个。户型打造考虑了老百姓的生活习惯及需求，共设计了七个户型，最大的户型为 137 平方米，最小的为 66 平方米。嘉善县保障性住房安居工程及公园绿化 PPP 项目总投资约 24. 9 亿元，有包括禾硕苑小区在内共 10 个子项目。其中，保障性住房安居工程共涉及 5 个地块，建设 4 个小区，投资约 15. 9 亿元，总建筑面积约 43. 6 万平方米，总住宅 2782 套。除了保障性住房安居工程外，整个 PPP 项目的公园绿化工程部分还包括 5 个公园和 1 个绿化带工程，投资约 9 亿元。

四、经济效益与社会效益

此工程是推动嘉善城南新区发展的重大民生工程。在施工中，项目部以保证安全生产和质量为前提，以文明施工和绿色施工为导向，大力推行“六个标准化”，积极打造智慧工地，受到了社会各界各级领导的高度评价，形成了良好的社会效益。嘉善县保障性安居工程及公园绿化 PPP 项目指挥部打造了“红色工地”标准样本：在项目外墙上，有着鲜艳的“我们的工地，温暖的家”标识，一条普通的走廊，被布置成党建宣传长廊；一间宽敞的活动室，有着临时党委和下设的城东、城南、和合 3 个党支部，以及参与党员、服务联盟、共建联盟的相关信息；软木板上钉着党员活动照片，社区清扫、参观南湖革命纪念馆、开展廉政教育等，组织生活十分丰富。该项目负责全县 4 个保障性住房小区及 5 个公园的建设，作为全县首批“红色工地”创建示范性项目，经常开展项目工地党员组织生活，成效明显。对项目内部来说，党员带头，引领工地高质量建设；对外部来说，每个党支部都有结对社区，帮助社区解决一些问题，受到了社区和居民的一致好评。同时，嘉善县保障性安居工程及公园绿化项目在完善政府与社会资本合作的 PPP 模式中有着重要的借鉴意义，有着良好的经济示范效应，嘉善县保障性安居工程及公园绿化项目民生工程拉动了嘉善县经济发展与周边产业民生配套，具有良好的经济效益。

已经投入使用的中央公园一期、二期和白水塘滨河公园成为了提升嘉善城市品质的标志性工程，集运动健身、休闲娱乐等功能于一体，形成了“出门见景，推窗见绿”的城市风景，打造出了沿河、沿路重要的公共服务轴线。

参考文献

[1] AGÉNOR P R. Infrastructure Investment and Maintenance Expenditure: Optimal Allocation Rules in a Growing Economy [J]. Journal of Public Economic Theory, 2009, 11 (2): 233-250.

[2] Agénor P R. Schooling and Public Capital in a Model of Endogenous Growth [J]. Economica, 2011, 78 (309): 108-132.

[3] Amusa H A. A Macroeconomic Approach to Estimating Effective Tax Rates in South Africa [J]. South African Journal of Economic and Management Sciences, 2004, 7 (1): 117-131.

[4] Anthony B, Atkinson J, Stigliz E. Lectures on Public Economics [M]. New York: McGrow-Hill Book Company, 1980.

[5] Aschauer D A. Does Public Capital Crowd Out Private Capital? [J]. Journal of Monetary Economics, 1989 (24): 178-235.

[6] Aschauer D A. Is Public Expenditure Productive? [J]. Journal of Monetary Economics, 1989 (23): 177-200.

[7] Barro R J. Economic Growth in a Cross Section of Countries [R]. 1989.

[8] Barro R. Economic Growth in Cross Sections of Countries [J]. Quarterly Journal of Economics, 1991 (106): 407-433.

[9] Borri N, Shakhnov K. Global Risk in Long-Term Sovereign Debt [J]. The Review of Asset Pricing Studies, 2021, 11 (3): 149-166.

[10] Canning D. Bennathan E. The Social Rate of Return on Infrastructure In-

vestments [R]. 2000.

[11] Chan J L, Zhao X, Zhang Q. Accounting for China's Government Liabilities: After Much Progress, Great Tasks Remain [J]. Public Money & Management, 2021, 41 (4): 221-239.

[12] Chang G D , Chen C S. Evidence of Contagion in Global REITs Investment [J]. International Review of Economics & Finance, 2014, 31 (5): 148-158.

[13] Chow G C. Capital Formation and Economic Growth in China [J]. Quarterly Journal of Economics, 1993 (114): 243-266.

[14] Christine K. Institutional Options for the Provision of Infrastructure [R]. 1993.

[15] Demurger S. Infrastructure Development and Economic Growth: An Explanation for Regional Disparities in China?[J]. Journal of Comparative economics, 2001, 29 (1): 95-117.

[16] Duggal V G. Infrastruture and Productivity: a Nonlinear Approach [J]. Journal of Econometrics, 1999 (92): 47-74.

[17] Engel E, Fischer R, Galetovic A. The Basic Public Finance of Public-Private Partnerships [J]. Journal of the European Economic Association, 2013, 11 (1): 83-111.

[18] Feng Z, Hardin William G, Wang C. The Rewards of a Long-Term Investment Strategy: Case of REITs [J]. Journal of Real Estate Research, 2022 (44): 56-79.

[19] Futagami K, Morita Y, Shibata A. Dynamic Analysis of an Endogenous Growth Model with Public Capital [J]. The Scandinavian Journal of Economics, 1993, 95 (4): 607-625.

[20] Han Z, Xingchi L, Kaijian L, et al. The Influence Mechanism of Compensation Incentive in State-Owned Enterprises on the Realization of Enterprise

Strategic Goal: A Case Study of a Petroleum Company in Guangzhou [J]. International Journal of Frontiers in Sociology, 2021, 3 (2): 325-342.

[21] Hellowell M, Pollock A M. The Private Financing of NHS Hospitals: Politics, Policy and Practice [J]. Economic Affairs, 2009, 29 (1): 13-19..

[22] Hu Z, Mohsin S K. Why is China Growing So Fast? [R]. 1997.

[23] Hussain Shahid, et al. Assessing the Socio-Economic Impacts of Rural Infrastructure Projects on Community Development [J]. Buildings, 2022, 12 (7): 947.

[24] Jefferson G, Rawski T, Zheng Y. Chinese Industrial Productivity: Trends, Measurement Issues and Recent Development [J]. Journal of Comparative Economics, 1996 (23): 146-180.

[25] Justman M. Infrastructure, Growth and the Two Dimensions of Industrial Policy [J]. Review of Economic Studies, 1995, 62 (1): 131-157.

[26] Kamien M I, Schwartz N L. Dynamic Optimization: The Calculus of Variations and Optimal Control in Economics and Management [M]. New York: North-Holland, 1981.

[27] Karras G. Is Government Investment Underprovided in Europe? Evidence from a Panel of Fifteen Countries [J]. Economic International, 1997 (50): 223-235.

[28] Leendertse W, Arts J, Ridder H D. Sustainable Market Involvement in Transport Infrastructure Management [J]. Transportation Research Procedia, 2016 (14): 2936-2945.

[29] Liow K H, Huang Y. The Dynamics of Volatility Connectedness in International Real Estate Investment Trusts [J]. Journal of International. Financial Market, Money, 2018, 2 (3): 142-158.

[30] Mehl A, Reynaud J. Risky Public Domestic Debt Composition in Emerging Economies [J]. Journal of International Money & Finance, 2010, 29 (1):

1-18.

[31] Ngene G M, Manohar C A, Julio I F. Overreaction in the REITs Market: New Evidence from Quantile Autoregression Approach [J]. Journal of Risk and Financial Management, 2020, 13 (11): 1-28.

[32] Ngo T. Exchange Rate Exposure of REITs [J]. Quarterly Review of Economics & Finance, 2016, 64 (5): 249~258.

[33] Odusami Babatunde. Forecasting the Value-at-Risk of REITs using Realized Volatility Jump Models [R]. 2021.

[34] Owusu-Manu D G, Edwards D J, Ghansah F A, et al. Assessing the Policy Provisions and Institutional Behavioral Factors Influencing Rail Infrastructure Financing in Developing Countries [J]. Journal of InfrastructureSystems, 2021, 27 (2): 1-10.

[35] Petersen O H. Public-Private Partnerships as Converging or Diverging Trends in Public Management A Comparative Analysis of PPP Policy and Regulation in Denmark and Ireland [J]. International Public Management Review, 2011, 12 (2): 1-37.

[36] Rodden Jonathan A, Eskeland Gunnar S, Litvack Jennie. Fiscal Decentralization and the Challenge of Hard Budget Constraints [M]. Cambridge: The MIT Press, 2003.

[37] Inug R, Hanwool J, Dongshin K, et al. Market Efficiency of US REITs: A Revisit [J]. Chaos, Solitons and Fractals, 2021 (150): 111070.

[38] Samuelson P A. Pure Theory of Public Expenditure [J]. Review of Economics and Statistics, 1954 (36): 387-389.

[39] Stelk S J, Zhou J, Anderson R I. REITs in a Mixed-Asset Portfolio: An Investigation of Extreme Risks [J]. The Journal of Alternative Investments, 2017, 20 (1): 81-91.

[40] Stevens J A. Do Changes in Industry Classification Systems Matter? Evi-

dence from REITs [J]. Journal of Real Estate Research, 2022, 44 (3): 377-398.

[41] Swan T W. Economic Growth and Capital Accumulation [J]. Economic Record, 1956 (32): 334-361.

[42] Viegas J M. Questioning the Need for Full Amortization in PPP Contracts for Transport Infrastructure [J]. Research in Transportation Economic, 2010, (30): 139-144.

[43] Vukovic D B, Rincon C J, Maiti M. Price Distortions and Municipal Bonds Premiums: Evidence from Switzerland [J]. Financial Innovation, 2021, 7 (1): 125-140.

[44] Young A. Gold into Base Metals: Productivity Growth in the People' s Republic of China during the Reform Period [J]. Journal of Political Economy, 2003, 111 (6): 1220-1260.

[45] 陈斐，吴青山，王振伟．中国公共投资最优规模的测算与区域差异 [J]. 统计与决策，2018 (9): 90-94.

[46] 陈红，黄晓玮，郭丹．政府与社会资本合作 (PPP): 寻租博弈及监管对策 [J]. 财政研究，2014 (10): 20-24.

[47] 陈先华．浙江省国有资本运营公司融资创新的探索 [J]. 财务与会计，2021 (1): 73.

[48] 陈颖 .2008 年以来我国地方政府债务政策变迁及逻辑 [J]. 武汉金融，2021 (4): 83-88.

[49] 楚尔鸣，曹策，李逸飞．开发区升级与城投债杠杆率：影响机制与异质性 [J]. 财贸经济，2021 (5): 144-160.

[50] 崔国清．中国城市基础设施建设融资模式研究 [D]. 天津：天津财经大学，2009.

[51] 单豪杰．中国资本存量 K 的再估算：1952~2006 年 [J]. 数量经济技术经济研究，2008 (10): 17-31.

［52］丁力，张源．内卷化视角下我国基础设施投融资模式演变与创新［J］．现代商业，2021（7）：104-106.

［53］葛乐夫．政府投融资问题研究［D］．大连：东北财经大学，2001.

［54］辜胜阻，曹誉波，李洪斌．深化城镇化投融资体制改革［J］．中国金融，2013（16）：9-11.

［55］何涛．基于 PPP 模式的交通基础设施项目风险分担合理化研究［D］．天津：天津大学，2011.

［56］胡恒松，刘政，薛晓辉，等．中国地方政府投融资平台转型发展研究 2021［M］．北京：经济管理出版社，2021.

［57］胡李鹏，樊纲，徐建国．中国基础设施存量的再测算［J］．经济研究，2016（8）：172-186.

［58］胡志成，赵翔翔．中期票据对我国企业融资方式的影响研究［J］．南方金融，2011（10）：77-80+44.

［59］黄强，王巍，马铁梦．中国公共投资最优规模测算及其区域效应分析［J］．统计与决策，2022（12）：136-140.

［60］黄淑华，孙绘．深化投融资体制改革加大金融市场对经济的支持力度［J］．金融与经济，2002（3）：21-22.

［61］吉富星．地方政府隐性债务的实质、规模与风险研究［J］．财政研究，2018（11）：62-70.

［62］江建全．英国各级政府在公共服务投融资中的作用及启示［J］．宏观经济管理，2009（11）：72-74.

［63］江龙，章成．法国公共工程投资监督及其启示［J］．当代财经，2000（2）：34-38.

［64］蒋时节．基础设施投资与城市化进程的关系研究［D］．重庆：重庆大学，2005.

［65］金戈．中国基础设施资本存量估算［J］．经济研究，2012（4）：4-14+100.

［66］李粉，盛磊，任荣荣．我国城市基础设施投融资发展趋势［J］．宏观经济管理，2023（3）：35-41+58.

［67］李献国，董杨．基础设施投资规模与经济增长——基于 1993-2014 年东、中、西部省级面板数据分析［J］．宏观经济研究，2017（8）：86-93.

［68］刘月怡，张冀南．英国基础设施融资的三种模式［J］．中国金融，2021（17）：86-87.

［69］楼杨安．城市基础设施投资效果评估与管制优化［D］．杭州：浙江财经大学，2017.

［70］鲁筱，白彦军，叶剑平．金融工具创新与地方融资平台市场化改革——来自公募 REITs 政策试点的准自然实验［J］．上海经济研究，2023（6）：109-128.

［71］马海涛．政府间事权与财力、财权划分的研究［J］．理论视野，2009（10）：31-35.

［72］欧阳静．我国城市基础设施政府和社会资本合作管理模式研究［D］．武汉：武汉大学，2016.

［73］潘宏胜，黄明皓．部分发达国家基础设施投融资机制及其对我国的启示［J］．经济社会体制比较，2014（1）：24-30.

［74］彭清辉．我国基础设施投融资研究［D］．长沙：湖南大学，2011.

［75］彭清辉．我国基础设施投融资研究［M］．长沙：湖南师范大学出版社，2012.

［76］乔恒利．基础设施项目多元投融资模式选择研究［D］．上海：上海交通大学，2009.

［77］任荣荣，高洪玮．美英日城市更新的投融资模式特点与经验启示［J］．宏观经济研究，2021（8）：168-175.

［78］邵明朝．分权改革以来的法国公共投资监管述评［J］．经济社会体制比较，2008（3）：84-90.

［79］孙彬，段媛媛，杨丰魁，等．基础设施投资还能拉动经济增长吗？

基于 1995—2011 年全国 30 个省市区分行业面板数据分析 [J]. 金融理论与实践，2013（11），：45-52.

[80] 孙琳琳，佟婳，韩敏生．基础设施投资规模和经济增长——基于三部门经济增长模型的研究 [J]. 南方经济，2013（9）：52-61.

[81] 孙早，杨光，李康．基础设施投资促进了经济增长吗——来自东、中、西部的经验证据 [J]. 经济学家，2015（8）：71-79.

[82] 王建军．中国地方政府债务融资行为及监管研究 [D]. 西安：陕西师范大学，2015.

[83] 王俊豪，金暄暄．PPP 模式下政府和民营企业的契约关系及其治理——以中国城市基础设施 PPP 为例 [J]. 经济与管理研究，2016（3）：62-68.

[84] 王俊豪．城市公用事业政府管制体制改革的政策思路 [J]. 浙江经济，2001（5）：14-15.

[85] 王俊豪．我国自然垄断产业民营化改革的若干思考 [J]. 商业经济与管理，2002（1）：11-14.

[86] 王俊豪．中国基础设施产业政府管制体制改革的若干思考——以英国政府管制体制改革为鉴 [J]. 经济研究，1997（10）：36-42.

[87] 王克冰．中国地方政府投融资问题研究 [D]. 天津：天津大学，2009.

[88] 王丽娅．关于民间资本投资基础设施领域的研究 [D]. 厦门：厦门大学，2003.

[89] 王任飞，王进杰．中国基础设施的产出弹性与最优规模——基于总量生产函数的研究 [J]. 经济科学，2006（2）：99-111.

[90] 王秀云．我国基础设施投融资体制变迁及改革路径 [J]. 中国城市经济，2008（10）：80-82.

[91] 王秀云．国外基础设施投融资体制改革研究 [J]. 改革与战略，2010（2）：166-169.

［92］王湧，杨宝泰．日本财政投融资制度改革刍议［J］．天津师范大学学报（社会科学版），2005（6）：25-29+49.

［93］温来成．城市基础设施建设与地方政府财政投融资管理体制问题研究［C］//中国行政管理学会．中国行政管理协会 2011 年年会暨“加强行政管理研究，推动政府体制改革”研讨会论文集．中央财经大学财政学院，2015.

［94］温立洲．政府间事权与支出责任制度研究［D］．天津：天津财经大学，2018.

［95］吴亚平．基础设施投融资：理论、实践与创新［M］．北京：经济管理出版社，2022.

［96］武彰纯，李平．地方政府投融资平台转型改革面临的债务风险及防范［J］．西南金融，2021（5）：77-88.

［97］谢新．地方政府基础设施建设投融资平台债务问题研究［D］．天津：南开大学，2014.

［98］徐宗威．法国城市公用事业特许经营制度及启示［J］．城市发展研究，2001（4）：1-5.

［99］许雯．公募 REITs 投融资模式研究［D］．西安：西安外国语大学，2022.

［100］严雅琦，田莉．1990 年代以来英国的城市更新实施政策演进及其对我国的启示［J］．上海城市规划，2016（5）：54-59.

［101］杨骞，陈晓英，田震．新时代中国实施创新驱动发展战略的实践历程与重大成就［J］．数量经济技术经济研究，2022（8）：3-21.

［102］叶晓甦，冯燕，任蕊，等．中外公用事业投融资模式中政府职能对比研究［J］．建筑经济，2007（12）：44-46.

［103］叶裕民．全国及各省区市全要素生产率的计算和分析［J］．经济学家，2002（3）：115-121.

［104］虞列贵，李洪辉，徐珑，等．关于投融资体制改革的几点意见

[J]. 财政研究，2002（4）：20-22.

[105] 张光南，周华仙，陈广汉．中国基础设施投资的最优规模与最优次序——基于1996—2008年各省市地区面板数据分析［J］. 经济评论，2011（4）：23-30.

[106] 张军，吴桂英，张吉鹏．中国省际物质资本存量估算：1952—2000［J］. 经济研究，2004（10）：35-44.

[107] 钟学思．城市基础设施发展对新型城镇化建设的影响研究［D］. 武汉：中南财经政法大学，2018.

后　记

经过几年的筹划、研究和撰写，今天终于完成了《城市基础设施投融资发展与实践》终稿，即将付梓出版，大家多年的心得积累即将展现成果，可喜可贺！受课题组委托，特作后记。

改革开放以来，中国进入了经济和社会全方位发展阶段，1978 年 3 月，国务院在北京召开第三次全国城市工作会议，出台了《关于加强城市建设工作的意见》，强调了城市在国民经济发展中的重要地位和作用，提出了一系列方针、政策。特别是 2015 年 12 月召开的第四次中央城市工作会议，习近平总书记在会上发表重要讲话，明确做好城市工作的指导思想、总体思路、重点任务和各项举措，是城市建设历史性转折的一个新起点，国家相应在规划用地、财政金融、城市管理、社会参与等方面出台多项政策，极大强化了全国城市化发展的力度。

依托于全国城市建设的大发展背景，杭州的城市发展和城市基础设施建设在 21 世纪初叶进入快速发展阶段，在这段城市化大发展时期，特别是在习近平总书记“八八战略”指引下，聚焦高质量推进城乡建设和美丽杭州建设，杭州市审时度势，积极作为，科学调整优化城市规划布局，大力推进从西湖时代迈向钱塘江时代，通过实施“三口五路”、“一纵三横”、西湖西进、钱塘江引水入城、“背街小巷”改造、电力通讯杆线下地、“三三九二九”工程、千岛湖引供水等重大城建工程项目，掀起了一轮城市基础设施建设新高潮，与此同时，通过改革公益性项目投管模式，应用发债信托、“影子收费”、政府与社会资本合作、“政府购买服务”等投融资创新手段，在城市基础设施投融资方面进行了各种有益探索，取得突出效果。20 多年来，我们有幸作为其中的参与人和见证人，做了一些具体工作，曾亲历了长睦大型居住区、管线“上改下”、紫之隧道、千岛湖引供水等一系列项目的实施过程，也有诸多的体会和感悟。为此，我们多位志同道合的同志，着手开展对城市基础设施建设规律和实践的学习、研究和总结工作，经过头脑风暴、讨论交流、调研考察，并借《城市基础设施投融资发展与研究》课题研究契机，经过反复修改和论证，终于达到了成书阶段。

《城市基础设施投融资发展与实践》从城市化与城市基础设施的概念定位、城市建设资金筹措的国际比较、到城市基础设施建设项目特征和投融资，并辅以大量的杭州实践案例，比较系统地分析、阐述了城市基础设施建设投融资的理论和实践应用，特别是对杭州的实践案例做了一定深度的剖析分析，提出了进一步做好城建投融资工作的展望和建议。

在本书稿酝酿、资料收集、文稿撰写和出版过程中，浙江财经大学中国政府监管与公共政策研究院、杭州市城市建设发展集团等给予了大力支持，浙江省政府咨询委员、浙江省公共政策研究院执行院长、浙江大学金雪军教授百忙之中为本书稿作序，撰写团队各位参与人员同心协力、辛勤付出，课题组参与人员认真讨论、积极献策，浙江财经大学中国政府监管与公共政策研究院李云雁副研究员等给予了指导和帮助，在此，深深致以感谢！

由于时间和学识所限，书中错误和不足在所难免，敬请专家、学者以及广大读者朋友批评、指正。

范　川
2024 年 1 月